상가주택
건축주
바이블

유훈조 지음

상가주택 건축주 바이블

초판 1쇄 발행 2019년 1월 14일
초판 3쇄 발행 2020년 12월 14일

저자 유훈조
발행인 이심
편집인 임병기
책임편집 이세정
기획편집 김연정, 조고은, 조성일, 신기영
사진 유훈조(그 외 별도 표기)
디자인 Quiet! Dear, 최리빈
마케팅 서병찬
총판 장성진
관리 이미경

출력 삼보프로세스
인쇄 북스
용지 영은페이퍼㈜

발행처 ㈜주택문화사
출판등록번호 제13-177호
주소 서울시 강서구 강서로 466 6층
전화 02-2664-7114
팩스 02-2662-0847
홈페이지 www.uujj.co.kr

정가 23,000원
ISBN 978-89-6603-043-9

이 도서의 국립중앙도서관 출판예정도서목록(CIP)은 서지정보유통지원시스템
홈페이지(http://seoji.nl.go.kr)와 국가자료공동목록시스템(http://www.nl.go.kr/
kolisnet)에서 이용하실 수 있습니다.(CIP제어번호: CIP2018042734)

상가주택
건축주 바이블

목차

② | 사업방향과 부지선정, 그리고 설계자 결정하기

③ | 설계는 건축의 내비게이션

④ | 사업의 성패를 좌우하는 시공과 유지관리

09 | 시공자와 감리자 선택, 그리고 공사 계약하기

10 | 시공과정에서 건축주가 관여해야 할 것들

요즈음에도 추운 상가주택이 있나?

들어가며

대학 시절, 다른 수입은 몰라도 설계 과목만큼은 모두 최고점을 받았던 나는 고민할 것 없이 3학년 겨울방학부터 건축사사무소로 출근했다. 적성에 잘 맞는 일을 선택했다 싶었다. 몇 년간의 실무 경험 후 선배와 동업하던 설계사무소를 내가 혼자 인수하기로 했던 1997년 말, 건축사 시험에 합격했지만 바로 IMF가 시작되었다. 그리고 새로운 천년이 시작되던 2000년, 내가 설계한 건물만큼은 제대로 짓고 싶어서 건설 회사를 하나 만들었다. 수없이 많은 사건과 사고 속에 좌충우돌하며 부딪히는 시간이 흘렀다. 나를 아는 모든 사람이 '너는 건설회사 스타일이 아니야'라고 말하는 것을 스스로도 인정하기까지는 19년이라는 세월이 필요했다.

2007년, 남양주 호평·평내지구 중심상업용지를 계약했다. 3면이 도로인 이 부지는 첫눈에 사업의 대박 성공을 예감하게 해주었다. 그러나 2차 중도금을 치른 이후에 터진 금융위기로 또 한 번 수업료를 톡톡히 지불해야 했으며, 성공에 대한 기대는 물거품이 되었다. 무언가 재충전이 필요하다고 판단한 나는 나이 사십에 대학원에 진학했고, 한국전통

건축으로 석·박사를 취득하는 데 10년이라는 시간을 보냈다. 길다면 길고, 짧다면 짧은 시간 동안 실전 공부도 많이 했고, 경험도 많이 쌓았다.

지금은 상가주택 소유자로 주택 및 상가의 임대사업자이지만, 수많은 시행착오와 쏟아부은 수업료는 이루 헤아릴 수가 없다. 아내는 그 부동산을 모두 가지고 있었다면 부동산 재벌이 되었겠다고 말한다. 무턱대고 열심히 산다고 해서 사는 것이 모두 내 뜻대로 되는 것은 아니라는 것을 알 때쯤, 나는 지천명에 도달해 있었다.

장밋빛 계획을 세웠으나 실패의 쓴맛을 보는 건축주를 옆에서 지켜보는 건 너무 안타깝고 고된 일이다. 제대로 된 땅을 사지 못해 고전한 경우, 설계의 가치를 이해하지 못하여 경쟁력 떨어지는 건축물의 건축주가 된 경우, 시공자와의 신뢰 부족으로 중도에 멈추는 경우, 유지관리를 제대로 못해서 낭패를 보는 경우, 세금에 대해 잘 몰라 크나큰 손실을 보는 경우 등 케이스는 각양각색이었다.

태생이 설계자라는 자부심으로 그들에게 내가 할 수 있는 일을 찾아보았다. 그동안 설계와 시공 과정에서 건축주들과 협의한 내용, 설계자와 감리자로서의 시공과정 경험, 유지관리의 중요성과 어려운 점, 법원 등기보다 더 무서운 세무서 우편물들. 결론은 세상의 건축주들을 모두 만날 수 없으니, 경험한 내용들을 모두 온라인에 글로 써보자는 것이었다. 물론 다 털어놓을 수는 없겠지만, 필요한 사람들은 와서 보겠지 싶었다. 내 경험이 간접적으로나마 불특정의 예비 건축주들에게 전해져 다소나마 도움이 되었으면 했다.

이제 온라인에 써 오던 글을 묶어서 책으로 낸다. 책으로 엮다 보니 범위를 정하고 내용을 다듬어야 했다. 일반적으로 이야기하는 상가주택, 즉 신도시형 상가주택(점포 겸용 단독주택)뿐 아니라 구도심형 상가주택, 전원형 상가주택으로 범위를 좀 넓혔다. 수익형부동산 중 '상가+주택'의 구조로 되어 있는, 주거와 수익을 같이 추구할 수 있는 모든 건축물에 대해서 정리를 한 셈이다.

상가주택은 은퇴한 개인들에게는 가장 좋은 수익형부동산임에는 틀림없지만, 가만히 앉아 있어도 수익이 나고, 누구에게나 노후대책이 될 수 있는 것은 아니다. 땅을 구입하는 것은 물론 설계단계에서부터 시공·유지관리와 세무에 이르기까지 고민하고 공부해야 할 것들이 많다. 이 책에는 건물주를 꿈꾸는 이들이 참고할 수 있는 다양한 성공 포인트들과 실패 없는 상가주택을 짓기 위해 꼭 알아야 할 노하우들이 담겨 있다.

내가 그토록 바라던 단독주택의 꿈을 상가주택에서 어떻게 담아낼지, 임대세대는 그 지역 수요와 트렌드에 맞게 어떻게 구성해야 할지, 경쟁력 있는 상가는 어떻게 만들 수 있는지 등의 궁금증을 해소할 수 있을 것이다. 설계의 가치와 설계자의 중요성은 무엇인지, 시공자와의 관계는 어떻게 유지하는 것이 좋은지도 적었다. 건축주로서 어느 부분을 관여하고 어느 부분은 맡겨야 하는지, 정말로 중요한 것이 무엇이고, 그다지 중요하지 않은 것이 무엇인지도 정리해 두었다. 이러한 것은 설계자와 시공자, 그리고 건축주의 관계를 원활하게 만들어 사업이 성공할 수 있도록 도와줄 것이다.

상가주택 소유를 꿈꾸는 예비 건축주들, 상가주택을 가지고 있으면서도 고전하는 사람들 곁에서 그들이 미처 생각지 못했던 각 부분에 대해 수시로 참고가 되는 내용을 담았다. 독자 모두가 상가주택의 사업성은 물론, 전체 프로세스의 각 과정에서 제대로 된 판단으로, 제대로 된 상가주택을 갖는 데 조금이나마 도움이 될 수 있었으면 좋겠다. 그래서 눈앞에 닥쳐온 100세 시대에 성공한 상가주택으로 행복한 노후를 보내기를 기원한다.

이런 경험의 절반 이상은 내 아내의 것이다. 디자인을 전공하고도 남편과 함께 일을 하다 보니 험한 일들도 많이 겪었다. 사랑하는 아내에게 이 자리를 빌려 미안하다고, 고맙다고, 감사의 인사를 전한다. 다행히 고마운 분들을 만나 멋진 책으로 엮어졌다. 건축 문화와 관련된 서적을 전문적으로 출판하는 주택문화사를 만난 것은 행운이다. 출판사의 임병기 대표이사와 이세정 편집장께도 감사의 인사를 전한다.

유훈조

100세 시대와
수익형부동산

100세 시대,
경제 동반자 만들기

01

흔히 이제는 100세 시대라고 말한다. 오래 산다는 것은 인류의 오랜 염원이었다. 그러나 아무런 대책이 없이, 건강하지 못하거나 행복하지 않은 상태로 오래 산다는 것은 오히려 불행일지도 모른다. 대책을 세워야 한다는 생각은 있지만, 빠르게 변화하는 세상에 적응해야 하는 현대인들은 대안을 생각할 겨를이 없을 정도로 너무 바쁘다. 일터의 조기 퇴직에서도 살아남아야 하고, 육아와 부모 봉양까지 어깨에 얹힌 짐도 많다. 이런 것을 다 하면서 어떻게 노후까지 준비할 수 있을까? 그래도 준비를 해야 한다. 힘든 만큼 먼 안목과 오랜 기간을 필요로 한다.

100세 시대에도 최고의 동반자는 당연히 배우자가 될 것이다. 여기에 경제 동반자를 하나 더 만들어야 한다. 경제적으로 독립할 수 있다면 오래 산다는 것이 축복이 될 수 있다.

과거 부동산투자자들은 아파트, 토지 등 부동산 자체의 가격이 상승하여 매매를 통한 시세차익을 실현할 수 있는 상품에 관심이 많았다. 하지만 최근에는 부동산 자체의 가격 상승 뿐 아니라, 매월 실질적인 수입, 혹은 월세가 들어오는 수익형부동산에 관심이 집중되고 있다. 수익형부동산으로 대세가 바뀌게 된 원인은 사회의 흐름에 따른 경제상황과 인구 구조의 변화, 여기에서 비롯된 주거 트렌드와 정부정책에 대한 대응 등 여러 가지 복합적인 요인이 있다. 지금의 수익형부동산은 단순히 아파트와 토지 투자의 불확실성이나 불황의 장기화 우려로 인해 선택된 대체 상품이 아니다. 현재의 시대적, 사회적 배경에 맞추어 시장이 변화한 것이다.

100세 시대 행복,
은퇴 후를 미리 준비해야 가능하다

직장생활의 현실과 장수 시대의 도래

우리가 살고 있는 오늘날의 직장생활은 어떤 모습인가? 한국경영자총 협회가 2016년 6월에 발표한 자료에 따르면 전국 312개 회사에서 신입 직원이 1년 이내에 퇴사한 비율은 27.7%로 나타났다. 무려 네 명 중 한 명이 힘겹게 얻은 정규직을 버리고 제 발로 회사를 나온 것이다. 경총 이 조사한 입사 초년생들의 퇴사 이유는 1위가 조직과 직무 적응 실패 (47.6%)였고, 2위가 급여와 복리후생에 대한 불만(25.2%), 3위가 근무 지역 이나 근무 환경에 대한 불만(17.3%)이었다. 반면 기업들의 입장은 현저히 다르다. 기업들은 사회 초년생들의 끈기가 부족하고 책임감이 결여되어 있다고 불평한다.

요즘 대학생들의 로망은 대기업 취직이다. 명문대를 나온 사람이 대 기업에 들어갔다고 가정해 보자. 우리나라 대기업에서 임원승진 확률은 1,000명 중 7명으로 0.7%, 부장 승진확률은 1,000명 중 14명으로 1.4% 다. 이들을 제외한 나머지 98.6%는 45세 전후에 회사를 나와야 하는 상 황이다. 일명 '사오정'의 대상인 것이다. 승진이 늦는 기술직도 55세 전 후에는 회사를 나와야 한다. 근로기준법에는 정년이 60세로 되어 있지 만 현실은 그렇지 않다.

남학생의 경우 군대에 갔다 와서 대학을 마치고 졸업하면 26세, 결 국 짧게는 20년, 길어야 30년 직장생활을 하는 것이다. 앞으로 100세 까지 산다고 가정하면 퇴직 이후에도 45~55년을 무언가 하면서 지내야 한다. 공무원처럼 근로기준법상의 정년이 보장된 직장이라고 가정해도

35년을 일하고 나면 나머지 40년이 남는다. 이 시기를 잘 지내려면 무언가 준비를 해야 한다. 대기업에 취업을 하는 것이 다가 아닌 것이다.

우리나라 사람들이 노후를 걱정하기 시작한 것은 그리 오래되지 않았다. 산업화시대인 1970년대만 해도 우리의 은퇴 시기는 60대였고 1970년 한국 남성의 평균 수명은 58.6세였다. 노후를 걱정할 필요가 없었던 것이다.

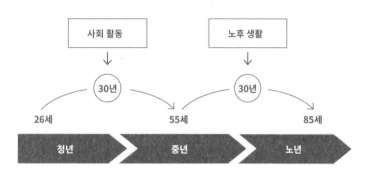

인생 전반기와 후반기

통계청 자료에 의하면 우리나라 인구의 기대수명은 2016년 기준 남자가 79.3세이고 여자가 85.4세로, 평균 82.4세로 나와 있다. 2004년 77.4세에 비하면 약 10년 만에 5년이 늘어난 셈이다. 이런 추세라면 약 50세에 은퇴하는 현재의 베이비부머를 기준으로 2045년에는 기대수명이 97.1세가 된다. 100세 시대라는 말이 전혀 어색하지 않은 시대가 되었다.

직장생활보다 두 배나 더 긴 은퇴 후 생활

2018년 5월, 통계청이 발표한 자료에 따르면 대한민국 평균 은퇴 연령은 49.1세다. 그런데 어떤 일을 하든 2차 고용시장까지 완전히 떠나는 시기는 71.1세인 것으로 나타났다. 반평생 일한 직장을 떠난 뒤, 20년 넘는 은퇴 후 경제활동시기를 사람들은 어떤 일을 하고 있을까? 그 일이 그들의 자부심이 되고 인생을 든든하게 받쳐주고 있을까?

안타깝게도 현실은 그렇지 못한 듯하다. 53세 이상 은퇴자들의 월 평균 소득은 55만원 내외이며 세상에서 쓸모없는 존재가 된 것 같은 자괴감과 우울증을 호소하는 사람이 절반 이상이라고 한다. 더 중요한 것은 이러한 2차 고용시장을 떠난 이후에도 30여 년을 더 살아야 한다. 결국 25년의 직장생활 후에도 50년이라는 은퇴 후 생활이 기다리고 있다. 100세 시대라는 것은 이런 흐름인 것이다.

아직 회사가 필요로 하고 가장 활발하게 일할 나이인 30대에게는 남의 일처럼 느껴질 것이다. 은퇴 시기가 아무리 빨라진다고 해도 30대까지 내려갈 일은 거의 없을 테니까. 하지만 마흔이 가까워질수록 느긋하던 30대에게도 직장을 잃을지 모른다는 불안감이 찾아든다. 피라미드와 같은 조직의 정점으로 오를수록 자리는 줄어들고 그 과정에서 탈락하는 선배들을 숱하게 보게 되기 때문이다. 가장 답답한 것은 이러한 사실을 알면서도 대다수의 사람들이 아무런 준비 없이 직장 밖으로 내쫓기고 있으며, 그런 현실이 반복되고 있다는 것이다.

회사를 통한 안정을 선택한 사람들은 '회사가 더 이상 일할 수 있는 여건을 만들어 주지 않을 때 나는 어떻게 해야 하는가?' 라는 질문을 진지하게, 정말로 심각하게 해 봐야 한다. 그리고 그 대답에 대해 외면하지 말아야 한다. 100세 시대의 사회에서 제대로 살기 위해서는 공무원 같은 안정된 평생직장, 혹은 높은 연봉의 대기업이 최고라는 산업화시대의 낡은 패러다임에 갇혀서는 곤란하다는 이야기다.

벤자민 플랭클린은 '안정을 위해 자유를 포기한 사람은 둘 다 가질 수 없고, 또 가질 자격도 없다'고 말했다. 지금 하고 있는 일이 '이게 아닌데'하는 자기 내면의 소리를 못들은 척하거나, '나는 이걸 하고 싶어' 하는 변화의 의지를 구속하고 있다고 느낄 때가 있는가? 그렇다면 그 때가 바로 당신이 하고 싶은 것을 선택하고 자신을 변화시킬 수 있는 새로운 결정을 내려야 할 때다.

틀에 박힌 우리의 교육제도 아래에서, 자신의 의지와 거의 무관하게 이루어진 직장에 대한 1차 결정은, 대부분 자기 잘못이 아니다. 그러나 은퇴 후를 준비하고 결정할 수 있는 시간은 충분하다. 직장생활을 하는 25년이라는 기간 동안 1차 결정이 잘못되었다고 판단된다면, 아니면 은퇴 후에 하고 싶은 생활이 있다면 준비하라. 이 기간은 오로지 자기 의지에 의해 이루어지는 시간인 것이다. 100세 시대는 이런 삶을 살 수 있는 기회이기도 하다.

안정을 위해 자유를 포기한 사람에게는 가혹한 대가가 기다리고 있다. 바로 아무런 준비 없이 자신이 생각하지 않던 낯선 환경 속에 어느 날 갑자기 내동댕이쳐지는 것이다. 이것이 가혹한 이유는 우리가 그동안 지내온 직장생활 기간보다도 훨씬 길고, 곤혹스럽고, 우울하다는 데에 있다. 더 처참한 것은 이미 이 시기가 되면 우리의 노동력은 정점을 훌쩍 지나버린다는 것이다. 준비를 게을리 한 사람에게 은퇴 후 생활은 길고도 가혹하다.

노동시장은 우리를 기다려주지 않는다

노동의 본질은 자아실현이라고 말한다. 무슨 일을 할 것인가? 언제까지 할 수 있는가? 그리고 그것이 워라밸Work and Life Balance을 얼마나 충족시켜줄 수 있는가 등이다. 더 중요한 사실은, 그럼에도 불구하고 대부분 평생 노동을 할 수는 없다는 점이다.

우리나라가 급성장하게 된 원동력도 질 좋고 풍부한 노동력이었다. 국토의 크기도 작고 자원도 부족한 우리나라가 살 수 있는 길은 '사람'이라고 생각하고 교육에 엄청난 투자를 했다. 이러한 교육의 목적은 좋은 직장에 취업하는 데 있었고, '우리나라에서 좋은 직장이라는 것은 사회적인 지위와 돈을 보장할 수 있다'는 등식이 성립되었다. 공부를 열심히 하면 이런 것들이 쥐어졌다. 판사나 검사가 되면 권력이 따라왔고, 의사나 변호사 같은 전문직이 되면 돈이 따라왔다.

그러나 사회가 변했다. 대기업에 취업한 자녀들이라고 해도 미래가 보장된 것이 아니다. 대기업 취업자들 중 1/4이 1년 안에 퇴사를 하는 게 우리나라 노동시장의 현주소다. 남은 3/4 중에서도 임원으로 승진을 하지 못하는 98.6%는 45세 전후에 명예퇴직을 당할 확률이 높다. 이렇게 노동시장이 변하고 있다. 노동시장은 우리를 기다려주지 않는다. '사오정'이 되기 전에 미래를 준비하거나, 미래를 위한 공부라도 해야 한다.

우리가 학교에서 배운 생산의 3요소는 '토지, 노동, 자본'이다. 이 중 우리는 유독 '노동'의 신성함을 강조하는 경향이 있다. 노동이 신성하지 않다는 것이 아니다. 은퇴 후 일을 한다고 하더라도 실제로 노동에 의한 생산은 70세 정도가 지나면 어렵다. 이 때부터는 또 다른 생산 요소인 토지와 자본이 생산할 수 있도록 시스템을 준비해야 한다. 토지에 시설투자를 해서 수익이 나오는 것도 좋고, 자본에 의한 금융 소득을 얻는 것도 좋다.

중요한 것은 미리미리 준비를 하지 않으면 이것이 어렵다는 것이다. 노동에 의한 생산은 그때그때 임시직으로 근무를 하거나 아르바이트를 해서라도 당장 내손에 수익을 얻을 수 있지만 토지와 자본에 의한 생산은 그것이 쉽지 않다는 것이 문제다.

100세 시대를 살 우리에게는 노동력이 떨어진 후에도 수익이 나올 수 있는 것을 준비하는 것이 중요하다. 이것은 우리가 노동에 의해 충분히 생활할 수 있을 때부터 준비를 하지 않으면 안 된다. 젊어서 열심히 일만 한 우리가, 노인이 되어서도 먹고 살기 위하여 여가나 휴식을 마음대로 갖지 못할 정도로 노동을 한다는 것은 그리 유쾌한 일이 아니다. 아니 정말 피하고 싶은 상황이다.

어떠한 방식이라도 좋다. 순수 노동력이 아닌, 토지와 자본이 나 대신 노동을 할 수 있는 방법에 대하여 공부하고, 일찍부터 그 시스템을 갖추어 놓자. 이것이 노인이 되고서도 먹고 살기 위하여 어쩔 수 없이 하는 노동에서 벗어날 수 있는 방법이다.

100세 시대의 경제 동반자로
무엇을 선택할 것인가?

하고 싶은 일을 찾는 것이 먼저다

은퇴 후를 준비하면서 가장 중요한 것은 '어떻게 하면 내가 가장 해보고 싶던 일을 할 수 있을까?'일 것이다. 우리는 25세까지는 사실상 내가 살고 싶은 대로 산 게 아니다. 초·중·고를 다닌 것도 의무교육이기 때문이고, 대학교에도 가야 한다고 해서 다닌 것이지 내가 정말 다니고 싶어서 다닌 게 아닌 경우가 많다. 대학교에도 내가 원하는 학과, 내 적성에 맞는 학과를 선택하는 경우가 별로 없으며, 군대는 더더구나 내가 가고 싶어서 가는 경우가 드물다.

그렇다고 보면 50세에 은퇴를 한다고 가정했을 때 내가 내 인생을 산 것은 겨우 25년에 불과한데 그나마 적성에 맞지 않는 직장생활을 경제적인 이유 때문에 참고 살아온 사람이 대부분일 것이다.

영국의 경제사회학자 베버리지W. H. Beveridge경은 보고서에서 '건강, 빈곤, 역할 상실, 소외감'을 나이 든 사람들이 공통적으로 겪는 4가지 고초라고 말하고 있다. 이 네 가지는 선진국이든 후진국이든 노년층이 갖게 되는 공통의 문제이다. 그 중 역할 상실이나 소외감은 적극적인 사회 참여로 노년에 시작해도 얼마든지 극복해 낼 수 있다. 그러나 건강이나 경제적인 문제는 일찍부터 준비하고 관리해 오지 않았다면 노후에 당장 어쩔 수 없는, 극복하기 어려운 문제다.

중요한 것은 이 네 가지가 대개는 경제적인 문제를 필두로 같이 움직인다는 것이다. 경제적인 여유가 있는 사람이 시간을 내기가 쉬워 건강관리도 잘할 수 있고, 사회 활동을 통해 퇴직 후의 소외감도 극복하기가 쉽다는 것이다. 그만큼 은퇴 후일수록 경제적 여건이 중요하다.

은퇴를 준비하면서 가장 중요한 것은 내가 좋아하는 일, 내가 잘 할 수 있는 일을 찾는 것이다. 아무리 바쁘고 힘들어도 외면하지 말고 시간을 내서 조금씩이라도 준비하자. 어느 날 갑자기 준비도 안 된 상태에서 내던져지지 말고, 미리미리 적극적으로 내가 잘 할 수 있는 일을 찾자. 그것이 노후 행복을 향한 지름길이다. 행복은 멀리에 있지 않고 가까이에 있다고 하지 않았는가. 찾다 보면 보일 것이다.

손재주가 있다면 주말마다 공방에 다니면서 수제가구 짜는 법을 배워도 좋다. 정말 요리가 좋다면 요리학원에 다니면서 자격증을 따도 좋고, 정말로 자연이 좋다면 나무 가꾸는 법에 대해 공부하는 것도 좋다. 은퇴 전에 하던 일이 적성에 맞아서 그 분야의 일을 할 수 있다면 더욱 좋다. 무엇이든 은퇴 후에 할 수 있는 일을 준비해야만 한다.

인생의 제2막을 어떻게 살 것이냐 하는 것을 스스로 선택하는 것은 매우 중요하다. 노동력이 감퇴되어 가는 과정에서 어느 분야를 나의 경제 동반자로 삼을 것인가를 준비하는 과정이기 때문이다. 어떻게 살아야 행복하게 살 수 있을지를 그동안 살아 온 경험으로 판단하고 선택할 수 있는, 어쩌면 마지막 기회일지도 모르기 때문에 더 그렇다.

은퇴는 내가 행복하게 할 수 있는 일을 다시 시작할 수 있는 최고의, 최후의 기회다.

모든 경제 동반자의 기본인 자본

노동 이후의 생산성으로 우선 자본의 생산성을 연구해 보자. 자본의 생산성은 돈이 일을 하게 만드는 방법이다. 자본이 일을 하는 가장 대표적인 것은 예금과 채권, 그리고 주식이다. 일반인들이 자금의 흐름을 읽고 투자를 한다는 것은 쉽지 않다. 그러나 장기 투자를 할 경우에는 경쟁력이 있다. 장기 투자를 할 것이냐, 단기 투자를 할 것이냐를 결정하라. 끊임없이 안테나를 세우고 공부하라.

부모님 봉양하고, 자녀들 교육시키고, 생활비 쓰고, 집도 마련해야 하는데, 언제 저축을 하고 투자를 하란 말이냐? 그래도 해야 한다. 공부를 하고, 조금씩이라도 저축하며 끈질기게 기다리면 자신의 규모에 맞는 기회가 온다. 그때부터 시작하면 된다. 처음에는 작게 시작해도 상관없다.

가장 안전한 소득원으로 인식되던 것들이 불안해지는 시대가 되었다. IMF가 오기 전에는 은퇴생활자들 중 금융소득으로 생활하는 사람도 많았다. 그러나 지금은 누구나 다 알다시피 저금리 시대다. 저금리도 부족하여 초저금리, 심지어 물가를 감안하면 마이너스 금리라고까지도 한다.

국가가 보증하여 가장 안전하다고 하던 연금소득도 출생률 감소로 갈수록 수령액이 줄어드는 상황이 되었고, 주식과 같은 상품의 경우에는 기관이 아닌 개인들은 원금이 손실되는 경우가 다반사다. 그러나 자본금이 작을 때는 금융소득을 활용하여 목돈을 만드는 수밖에 없는 것처럼, 저축은 아직도 유용한 방법이다.

토지를 경제 동반자로 만들자

나에게 노동력이 있는 기간은 토지와 자본을 만들기 위한 준비기간이다. 노동력이 있을 때 토지와 자본을 만들지 못하면 평생 일하다 은퇴해도, 죽을 때까지 먹고 살기 위해서 또 일을 해야 한다. 노동 이외에 토지와 자본의 생산성이 왜 중요할까? 인간은 70세 이후에는 정상적인 노동을 하기가 어렵다. 젊어서 열심히 일하고, 거기에서 얻은 수익을 잘 관리하여 토지와 자본이 일할 수 있는 기반을 마련해야 하는 이유가 거기에 있다. 적어도 은퇴 후에는 토지와 자본의 도움을 받아가며 즐겁게 자기 자신을 위한 일을 하거나 하고 싶었던 일을 해가며 살아야 하지 않을까?

부동산을 포함하는 토지가 일을 하게 만드는 방법은 다양하다. 토지에 직접 투자하여 시세차익을 얻는 방법도 있고, 부동산을 소유하고 임대를 놓아 월세소득을 버는 것도 토지가 일을 하는 방법 중 하나다. 시골에 있는 땅이라면 관리가 수월한 나무를 심어서 판매하는 방법도 있고, 사람들을 위한 편의시설을 만들 수도 있다.

대부분 자금이 부족할 것이다. 자금이 부족하다면 처음에는 저축을 하여 종자돈을 모았다가 투자를 하는 방법을 선택할 수밖에 없다. 그래서 긴 호흡이 필요하다. 전세를 끼고 건물을 매입하는 방법, 즉 지렛대의 원리를 적용하여 사업을 진행하기도 한다. 나에게 어떤 방법이 가장 잘 맞을 것인가를 연구해야 한다.

자영업에서 실패하여 순식간에 퇴직금을 날리는 사례를 선배들로부터 학습한 대부분의 은퇴자들은 이제 창업보다는 임대소득을 확보하기 위하여 수익형부동산으로 몰려오고 있다. 그러나 임대소득을 위한 부동산은 한정되어 있고, 경쟁률이 심화된 이 시장에서 수익률을 맞추기란 쉽지 않다. 부동산은 자영업처럼 손님을 가지고 서비스 경쟁을 하지 않아도 되고, 주식처럼 자주 사고팔지 않아도 되며, 가격이 급락하거나 급등하지도 않는 특성이 있다. 반면에 덩치가 커서 한 번 잘못 사면 금방 되팔기가 어려울 뿐 아니라, 장기간에 걸쳐 돌이키기 어려운 타격을 받을 수도 있다. 그래도 향후를 대비한다면 임대소득은 리스크가 가장 작을 수 있고 수익률이 좋아서, 은퇴자들의 치열한 경쟁이 예상되는 분야다.

사회의 변화, 부동산 시장의 수요와 정부정책도 바꾼다

저성장, 저금리, 저출산과 고령화

우리 사회는 저성장시대로 들어섰다고 말한다. 통화량의 축소로 물가가 하락하고 경제활동이 침체되는 디플레이션을 일시적인 현상으로 본다면, 저성장이란 장기적이고 구조적인 문제다. 저성장이 되는 요인은 여러 가지로 인구감소로 인한 소비감소, 세계화로 인한 임금의 동결 효과, 가처분 소득의 감소 등이 있다.

금리도 국내·외 경제 상황과 국제 자금의 이동에 따라 등락을 하기는 하지만 저금리로 정착이 된 듯하다. 금리 인하는 저성장시대에 대한 대비로, 경기를 부양하고 경기를 활성화하자는 정책적인 전략이다. 저성장시대의 개막과 함께 저금리는 장기화될 가능성이 높다. 장기적인 저성장시대를 극복하기 위한 투자 활성화와 경기 부양 측면에서 정책적으로 금리를 낮추는 것이다.

한 사회의 성장 동력은 인구다. 인구가 젊거나 많으면 내수시장이 커져서 소비를 진작시키고 우수한 인력을 활용하여 수출을 지속할 수가 있는 것이다. 그래서 한 국가의 인구가 1억 명은 되어야 한다느니, 남북이 통일이 되어야 인구 규모로 볼 때 시너지 효과가 있다느니 하는 이야기들이 나오는 것이다.

그러나 선진국으로 갈수록 고령화의 진행으로, 평균수명은 길어지는 반면 생산 가능인구는 줄어드는 구조로 가고 있다. 생산 인구의 감소는 전체 인구가 감소하는 효과를 가져 오고 있다. 우리나라는 급격한 성장을 이룬데 비례하여 고령화 속도 또한 가장 빠른 나라 중 하나다. 제조업이 싼 임금을 찾아 해외로 빠져 나가고, 단순 노동은 컴퓨터가 대체하면서 청년들은 일자리를 찾지 못하고 있다.

우리는 '세계화'라는 말을 오래전부터 들었다. 세계화만이 살 길이며, 우리가 추구해야 할 방향인 것처럼 인식되기도 하였다. 그러나 세계화의 대부분은 우리에게 저성장을 촉진시키는 효과를 가져왔다. 외국의 싼 임금을 찾아서 기업들이 빠져 나가니 국내 임금이 오르지 않고, 임금이 오르지 않으니 소비가 위축되고 성장이 낮아진 것이다.

저성장시대에 나타나는 또 하나의 특징은 가처분 소득의 감소다. 가처분 소득이란 수입 중에서 세금, 공과금, 보험료, 생활비 등을 빼고 내가 사용할 수 있는 소득을 말한다. 가처분 소득이 줄어든다는 것은 그만큼 소비할 수 있는 여력이 줄어든다는 것과 같은 말이다. 우리 사회는 IMF를 거치면서 제조업의 공동화와 자영업의 실패로 중산층의 수가 많이 줄었다. 여기에 고령화가 겹치면서 가장 많은 인구를 차지하는 세대가 소비보다는 저축을 하기 시작했기 때문에 저성장의 골은 더 깊어만 가는 것이다.

저출산과 고령화는 독거노인이라는 사회적 문제 뿐 아니라, 결혼이 늦어지는 만혼과 함께 우리 사회의 주거트렌드를 1·2인 가구로 급속하게 재편하는 주요 요인으로 지목되고 있나. 서금리·저성장보다 사회에 파급되는 효과가 더 심각하다.

UN이 정한 바에 따르면 고령화사회란 65세 이상 노인 인구 비율이 전체 인구의 7%를 넘는 경우를 말하며, 14%를 넘어가면 고령사회, 21%를 넘어서면 초고령화사회라고 한다. 우리나라는 2000년 노인 인구가 7.2%를 넘어서며 고령화사회에 들어섰으며, 2020년에는 고령사회, 2030년경에는 초고령화사회로 진입할 것으로 예상된다.

우리나라 베이비부머의 시작이라고 하는 1955년생들은 2020년부터 고령인구에 편입되게 된다. 이들은 은퇴하면서 소비의 중심에서 멀어지고 있다. 이들이 소비의 중심에 있을 때는 고속성장의 시기였으나 이제는 저성장시대로 들어선 것이다. 베이비부머들은 의술의 발달과 생활의 윤택함으로 평균수명이 갑자기 늘어나는 바람에 은퇴 후 죽을 때까지의 불확실성이 너무 커져 버렸다. 마음껏 소비하다가는 모아놓은 돈이 조만간 바닥이 날지도, 그리하여 빈곤층으로 전락해버릴지도 모른다는 걱정이 이들로 하여금 소비를 줄이게 했다. 이것은 독이 되어 점차 사회성장력이 하락하고, 베드타운으로 형성된 신도시부터 부동산경기가 하강하게 되는 현상을 가져오게 될 것이다.

길고 긴 노후에서 가장 중요한 것은 '삶의 질'이다. 그냥 오래 사는 것이 중요한 것이 아니라, '어떻게 사느냐'가 중요하다. 삶의 질을 결정하는 요소들은 많지만 경제적인 요소를 빼놓을 수는 없다. 수시로 알바를 하고 다급하면 막노동이라도 할 수 있는 젊은 나이와는 달리 육체적인 능력이 감소하는 노년에 경제적인 독립은 너무도 중요한 요소이기 때문이다.

이러한 고령화에 대한 우려가 노후 대비를 위한 재테크에도 영향을 미치고 있다. 부동산 시장에서의 투자 방식이 자본이득Capital gain 우선에서 현금흐름Cash-flow 중심으로 바뀌고 있는 것이다. 다시 말하면 부동산의 투자가 시세차익형 보다는 은퇴 후 월세 수입을 확보하여 현금 흐름을 원활하게 할 수 있는 수익형부동산으로 가고 있다는 뜻이다. 베이비 부머들은 꾸준하고 안정적인 수입이 발생하는, 현금 흐름을 가질 수 있는 부동산 자산이 필요하다는 결론을 내리고 있다. 따라서 수익형부동산, 임대시장은 이들로 인하여 더욱 활성화될 전망이다. 특히 의료와 서비스, 편의시설이 갖추어진 도심의 수익형부동산은 인기를 더하게 될 것이다.

베이비붐 세대와 에코세대의 경쟁

베이비부머, 1955년부터 1963년 사이에 태어난 세대다. 2018년을 기준으로 베이비붐 세대들의 나이를 계산해 보면 55세에서 63세다. 1955년 생들은 2018년 현재 63세로 이미 고령인구 진입을 목전에 두고, 이미 은퇴를 했거나 은퇴 직전에 있다. 이들은, 평생을 가족과 자식을 위해 헌

신하고 그들의 노년을 오로지 자식들에게 의존했던 전쟁 이전 세대들의 어려움을 보고 학습했다. 더구나 베이비부머들은 우리사회가 초고속으로 성장할 때 땀을 쏟았고, 그 결과물을 온전히 받은 세대들로 경제적인 여유도 제법 누려왔다. 이들은 정신없이 달려온 끝에 도달한 자신의 노년을 어떻게, 무엇으로 행복하게 보낼 것인가 고민하기 시작했다.

과거에는 은퇴 후에 자영업을 하려고 많이 시도하였다. 그러나 서울시가 2013년 1월부터 2015년 9월까지 3년간 생활밀착형 자영업종 43개를 분석한 결과 10곳 중 3년을 버티지 못하고 문을 닫는 곳이 4곳에 달했다. 이러한 학습 효과로 최근의 은퇴자들은 다른 방향을 모색하는데 그것이 '수익형부동산'이다. 이 베이비붐 세대들이 대거 수익형부동산 시장으로 몰리면서 경쟁도 한층 더 가열되고 있는 것이다.

그런데 지금 정부에서 싸움을 벌이고 있는 것은 바로 이들이 노년을 위한 대책으로 마련하고자 하여 들썩이고 있는 부동산 시장인 것이 문제다. 그동안 부동산 시장이 음성화되고, 불로소득의 시장이라는 인식을 가지고 있는 것이다. 그러나, 정부의 정책을 가만히 들여다보면, 부동산과의 사투를 벌이고 있지만 한편으로는 임대사업자등록 등을 통해 제도권 안으로 들어 온 수익형부동산 시장에는 여러 가지 세제 혜택이 주어지고 있다. 정부와 싸워서 이긴 경우는 없다. 시세차익을 목적으로 하는 부동산시장보다는 임대수익을 목적으로 하는 수익형부동산 시장으로 시야를 돌려야 하는 이유다.

우리나라에서 베이비붐 세대가 가장 많이 태어났을 것 같지만 실제로는 그렇지 않다. 이들은 상징적이다. 실제로 우리나라에서 제일 많이 태어난 세대는 베이비부머보다 10년 늦게 태어난, 1964년부터 1973년에 태어난 세대로, 대부분 한 해에 약 100만 명 이상 태어났다. 이 베이비붐 직후 세대들은 사회적으로 가장 왕성하게 활동할 뿐 아니라 자녀들이 아직 학생들이기 때문에 소비도 가장 많이 하는 세대이다. 그런데 이들이 현재 50대 전후에 진입해 있다. 2018년 현재 이 세대 중 가장 어린 1973년생이 이미 45세다. 이들도 은퇴자의 반열을 넘어선 것이다. 이들의 수요 또한 바뀌고 있다.

문제는 이 베이비붐 직후 세대들의 관심도 수익형부동산으로 향하고 있다. 수요는 많은데 공급은 적은 수익형부동산 전쟁의 시대가 오고 있는 것이다.

에코세대는 베이비붐 세대들의 자녀들로 1977년에서 1997년 사이에 태어난 세대를 말한다. 2018년을 기준으로 1979년에 태어난 에코세대까지 이미 40세에 진입을 했다. 이제 수많은 에코세대가 40대에 줄줄이 진입할 것이다. 이들은 앞선 세대들의 빠른 은퇴와 정년 전 퇴직을 보았고, 앞으로는 그 시점이 더 빨라질 것을 학습했다. 실제로 에코세대의 정년은 불투명하고 베이비붐 세대들보다 더 빠른 구조조정과 퇴직 권유를 받을 것이다. 에코세대들은 퇴직을 미리 생각하고 미래를 좀 더 일찍 준비해야 한다는 것을 알고 있다. 미래 준비에 대한 대안으로 에코세대 역시 수익형부동산에 많은 관심을 갖게 되었다.

과거의 건축주들은 환갑이 넘은 지긋한 연배들이 주류였으나, 요즈음 건축주들 중에는 40대들도 쉽게 만날 수 있다는 것이 이를 증명해 준다. 에코세대들은 은퇴라는 것이 40내 중반이면 이미 시작되는 것으로, 당연하게 받아들이고 있다. 수익형부동산의 주도세력이 50~60대에서 이제는 30~40대로 많이 넘어가는 형국이다. 집이 없어도 차는 사듯이, 자가 주택이 없어도 수익형부동산에는 투자를 하고 있는 것이다.

이러한 현상은 이들 에코세대의 워라벨을 중시하는 사고가 큰 역할을 하고 있는 것으로 판단된다. 일과 삶의 균형을 이룰 수 있는 직장을 좋은 직장으로 여길 뿐 아니라 노년까지 이 균형을 이루며 살기를 원한다. 이러다 보니 과거에 비해 상가주택에 투자하려고 하는 연령대가 젊은 층으로 점차 낮아지고 있고, 건축주들도 자연스럽게 젊어지고 있는 추세이다.

이들은 부모세대가 부족한 노후준비 때문에 고생하는 것을 지켜보았다. 자녀들이 자라서 목돈이 들어가기 전에, 혹은 기회가 될 때마다 미리미리 노후를 준비해야 한다는 절박감이 강하기 때문에 수익형부동산에 대한 관심이 크다. 과거의 젊은 층들은 이 시기에 아파트를 사기 위해 저축과 청약에 집중했다면, 현재의 젊은 층들은 집을 통한 재테크, 즉 시세차익을 통한 재태크의 시대는 지났다는 것을 정확하게 인식하고 있다. 따라서 이들의 집에 대한 인식과 생각이 '사는 것'에서 '사는 곳'으로 바뀜으로써 수익형부동산에 대한 관심이 고조되고 있는 것이다.

연령대	20대	30대	40대	50대	60대 이상
비율	3.1%	16.5%	28.6%	33.3%	18.5%

위례신도시 상가 연령대별 계약자 현황 　　　　　　　　　　　　　자료 : MDM(엠디엠)

위 표는 어느 부동산 개발회사가 위례신도시에 공급한 '위례중앙역 중앙타워'의 연령대별 계약자 분포다. 50~60대 못지않게 30~40대의 비율도 높다. 이와 유사한 현상은 여러 가지 수익형부동산의 통계에서 접할 수 있다.

1·2인 가구의 증가와 공유경제의 등장

이제는 혼자 사는 것이 전혀 이상하지 않은 시대가 되었다. 혼자 산다고 하면 어딘가 문제가 있어 보이고, 무언가 이상한 눈으로 바라보았던 과거에는 상상도 할 수 없던 일이다.

1·2인 가구의 증가에는 여러 가지 요인이 있다. 젊은 세대의 결혼 가치관 변화와 만혼晩婚의 증가, 이혼 및 별거의 증가, 교육 가치 실현을 위한 기러기 가족, 상경 학생과 취업준비생, 고령화에 따른 노인독신인구의 증가 등이 있다. 2018년 3월 10일에 발표한 통계청의 '장래가구추계 시·도편 : 2015-2045년'에 따르면 2045년에는 전국 17개 시·도 모두에서 1인가구가 가장 주된 가구형태가 될 것이라고 한다.

2015년 기준으로 전국적으로 가장 주된 가구의 유형은 '부부+자녀' 유형의 가구다. 이 유형의 가구는 32.3%인 613만 2000가구였다. 하지만 2045년 17개 모든 시·도에서 가장 주된 가구의 유형은 1인 가구로

36.3%인 809만 8000가구가 될 전망이라고 한다. 전국을 평균해서 보았을 때는 1인 가구가 1위가 되는 것은 이보다 훨씬 빠른 2019년으로, 이미 29.1%를 차지한다.

통계청의 장래 기구 추계에 따르면, 서울의 1·2인 가구의 비중은 2035년까지 전체 가구의 63.2%에 이를 것으로 예측된다. 이것은 우리만의 이야기가 아니라 선진국으로 가면 더 심해진다. 유럽의 경우 1인 가구가 전체 가구의 40%에 달하고, 일본 동경의 1인 가구는 45%에 이른다고 한다. 2008년 다보스 세계경제포럼에서는 1인 가구 증가와 관련해 '싱글 경제의 형성'을 핵심 경제어로 언급할 정도로 1인 가구의 증가는 전 세계적 추세이다. 2인 가구의 증가세도 뚜렷한데, 함께 사는 '하우스메이트'부터 학생, 사회 초년생 등 젊은 세대뿐 아니라 출산을 미루는 부부, 자녀를 출가시킨 노년층 등 다양한 연령대에서 다채롭게 나타난다.

소규모 가구는 연령과 성별, 소득계층별로 경제 환경이 다르고, 거주지역 등에 따라 특징이 각각 다르다. 이와 같은 현상은 단순한 주거 문화를 넘어서 사회적, 경제적 영향이 매우 클 전망이다. 외식문화를 비롯하여 소비 패턴의 변화, 대중교통 문제 등 다양한 사회영역의 변화와 문제가 발생하는데, 그 중 가장 심각한 것이 주거문제이다. 부동산 시장의 전반은 물론 수익형부동산 시장에도 지각 변동을 일으킬 것이다.

이것이 의미하는 것은 무엇일까? 앞으로는 큰 집이 필요 없어지고, 교통이 편리한 지역으로 사람들이 몰릴 것이다. 역세권과 교통이 편리한 지역이 더 선호의 대상이 되는 반면, 사정이 그렇지 못한 지역의 경쟁력은 점차 떨어질 것이라는 전망이다. 생활 방식의 변화는 이들의 월세 부담 경감을 위한 여러 가지 대안으로, 새로운 주거 형태의 출현으로 이어질 것이다.

그 중 하나가 공유경제의 등장이다. 공유경제는 공공기관에서 하지 못하는 공공임대사업 분야를 충족시키기 위하여 셰어하우스와 같은 개념으로 등장하였고, 이런 사업을 해 나가는 사회적 기업이 등장하고 있다. 셰어하우스란 말 그대로 집을 나누어 같이 사용하는 것이다. 프라이버시를 확보할 수 있는 각자의 방은 각각 사용하되, 거실과 주방, 화장실 등을 공동으로 사용하는 개념이다.

셰어하우스의 등장은 1·2인가구의 성장에 따른 부동산 시장의 변화다. 여러 가지 사회 요인으로 인한 1·2인가구의 증가는 앞으로 셰어하우스와 같은 새로운 주거방식을 탄생시킬 것이다. 모두 임대사업의 근간을 이루는 주거의 한 종류들이다. 이와 같은 현상으로 볼 때 임대사업의 전망은 어둡지 않아 보인다. 따라서 우리는 인구구조 변화로 인한 주거용 수익형부동산 시장의 지각변동에도 대비를 해야 한다. 내가 부동산의 흐름을 주도하지 않는 이상, 사회의 변화를 직시할 수 있는 정보를 습득해야 한다. 수익형부동산이 흘러가는 방향을 예측할 수 있도록 도와주는 책 등을 통해 나의 지식 경쟁력을 키우는 것도 방법이다.

정부정책도 사회변화를 따른다

부동산은 특히 정부 정책의 영향을 많이 받는다. 과거 우리나라는 경기가 좋지 않을 경우에는 부동산 부양책으로, 경기가 과열되었을 경우에는 부동산 억제책으로 국가의 경기흐름을 조율하려고 했던 시기들이 있었다. 고속성장 시대에는 이런 정책이 어느 정도 효과를 발휘할 수 있었다. 그러나 이미 시대가 많이 변해서 이제는 저성장 시대에 들어섰다.

저성장 시대에 들어섰음에도 과거로부터 습관적으로 해 오던 정책은 역풍을 맞았다. 뉴타운으로 대변되던 어느 서울시장의 개발중심정책은 중간에 시장이 바뀌는 결과를 초래했다. 부동산 부양과 규제 완화를 통해 경제를 살리려고 했던 이전 정권은 부동산 경기가 '열기'를 넘어 '과열'로 흐르자 이내 대출 규제를 남발하여 시장을 혼란에 빠트리기도 하였다. 당연히 피해를 보는 것은 국민들이다.

2017년에 들어선 새 정권의 부동산 정책에 대한 키워드는 '임대 안정', '구도심 주거환경 개선', '도시재생' 등이다. 저성장 시대와 맥을 같이 하는 내용들이다. 부동산 관련 핵심 공약 중 하나는 '도시재생 뉴딜'

사업이다. 동네를 완전히 철거하는 재건축·재개발과 달리 소규모 정비사업 모델을 개발해서 기존의 구도심을 유지하면서 살 만한 주거지로 개선하려는 사업이다. 새로 정립되고 있는 '소규모가로정비사업'이나 '자율주택정비사업' 등이 대표적이다.

주거환경의 개선과 지역의 발전은 어떤 상관관계가 있을까? 위와 같은 도시재생사업에 맞추어진 정책 아래서 도심, 특히 서울의 도심은 더욱 개선되고 있다. 규모면에서 커지는 것이 아니라 삶의 질을 담을 수 있는 도시가 될 것이다. 지역의 가치와 관련된 부동산의 가격은 당연히 오르리라 예상된다. 도심의 주거환경이 저밀도로 개선되고 살기 좋은 동네, 걷고 싶은 동네가 될수록 임차인들은 더욱 모일 것이며, 당연히 해당 지역의 가치는 커질 것이다. 그리고 임차인들의 입주 경쟁은 치열해질 수밖에 없으므로 수익형부동산의 사업성은 좋아질 것이다. 장기적으로 보았을 때 도심의 발전과 임대사업, 수익형부동산은 트렌드가 될 전망이다. 이와 발맞추어 임대사업자에 대한 규제는 완화되고 혜택은 증가하고 있다. 일반주택을 구입하는 가계대출에 비해 '주택임대사업자'에 대한 대출 규제는 완화되고 있는 추세가 그 증거다.

수많은 조건과 요인들로 이루어진 부동산 환경을 모두 충족시켜줄 수 있는 완벽한 정책은 없다. 다만 시대의 흐름에 맞추어 사회의 요구와 국민들의 삶을 얼마나 잘 담아낼 수 있느냐가 관건이다. 이러한 흐름에서 볼 때 과거의 정부 정책에 따르면 매매 위주의 시세차익을 얻는 사업이, 현 정부의 정책을 따른다면 임대 위주의 수익형부동산 사업이 유리하다는 결론이다. 저성장시대에서는 시세차익을 얻는 사업은 아주 특정한 지역을 빼고는 이루어질 수가 없다는 것이 일반적인 판단이다.

유럽의 선진국에 비해 임대주택의 비율이 현저히 낮은 우리나라는 늘어나는 1·2인 가구를 위한 정책 마련에 정부가 고심하고 있다. 정부에서도 임대주택을 많이 짓기 위해서 노력할 뿐 아니라, 개인들이 많이 짓도록 세금과 자금 지원을 해주고 있다. 1·2인 가구를 위한 주택공급 활성화 금융정책부터, 중소규모 주택 건축을 위한 건축 제한 완화와 금융대책, 세제혜택 등이 그것이다.

임대주택에 대한 개인들의 투자를 독려하기 위하여 임대사업자를 위한 취득세, 재산세, 양도소득세 등에 대하여 각종 면세와 감세 제도를 도입하고 있다. 이러한 제도는 수시로 보완되고 확장되고 있지만, 경우에 따라서는 시행착오를 겪는 경우도 있으므로 관심을 가지고 지켜봐야 한다. 민간주택 공급자가 적극적으로 임대주택을 공급할 수 있도록 지원해 주는 경우도 있으며, 입주하는 임차인에게도 전세금 및 월세 보증금을 저금리로 대출받을 수 있도록 하기도 한다. 이러한 변화를 유심히 살펴보면 우리가 수익형부동산으로 방향을 잡아야 하는 이유가 보인다.

부동산 시장의 수요와 정부정책, 수익형부동산으로 간다

은퇴자의 고정수익, 수익형부동산으로 해결

은퇴자들이 IMF 이전에는 예금금리를 통해 경제생활을 했다. 그러나 요즘과 같은 저금리에서는 과연 어느 정도의 현금이 있어야 걱정을 안 할 수 있을 것인가? 예금 금리가 2%라면, 매월 300만원을 받기 위해서는 예금액이 18억원은 되어야 한다. 여기서 세금을 공제하면 수령액은 더 적어진다. 전문성이 있다면 주식투자를 한다거나 자영업을 통하여 경제활동을 할 수도 있을 것이다. 그러나 개인의 주식투자는 성공확률이 높지 않다.

전체 자영업자에서 흔히 은퇴자로 불리는 50대 이상의 비율은 얼마나 될까? 통계청에 따르면 2017년 기준으로 59.6%에 이른다. 이 수치는 지속적으로 증가하는 수치다. 은퇴자는 자영업에 내몰릴 수밖에 없다. 사회 안전망은 취약한데 퇴직 후 일자리는 마땅치 않기 때문이다.

이들이 한동안 식당 등의 요식업 창업에 몰렸었다면, 요즈음에는 비교적 안전하다고 느껴지는 편의점 등에 몰리고 있다. 다른 업종에 비해 초기 창업비용이 적고, 특별한 기술도 필요 없는 곳이기 때문이다. 자신의 노동력을 투입하면 그것이 인건비로 남는 형태로, 시간이 많은 은퇴자들에게는 매력적이다. 결국 점포수가 우후죽순으로 늘어나 경쟁이 높아졌고, 최저 임금의 상승 등으로 이곳마저도 안전한 시장이 아니다. 블루오션에서 순식간에 레드오션으로 변해버렸다.

부동산 시장도 바뀌고 있다. 시세차익을 노리고 투자하던 분위기는 저성장시기를 맞아 차갑게 식었다. 시세차익의 대표주자로 전세보증금을 끼고 집에 투자하던 '갭투자' 시장도 진퇴양난이다. 팔자니 양도소득세 폭탄을 맞아야 하고, 버티자니 떨어지는 전세가율에 생돈으로 전세보증금을 반환해야 하는 상황이다. 정부는 보유세 강화정책을 수립하고 있어서 신규 갭투자는 꿈도 꾸지 못하는 상황이 되었다.

'수익형부동산'이라는 용어가 사용된 지는 채 10년도 되지 않았다. 그러나 이제는 일반화가 되어 있다. 그만큼 현대생활과 밀접하며, 현대인들의 관심이 집중된 분야라고 볼 수 있다. 기존 부동산시장에서 월세를 받는다고 하면 그것은 '상가'를 의미했으며, 주택에서는 임대료를 받아도 신고조차 하지 않았다. '주택임대사업'이라는 용어도 최근에 와서나 들을 수 있는 용어다. 주거용 부동산 시장은 오로지 아파트가 전부였다. 그것도 월세가 아닌 전세가 대부분이었고, 주로 시세차익이 주목적이었다.

그러나 이제는 시장이 변했고, 앞으로도 계속 변할 것이다. 1·2인 가구의 증가, 저금리와 저성장, 고령화시대의 개막과 함께 월세 시장이 일반화되었다. 다양한 주택임대 상품이 나왔고, 이러한 임대 상품들은 계속 경쟁, 진화하면서 수익형부동산의 시장을 형성해 가고 있다. 월세를 목적으로 하는 수익형부동산은 상가에서 이제는 다가구주택과 다세대주택, 다중주택, 고시원, 원룸, 오피스텔은 기본이고, 도시형생활주택, 셰어하우스, 게스트하우스, 펜션, 분양형 호텔, 상가주택으로 다양하게 진화하고 있다.

그 중심에 상가주택이 있다. 상가주택은 다양한 사회 현상과 시장 상황의 변화, 수요의 욕구, 의식의 변화로 인해 나타난 주거문화이자 트렌드가 되었다. 또 노후 대비가 절실한 중년들에게 가장 안전하고 확실한 노후대책 방편으로 인식되고 있다. 그러나 상가주택을 성공적으로 소유하고 유지관리까지 한다는 것은 그리 호락호락한 일이 아니다. 상가주택을 짓고 나서도 여러 가지 이유로 오히려 고통 받는 경우도 많다. 따라서 상가주택을 '성공적으로' 마련하기 위해 가장 중요하고도 기본적인 것들은 무엇인지 알아야 한다. 왜냐하면 이러한 것들을 고민하는 것이, 안정적인 노후와 상가주택의 성공을 위해서, 기술적인 내용이나 구체적인 지식들을 아는 것보다 훨씬 중요하기 때문이다.

수익형부동산의 종류

수익형부동산의 종류는 여러 가지가 있다. 첫째로는 임대사업을 통하여 수익이 이루어지는 것이 기본이다. 임대사업은 사업자등록증의 '종목' 중 하나인데 크게 '임대'와 '주택임대'로 나누어진다. '임대'는 상가나 오피스텔, 공장이나 사무실을 분양받아 하는 '건물임대', 나대지를 임대하는 '토지임대' 등이 있다. '주택임대'는 도시형생활주택이나 다세대주택, 상가주택이나 다가구주택을 활용한 임대사업이다. 상가주택의 경우 사업자등록증 상의 '건물임대'와 '주택임대' 두 가지가 모두 해당된다.

둘째로는 매매를 통한 차익이나 분양권 전매 등에서 발생하는 시세차익을 남기는 경우의 수익형부동산을 들 수 있다. 부동산 투자라고 부르는 것이 더 어울릴 것 같은 이 방법은 경제가 고성장하던 시기에 고수익을 낼 수 있었던 방법이다. 그러나 지금은 우리 사회도 완연한 저성장 기조의 선진국형으로 들어섰기 때문에 일부지역을 제외하고는 고수익 실현이 쉽지 않은 방법이다.

셋째로는 펜션이나 카페와 같이 부동산을 스스로 운영하여 수익을 올리는 수익형부동산도 있다. 토지를 구입하여 자신이 하고 싶은, 그동안 준비해 온 건물을 세운 후 자신이 직접 운영까지 하여 수익을 올리는 방법이다. 이 방법을 활용하는 사람 중에는 직장생활을 하면서 오랜 시간을 투입하여 자신이 정말 좋아하는 아이템을 준비하고, 정년 이후에 경제적인 성취는 물론 삶 자체를 즐겁게 보내고 있는 사람들이 많다. 종류별로 대표적인 수익형부동산에 대해서 좀 더 구체적으로 알아보자.

① 오피스텔은 '오피스Office'와 '호텔Hotel'의 합성어로 업무를 주로 하며, 구획 중 일부에서 숙식을 할 수 있도록 한 건축물을 의미한다. 말 그대로 사무실과 호텔을 합친 용도의 건축물로 사무실용으로도, 주거용으로도 사용이 가능하며 임대인의 입장에서 필요에 따라 달리 임대할 수

있다.

② 다세대주택은 흔히 '빌라'로 불리며, 분양되는 공동주택의 한 종류다. 개개인에게 소유권을 이전하는 '분양'이 되므로 '집합건축물'로 분류되며, 각 세대별로 소유권의 분리가 가능하다. 건축법에서는 주택으로 사용되는 1개 동의 바닥면적의 합계가 660㎡ 이하(지하 주차장 면적은 제외)이고, 층수가 4개 층 이하인 주택으로 정의되며, 일반적으로 주거지역에 1층 필로티형식의 주차장을 설치하는 방식으로 공급하는 것이 대부분이다.

③ 다가구주택은 주택으로 쓰는 층수가 3개 층 이하인 주택으로, 1개 동의 주택으로 쓰이는 바닥면적의 합계가 660㎡ 이하인 주택이다. 다가구주택은 대지내 동별 세대수의 합이 19세대를 넘지 못하며, 법적으로는 '단독주택'의 범주에 드는 주택이다. 즉, 다세대와 같은 공동주택이 아니라 개별 분양이 불가능하다. 건축물의 특징이 다세대주택과 비슷하여 외형상 구분은 다소 어렵다.

④ 다중주택이라는 용어는 다소 생소할 수 있다. 다중주택의 법적 정의는 학생 또는 직장인 등 여러 사람이 장기간 거주할 수 있는 구조로, 1개동의 주택으로 쓰이는 바닥면적의 합계가 330㎡ 이하인 주택이다. 주택으로 쓰이는 층수가 3개 층 이하인 것으로, 각 실별로 욕실은 설치할 수 있으나, 취사시설의 설치는 불가능한 주택이다. 취사가 필요 없는 주거임대사업으로 많이 활용할 수 있다.

⑤ 고시원은 주택이 아니라, 근린생활시설 중 '다중생활시설'로 분류된다. 법적 정의는 구획된 실 안에 학습자가 공부할 수 있는 시설을 갖추고 숙박 또는 숙식을 제공하는 형태의 영업이다. 즉, 책상, 침대 등의 시설을 갖추고 학생들을 대상으로 영업을 하는 것이 목적인 건축물인데, 현재는 '고시텔', '원룸텔', '리빙텔', '미니텔' 등 다양한 명칭으로 학생 외의 직장인, 독신자 등 1인 가구를 대상으로 영업을 하고 있다.

⑥ 원룸은 주거용 수익형부동산의 대표적인 종류지만 개념을 반드시 숙지해야 한다. 사실 일반인들이 많이 혼동하는 용어가 '원룸'이다. 원룸이라는 용어는 법적으로 규정된 건축물의 용어가 아니라, 구조적인

관점에서 '방 한 칸'인 것이다. 즉, 방 한 칸에 숙박 및 취사, 세탁 등 생활이 가능한 시설이 갖추어진 주거용 상품을 편의상 '원룸'이라고 부르는 것이다. 따라서 앞에서 설명한 오피스텔, 다세대주택, 다가구주택, 다중주택, 도시형생활주택 등에서 구조적으로 방이 한 칸이라면 모두 '원룸'이라고 표현할 수 있다.

⑦ 도시형생활주택은 2009년에 도입된 제도로 1·2인 가구의 주거 안정을 도모하기 위한 소형주택의 공급을 목적으로 만들어진 법적 개념이다. 도시형생활주택은 크게 3가지로 구분되는데 '원룸형주택', '단지형연립주택', '단지형다세대주택'이다. 당시 도시형생활주택 공급을 활성화하기 위해 주차 기준 완화 등 법률적 지원이 시행되었으나 2013년 주차장 부족, 주차장 미확보 도시형생활주택 급증 등의 문제로 법적 기준이 강화되어 사실상 큰 매력은 사라진 상품이다. 다만 '단지형다세대주택' 등의 건축 완화가 아직 유효하니 관심을 가질 필요는 있다.

⑧ 전통적인 수익형부동산인 상가는 건축법상 '근린생활시설', 혹은 '판매시설'이나 '업무시설'을 의미한다. 주로 근린생활시설이 대부분인데 '근린近隣'은 말 그대로 가까운 이웃이라는 의미로, 근린생활시설은 생활하는데 이웃처럼 필요한 모든 시설을 말한다. 제1종 근린생활시설에는 소매점, 음식점, 미장원, 의원, 체육도장 등이 있으며, 제2종 근린생활시설로는 공연장, 교회·성당·사찰과 같은 종교집회장, 학원, 독서실, 사무소 등이 있다. 사람이 일상생활을 하는 데 필요한 다양한 서비스를 공급하는 업종의 영업을 할 수 있는 시설이다.

⑨ 상가주택이라는 용어는 '원룸'과 마찬가지로 정식 법적 용어가 아니다. 택지개발지구 등에서 '점포겸용 단독주택'으로 불리는데, 이 경우 일반적으로 '다가구주택'과 '근린생활시설'이 하나의 건물에 있는 형태를 '상가주택'이라고 한다. 택지지구가 아닌 경우에는 '다세대주택 + 근린생활시설', 혹은 '단독주택 + 근린생활시설'의 조합도 가능하다. 이렇듯 상가주택은 주택과 근린생활시설이 함께 있는 형태로, 주거와 상업시설이 복합된 소규모 건축물이라고 볼 수 있다.

⑩ 게스트하우스의 정식 명칭은 '외국인관광 도시민박업'이다. 간혹

게스트하우스의 등록 요건을 모르고 임대사업 창업을 하려는 투자자들이 있다. 게스트하우스의 창업은 일정 기준을 갖추어야 합법적으로 등록, 영업이 가능하므로 요건을 숙지하는 것이 필요하다. 게스트하우스로 지정이 가능한 건축물로는 단독주택의 경우 230㎡ 미만, 다가구주택은 사업자의 신청면적이 230㎡ 미만, 다세대주택이나 아파트의 경우에는 해당 호실의 면적이 230㎡ 미만이면 신청이 가능하다. 그 외에 사업주가 실제로 거주해야 한다든지, 외국인만을 상대로 영업을 해야 한다든지 하는 조건들이 있다. 2018년 현재 연 180일 이내로 내국인도 사용 가능하도록 바꾸는 안이 검토되고 있다.

⑪ 분양형 호텔은 최근 몇 년 사이 공급이 급증한 분야다. 분양형 호텔은 아파트나 오피스텔처럼 객실별 소유권을 분양받고, 호텔 위탁 운영사가 운영하여 수익을 투자자에게 배당해 주는 시스템의 투자 상품이다.

수익형부동산의 특성과 전망

세상에는 수익형부동산을 제외하고도 수익을 올릴 수 있는 아이템이 수없이 많다. 그러나 부동산을 통하여 수익을 올리려고 마음을 먹었다면 자신의 스타일과 잘 맞는지 한번쯤 생각해 볼 필요가 있다. 건축물에는 항상 사람이 들락거리게 되어 있다. 사람들이 북적이는 것을 싫어하고, 부대끼는 것을 좋아하지 않으면서 수익형부동산을 하겠다고 마음을 먹는다면 적극적으로 말리고 싶다. 그냥 건축물만 지어 놓고 가만히 있어도 수익을 알아서 올려주는 부동산은 없기 때문이다.

오피스텔이나 아파트처럼 1명의 임차인으로 이루어진 간단한 경우라고 하더라도 열심히 관리도 하고 부지런히 주변 상권을 파악해야 한다. 경우에 따라서는 적절한 시기에 매도해야 될 경우도 있기 때문이다. 매매차익이나 시세차익을 생각한다면 주변 도로나 인터체인지, 역세권의 개발정보 등의 호재는 물론, 청사가 이전한다든가 버스노선이 변경된다든가 하는 주거환경과 관련된 변경이나 개발요인에 대하여 항상 안

테나를 세우고 있어야 한다.

상업용 부동산이 가능한 그 '한정적인 지역'은 가격이 매우 비싸고 당연히 투자금액이 높다. 또한 상가 건축물 중 일부를 분양 받더라도 비싼 땅에 건축을 했기에 분양가가 높고, 결국 자금여력이 없는 투자자는 상업용부동산에 접근하기가 힘든 것이 현실이다. 게다가 상권의 이동·쇠퇴·변화·재생 등의 과정을 통한 상업용 부동산의 위험에 대해 많은 투자자가 인지하게 되었다. 결국 수익형부동산에 투자를 원하는 투자자들은 상대적으로 낮은 금액으로 접근이 가능한 '주거용 수익형부동산'에 관심을 갖는다.

앞으로는 고령화가 지속되고 출산율이 감소하여, 장기적으로 볼 때 부동산을 구매할 여력이 있는 사람들이 계속 줄게 되면 부동산의 전체적인 가격은 점차 떨어질 것이다. 우리나라의 출산율이 높아지거나 미국이나 독일처럼 이민 장려 정책에 의하여 이민자를 많이 받아들이거나, 통일이 되어 전체의 인구가 늘어나거나, 외국 기업이 국내로 들어와 활발한 경제활동을 한다거나 하지 않는 한 말이다.

부동산이 떨어진다고 해도 전체가 떨어지는 것이 아니라 양극화가 될 것이다. 오르는 곳은 더 오르고, 떨어지는 곳은 더 떨어질 것이다. 그렇다면 어디가 더 오를까? 장기적으로 볼 때, 서울 도심과 같이 기업이 몰려 있거나 은행과 같은 금융 기관이 모여 있는 곳, 대학과 같은 교육, 문화, 정치 등의 인프라가 모여 있는 곳, 교통의 요지 등이 오르는 곳이 되고, 대도시의 위성도시나 베드타운 같은 곳은 그 반대이다. 도심 공동화 방지를 위한 도시재생과 리모델링의 정책도 도심으로 인구를 몰리게 하는 하나의 원인이 될 것이다. 늘어나는 1·2인 가구로 역세권의 도시형 생활주택은 앞으로도 수요가 떨어지지 않을 것이다.

아파트와 토지, 특히 아파트는 이제 투자 상품으로는 매력이 점차 떨어지고 있다. 정부의 아파트 공급정책, 부동산 보유에 대한 중과세, 세계화되는 금융환경, 지역 개발의 한계, 고령화 사회, 부동산 투자에 대한 사회적 정서 등으로 분석해 볼 때, 시세차익을 기대하는 아파트보다는 안정적인 임대수익을 가져다주는 수익형부동산에 대한 투자 수요가 증가할 수밖에 없는 것이 부동산 시장의 큰 흐름이다.

수익형부동산 시장이 갑자기 활성화됨에 따라 너나 할 것 없이 전문가가 되어 있다. 이들의 말은 모두 들으려면 한도 끝도 없다. 중요한 것은 모든 정보에 대해서 자신의 눈으로 확인하고 검증하는 단계를 거쳐야 한다는 것이다. 막연한 기대를 가지고 남들 따라 시작하지 말고 직간접적으로 충분한 학습을 한 후에 시작하자. 시작단계에서는 간접경험에 의존할 수도 있다. 간접경험도 가급적 인터넷에 떠돌아다니는 내용들보다는 책이나 강연 등을 통해 한 단계 정제된 지식을 참고하는 것이 좋다.

어떤 기준으로 수익형부동산을 선택할까?

수익형부동산의 기준은 여러 가지가 있다. 남들이 좋다고 해서 무조건 따라할 일이 절대 아니다. 그럼 어떤 기준으로 장단점과 유의해야 할 점을 판단해야 하는가? 누구나 다 알만한 것들, 자신의 상황을 먼저 냉정하게 판단해 봐서 결정해야 할 것들, 수익형부동산의 투자 형태 등 세 분야로 나누어 알아본다.

우선 첫 번째 분야는 듣고 보면 누구나 알만한 것이지만 막상 진행하다 놓칠 수 있는 기본적인 것이다. 그 첫째 기준은 어느 영역에 속한 곳을 선택할까 하는 문제다. 장기적으로 보유하려고 한다면 넓게는 수도권, 좁게 본다면 서울과 1기 신도시 위주로 포트폴리오를 꾸미는 것이 좋다고 본다. 부분적으로는 역세권이나 인터체인지 주변, 교통망이 좋은 곳 등 여러 가지 조건이 있을 수 있는데, 공실이 없을 만한 위치여야 한다는 것이다.

둘째 기준은, 위치에 대한 이야기다. 가장 좋은 위치는 사람들이 모여드는 재래시장이나 대단지 아파트의 입구 등 적당하게 상권이 형성되어 있는 곳이 좋다. 적당한 상권이라는 의미는 주거전용도 아니고 그렇다고 완전 상업지역도 아닌 지역, 즉 주거와 상업이 혼재되어 있는 곳을 말하는 것으로, 이러한 곳이 수익형부동산으로서는 최적지라 할 만하다. 주거부분은 주변의 형성된 시세에서 크게 벗어나지 않기 때문에 1층 상가에 최적화된 입지를 선택하는 것이 유리하다.

셋째 기준은, 선택과 집중에 관한 이야기다. 여러 개의 부동산을 갖는 것보다는 노후에는 월세가 잘 나오고 공실 없이 안정적으로 돌아가는, 수익률이 좋은 소수의 부동산을 보유하는 것이 유리하다. 은행 대출은 수익률이 조금 떨어지더라도 가급적 줄여 나가는 것이 좋다. 은퇴 후에는 수익률보다는 은행의 리스크에 대비하는 것이 바람직하다.

두 번째 분야로, 수익형부동산에는 다양한 종류가 있고 각각의 특징과 장단점이 다르다. 그 중 나에게 적합한 수익형부동산을 결정할 때 고려해야 하는 몇 가지 요소가 있다. 부동산 투자 상품을 결정하기에 앞서, 자신의 상황이 어떤지 살펴보는 것이 중요하다. 백전백승하기 위해서는 지피지기, 특히 지기知己해야 하는 것이다.

첫째로, 나의 상황을 인지하고 내게 적합한 투자가 무엇인지 판단해야 한다. 단순히 '부동산으로 돈을 벌어야지…'라는 막연한 개념보다는 좀 더 구체적으로 본인의 상황에 맞는 투자 목적을 정해야 한다. 예를 들어, 노후를 대비해 매월 안정적인 소득이 발생하는 수익형부동산 투자를 원하는지, 꾸준한 급여소득이 있는 상황에서 목돈을 활용해 장기적으로 자산가치가 상승할 수 있는 부동산에 투자하고 싶은지 등 투자자의 상황에 맞게 투자 목적을 정하고 투자 상품을 결정해야 한다.

둘째로, 나의 '투자 가능 금액'과 '투자 성향'을 점검하자. 이때 투자 가능 금액은 단순히 보유하고 있는 현금이 될 수도 있고, 보유 자산을 활용하여 만들 수 있는 자금이 될 수도 있다. 투자자의 성향과 상품의 특징에 따라 투자가능 금액의 규모가 달라질 것이다. 공격적인 성향의 투자자는 본인이 소유한 부동산의 대출을 활용하여 자금을 마련하고 투자를 진행할 수 있으며, 보수적인 투자자는 보유한 현금으로만 투자할 수도 있다.

셋째로, 나의 '투자 희망 지역'을 정하자. 부동산 투자는 '관심'에서부터 시작한다. '부동산 투자에 관심을 가져야지…' 정도의 막연한 흥미가 아닌, 적극적인 관심을 갖자. 먼저 본인에게 유망한 지역을 정해보자. 평소에 관심이 있던 지역, 직장이나 집에서 가까운 곳, 신문 기사에서 접한 지역 등 특정 지역에 주목해보자. 그리고 그 지역에서 나의 상황에 맞는 투자 프로젝트를 만들어 보자.

세 번째 분야로는 수익형부동산 투자의 형태를 정하는 것이다. 자신의 성격이나 성향과도 연관이 적지 않으므로 자신의 성향을 제대로 파악하는 게 우선이다. 수익형부동산의 투자 형태는 크게 3가지로 나눌 수 있다.

　첫째로, 임대사업을 유지하는 것이다. 장기적인 관점에서 수익형부동산을 보유하며 꾸준한 임대소득의 발생을 목적으로 하는 형태로, 은퇴를 준비하거나 노후를 준비하는 경우가 이에 해당할 것이다.

　둘째로, 즉시 매도이다. 최단기간 투자를 통해서 사업 이익을 현물화하는 것이다. 오피스텔이나 다세대주택 등 수익형부동산의 투자 후 시세 차익을 보기 위하여 처분하는 경우, 현금을 보유한 투자자가 토지를 매입해 신축 후 즉시 매도하는 경우가 해당된다. 특히 최근에는 토지를 직접 매입해 원룸을 지어 시세차익을 만들어 처분하거나, 보유하고 있는 부지에 다세대주택 등을 신축하여 치분하는 경우가 많다.

　셋째로, 일정 기간 임대 후 매도하는 방법이다. 수익형부동산의 가장 큰 장점은 보유한 기간 동안 꾸준한 수익이 발생한다는 것이다. 그래서 일정 기간 보유하면서 임대 수익을 받고, 여기에 더하여 시세 차익까지 발생하면 성공적으로 처분할 수 있다.

수익형부동산의 꽃,
상가주택

02

경제 불황이 장기화되면서 안정적인 수익을 얻을 수 있는 수익형 부동산, 특히 상가주택에 투자 수요자들의 관심이 높아지고 있다. 본격적인 저성장·저금리·저물가·저고용·저출산·고령화의 5저低1고高 시대에 접어들면서 나타난 현상이다.

은퇴 후 재테크가 갈수록 중요해지는 이유는, 100세 시대에 은퇴 이후의 생활은 준비된 사람에게는 행복이지만, 준비가 안 된 사람들에게는 커다란 고통이 될 것이기 때문이다. 중년, 노년 할 것 없이 노후 대비가 절실한 사람들에게 상가주택은 가장 안전하고 확실한 노후대책이 되었다. 그러나 상가주택을 성공적으로 소유하고 유지관리까지 한다는 것은 그리 호락호락한 일이 아니다. 짓고 나서도 여러 가지 이유로 오히려 고통 받는 경우도 많다. 이 장에서는 상가주택을 '성공적으로' 마련하기 위해 알아야 할 가장 중요하고도 기본적인 것들은 무엇인지 먼저 알아보고자 한다. 왜냐하면 이러한 것들이 안정적인 노후와 상가주택의 성공을 위해서, 기술적인 내용이나 구체적인 지식들을 아는 것보다 훨씬 중요하기 때문이다.

상가주택의 범위와 장단점

상가주택이란 무엇인가?

우리가 일반적으로 부르는 '상가주택'은 좁게 보느냐, 넓게 보느냐에 따라서 약간 차이가 있다. 좁게 보는 상가주택은, 일반적으로 신도시에 지어지는 상가주택을 말한다. 신도시형 상가주택은 1층과 지하층에는 근린생활시설인 상가를 설치하고 2층에는 임대용 다가구주택이, 3층에는 주인세대가 설치된다. 혹은 지역에 따라 2층, 3층까지 임대용 다가구주택을 두고 4층에 주인세대가 살기도 한다. 물론 최상층의 주택을 임대용으로 사용해도 무방하다. 이렇게 신도시의 상가주택은 지구단위계획지침상 지역에 따라 3가구, 혹은 5가구 등 가구 수의 제한이 있다. 3층, 혹은 4층으로 층수가 정해져 있으며, 상가의 면적 비율이 전체면적의 40% 이하로 엄격히 정해져 있다. 상가주택을 신도시 지구단위계획에서는 '점포 겸용 단독주택'이라고 부르고 있다.

넓게 보는 상가주택은, 주택과 상가가 겸용으로 지어진 건물을 모두 상가주택으로 보는 것이다. 전원에 지어진 주택 + 카페나 주택 + 식당, 펜션 + 주인주택 + 커피숍 등 두 세 가지 용도의 조합도 모두 상가주택의 범주 안에 넣을 수 있다. 또 구도심에 지어지는 상가 + 임대주택 + 주인주택의 조합도 상가주택으로 볼 수 있다.

신도시형 상가주택과는 달리 구도심형 상가주택과 전원에 지어지는 상가주택은 건축법이 정하는 한도 내에서 임대용 주거나 근린생활시설을 사업성에 맞추어 자유롭게 설치하고, 주인이 기거하는 주택도 설치한다. 전원형 상가주택에서는 주로 1층에 커피숍이나 식당, 공방 등의

신도시형 상가주택 ↑↑
1층은 상가, 2층과 3층은 임대세대 4가구, 4층은 주인세대로 구성된 신도시형 상가주택의 사례다.

신도시형 상가주택 ↑
1층에는 소형 상가가 자리하고 2층은 임대세대 2가구, 3층은 주인세대가 사는 3층짜리 신도시형
상가주택의 사례다.

전원형 상가주택 ↑↑
가운데 마당을 중심으로 아랫단 좌측에는 주택, 우측은 바깥주인이 운영하는 공방, 윗단에는 안주인이 운영하는
카페를 지어서 운영하고 있는 전원형 상가주택의 사례다.

구도심형 상가주택 ↑
기존 단독주택을 철거하고 지었다. 1층에는 주차장과 상가, 2~4층에는 임대용 다가구주택, 5층에는 주인세대로
지어진 사례다.

근린생활시설을 설치하고 2층에서는 주인이 기거하는 경우가 많다. 구
도심형 상가주택에서는 대개 주인세대가 최상층에 위치한다. 건축물 규
모는 건폐율, 용적률, 주차대수, 일조권사선제한, 대지 안의 공지 등의
건축법규에 의하여 결정되는데, 신도시에 비해 각 층의 용도를 정하거
나 디자인하는 것이 자유롭다.

이렇게 상가주택은 신도시나 구도심, 혹은 교외 등 위치에 따라서
지을 수 있는 규모가 다르다. 그러나 이들은 기획에서 설계, 시공과 유지
관리에 이르기까지 같은 프로세스를 가지고 있다. 또한 '최상층은 주인
이 기거를 하든 임대를 하든 주택의 용도로, 아래층은 주택과 근린생활
시설로 임대를 주어 고정적으로 임대수익을 올릴 수 있다'는 동일한 개
념을 가지고 있다. 주거와 상가가 한 건축물 안에 설치된, '소형 주상복
합住商複合' 개념의 건축물인 것이다.

과거에도 상가주택은 있었으나 별도의 명칭이 없었다. 분당, 일산,
산본, 평촌, 중동으로 대표되는 1기 신도시에서는 '점포주택'이라는 이
름으로 불렀다. 이러한 상가주택이 전면에 등장하게 된 배경에는 사회
흐름과도 연관이 있다. 과거와 달리 주거지와 공존하는 상가주택에서
취급하는 근린생활시설 용도들에 대한 구매력이 확장된 것이다. 외식
횟수가 증가하게 되면서 주택가 주변의 커피점이나 음식점에 대한 수요
도 증가했다. 이런 수요가 반영된 건축물을 최근에 만들어지는 신도시
지구단위계획지침에서 '점포 겸용 단독주택'이라고 지칭했는데, 일반
인들은 '상가주택'이라고 더 많이 부른다. 이 두 가지 이름 모두 건축법
에 있는 용어는 아니다.

신도시에 지어지는 점포 겸용 단독주택인 '신도시형 상가주택'이나
구도심에 근린생활시설 위주로 지어지는 '구도심형 상가주택', 교외에
카페, 식당 등과 같이 지어지는 '전원형 상가주택'은 같은 유형의 건축
물이다. 이 책에서는 이들, 즉 넓은 범위에서 보는 세 가지 유형의 건축
물 모두를 '상가주택'이라고 부르기로 한다.

상가주택의 장단점을 제대로 파악하자

상가주택은 상가와 주택이 한 건축물 안에 설치되어 있는 구조로, 당연히 상가와 주택의 성격을 모두 가지고 있다. 상가와 주택은 임대시장과 임대가격에 있어서 서로 다른 특성을 가지고 있는 만큼 서로의 장단점을 잘 알아야 한다.

상가의 경우에는 월세 계약이 일반화되어 월세 수익이 고정적으로 나온다는 장점이 있는 반면, 상권의 변화와 이동, 쇠퇴와 몰락의 과정을 거치면서 임대에 위험성이 많이 내재되어 있다. 상가는 다양한 부동산 투자의 요소 중 위치적 요소가 매우 중요하여 주택과 달리 지역적으로 투자할 수 있는 상품이 매우 국한되어 있다. 특성상 영업이 될 만한 위치가 아니면 운용이 어려운, 지역의 제약을 많이 받는 한정적 상품인 것이다. 상가는 다른 부동산 상품에 비해 국지적 성향이 강하다.

반면에 상가는 주거용부동산에 비해 관리가 용이하다. 주거용부동산은 내부의 도배, 장판 등 소모재의 교체 비용이 들고, 무엇보다 임차인의 손 바뀜이 잦은 편이다. 그러므로 고정 비용의 지출 뿐 아니라 신경을 많이 써야 하는 불편함이 있다. 그에 비해 상가 및 사무실 등 상업용부동산은 상대적으로 관리가 용이하다. 상가의 경우 임차인이 영업을 하며 필요한 부분이 있으면 직접 인테리어를 한다. 또한 영업이 잘 되면 장기간 사업을 유지하고 직접 건물을 유지관리하며 사용한다. 영업과 직결되기 때문이다.

주택의 경우에는 항상 일정한 수요가 있어서 위험에 강하다. 또한 규모가 크지 않아서 일반 투자자들이 안심하고 투자하기에 적합한 투자 대상이다. 그러나 임대의 특성상 아직까지 전세도 있고, 반전세도 있어서 완전한 월세 구조가 아니다. 임대 시장의 상황으로는 상가보다 유리하지만, 월세 수익 구도에 있어서는 상가만 못할 수도 있다.

상가주택은 이 두 가지 수익형부동산의 특징을 모두 가지고 있다. 상가와 주택은 장단점이 있는데, 서로의 장점만 모아서 발휘될 수 있도록 기획하고 잘 설계해서 시공 단계까지 신경을 써야 한다. 아무리 좋은 기회를 가지고 있어도 상가와 주택의 단점만 취하는 결과가 된다면 의미가 없기 때문이다. 그렇다면 상가주택을 왜 그렇게 선망하는지 그 장점을 우선 짚어보자.

첫째, 소유자가 자신의 주거 문제를 해결하면서 동시에 일정 금액 이상의 안정적인 임대 수익을 실현할 수 있다는 점이다. 가장 심각한 주거비와 생활비, 두 가지의 경제적 압박에서 자유를 얻을 수 있다. 1층의 상가와 2~3층 임대주택을 통해 복합적으로 수입을 얻을 수 있는 구조로, 규모에 비해서 수익이 높고 상호 보완적이다.

둘째, 수익률이 높아졌다. 과거의 신도시(택지개발지구)의 상가주택은 3층 이하, 3가구까지만 건축할 수 있었다. 그러나 지역마다 약간씩의 차이는 있지만 2010년 이후로 공급된 신도시의 상가주택은 4층 이하, 5가구까지 건축할 수 있게 규제가 완화되었다. 그만큼 수익률이 높아졌을 뿐 아니라 택지개발지구의 초기 투자나 구도심의 상가주택 투자는 개발이익을 기대할 수도 있다.

셋째, 최근 부동산 시장의 흐름은 시세 차익을 얻기보다는 임대수익을 목적으로 하는 수익형부동산으로 가고 있다. 상가주택은 매월 꾸준한 임대 수입을 얻을 수 있다. 실질 금리가 제로 금리나 다름없는 지금, 상가주택의 임대 소득은 투자비 대비 예·적금으로 얻을 수 없는 고소득을 가져온다.

넷째, 상가주택은 임대수익을 목적으로 하지만 입지가 좋고 교통이 편리하거나 개발의 호재가 있는 곳이면 시세차익도 얻을 수 있다. 임대수익이 높은 곳을 우선적으로 고려하되, 미래의 시세차익까지 누릴 수 있는 곳이라면 금상첨화라 할 수 있다.

다섯째, 상가주택에 주인이 직접 거주하면서 관리한다면 공실률을 줄일 수 있을 뿐만 아니라 건물 관리까지 할 수 있다. 관리비가 절약되고 건물 상태도 좋아지기 때문에 향후 매도 시 상당한 도움이 된다. 거주와 고정적인 월세 수입이 가능하기 때문에 상가주택은 수익형부동산 중에서도 매매하기가 수월하다.

여섯째, 무엇보다도 상가주택의 장점은 '제2의 창업'이라는 데에 있다. 규모가 큰 임대부동산의 경우 직원을 고용해야 하고, 전문적인 시스템을 정기적으로 관리해 주어야 하는데, 이것이 또 다른 부담이 된다. 그러나 상가주택은 은퇴한 사람이 혼자 관리하기에 딱 좋을 만한 규모다. 해야 할 일이 많은 것도 아니다. 아주 전문적인 지식이 없더라도 웬만한 것은 관리가 가능하기 때문에 은퇴한 1명이 제2의 직업으로 노후를 보내기에 적합한 아이템인 것이다. 이러한 이유로 상가주택은 은퇴자들에게 선호도가 아주 높다.

달콤한 열매는 쉽게 얻을 수 있는 것이 아니다. 상가주택에 투자를 하는 것은 만만치 않은 일이다. 단점도 꼭 짚어보고 넘어가자.

첫째, 입지와 지역에 따라 달라지겠지만 좋은 물건은 초기 자금이 비교적 많이 들어간다. 수도권의 경우 상가주택 부지는 3.3㎡당 최소 500만~1,000만원을 호가한다. 비교적 작은 상가 규모인 대지면적 70평짜리라 해도 3.5억~7억원에 달하는 것이다. 여기에 시공비까지 더해지면 최소 10억원은 소요된다. 물론 은행대출을 활용하거나, 최상층으로 입주를 하게 되면 현재 거주하고 있던 주택의 처분 비용을 활용할 수 있어서 실제 필요한 비용이 많이 줄어들 수도 있다.

둘째, 요즈음에는 상가주택의 인기가 좋아지면서 은행에서 많이 선호하지만, 상가주택은 아파트에 비해서 환금성이 낮다는 게 일반적인 인식이다. 상가주택은 아파트에 비해 그 수가 현저히 적은 만큼 거래가 많지 않다. 환금성이 낮다는 것을 명심하고 입지 선정에 최선을 다해서 누구나 좋아 할만한 물건을 잡아야 실패 확률을 줄인다. 시세차익을 생각하고 쉽게 접근했다가 목돈이 묶이게 되면 어려운 상황에 처할 수도 있다.

셋째, 아파트나 단독주택처럼 조용한 환경에서 주거 생활을 하기 힘들다. 사람에 따라서는 개미 한 마리 지나다니지 않는 아파트 단지보다 시끌벅적한 것이 사람 사는 것 같아서 좋다는 사람도 있지만, 1층에 상가가 있기 때문에 쾌적함은 떨어지고 주변의 상업시설 때문에 소음, 악취 등도 감내해야 한다.

넷째, 상권 형성에 많은 시간이 걸리고 초기에는 입주할 세입자를 구하기가 쉽지 않다. 그만큼 초기에 투자하는 사람에게는 가격 상승의 여력이 있지만, 결과를 보고 들어가는 것이 아니기 때문에 시장이 불안할 수 있다. 단지가 완전히 조성되기 전에 상가주택을 신축했을 때는 특히 세입자를 구하기가 힘든데, 예비 세입자들도 자리를 잡기까지 영업의 성공 여부를 확신할 수 없기 때문이다. 이런 점에서는 임차인이 이미 입주해서 영업을 하고 있는 기존 상가주택을 매입하는 것도 하나의 방법이다. 상권은 시간이 지난다고 해서 무조건 활성화되는 것도 아니라는 사실을 알아야 한다. 기업체, 관공서, 학교, 병원 등 사람이 몰려들 수 있는 지역, 유동인구가 많은 곳에 상가주택을 마련하는 것이 좋다.

다섯째, 입지가 좋지 않아 상권형성이 안 되어 있는 곳은 1층의 활용도가 낮다. 때문에 1층 상가 임대에 상당한 애를 먹을 수 있다. 이런 곳은 분양된 후에도 장기간 개발이 안 되고 나대지 상태로 방치되거나 완공된 후에도 공실로 방치될 수 있다. 최근에는 SNS 등의 활용으로 사람들이 알음알음 찾아가는 것이 대세가 되어 상가의 위치에 대한 중요도가 떨어져 가는 편이지만, 일반적으로 상가주택의 상가 측면에서 보면 위치가 매우 중요하다.

여섯째, 시간이 지날수록 건축물은 노후화된다. 따라서 상가주택을 장기 보유하려는 건축주라면 무엇보다도 전체 임대수익의 절대적인 금액을 모두 수익으로 생각하면 안 된다. 건축물은 노후되지만 가치는 계속 유지하기 위한 보수비용으로 일정 금액을 충당해두는 것이 필요하다. 아파트에서는 이것을 '장기수선충당금'이라는 명목으로 관리비에 포함하여 받는다.

상가주택은 장점도 많지만 위험 부담도 만만치 않다. 임대 수익을 얻기 위해서, 혹은 노후 대책용으로 상가주택 투자를 준비하는 예비 건축주들은 꼭 검토해 보고, 공부도 많이 하고 투자해야 한다. 이미 땅을 구입하였는데 나중에 이런 리스크가 발견되었다면 경쟁력을 확보할 수 있는 방법을 철저하게 연구하고 대응해야 한다. 현실적으로 가장 손쉬운 해결책은 디자인 아이디어를 가지고 하드웨어 상의 경쟁력을 확보하는 것이고, 차선책은 SNS 등 소프트웨어를 활용하여 입주자를 모으고 관리하는 방법이다. 하드웨어는 한 번 설치하면 오래도록 유지되지만 소프트웨어는 끊임없이 연구하고 지속성을 확보해야 하는 것이라서 너 어렵려운 문제이다.

상가주택은 분명히 매력적인 은퇴 후 상품이다. 그렇다고 해서 '노후 걱정 끝'이 되는 건 아니다. 처음부터 기획이 어설프거나 설계나 시공을 잘못했을 때는 물론이고, 유지관리를 제대로 못하는 등 문제점에 대한 대응에 실패를 하게 되면 애물단지로 전락할 수 있다는 것도 명심해야 한다. 열심히 관리하고 공부하는 것 외에 비법이란 없다.

상가주택의 장단점

	장점	단점
경제성	총 투자금액의 60%를 실제 투자금으로 하고, 나머지는 보증금과 융자금, 기존주택 처분 비용을 활용할 수 있다.	초기 자금이 비교적 많이 소요된다.
	시세차익보다는 임대수익에 맞추어진 수익형부동산시대에 적합한 상품이다.	아파트에 비해 환금성이 약하다.
	수익성만 맞추어지면 다른 부동산보다 매매가 쉽다.	주변 상권에 따라 가격과 사업성의 영향을 받는다.
주거 환경	주변의 근린생활시설 이용이 편리하다.	주차, 소음, 분진, 악취 등 아파트에 비해 순수 주거환경이 열악하다.
	이웃 간 소통이 쉬워서 다양한 공동체 생활이 가능하다.	
	층간 소음 등 이웃 간의 분쟁이 적다.	
사업성	좋은 입지와 호재가 겹치면 시세차익도 가능하다.	상권형성에 오랜 시간이 걸려 초기에 세입자 유치가 어려울 수 있다.
	주거와 상가임대를 동시에 해결하여 경제적 수이이 높다.	상권 형성이 안 되어 있는 곳은 1층의 활용도가 낮다.
	상권이 발달하면 수익률 또한 급격히 상승한다.	지역 입지에 따라 수익률 차이가 심하다.
유지 관리	노후에 소일거리로 유지관리를 할 수 있는 규모다.	개인이 유지관리를 해야 하므로 어려움이 있다.
		관리를 못하면 쉽게 노후될 수 있다.

목적과 방향이 명확해야
실패하지 않는다

상가주택을 왜 지으려고 하는가?

상가주택을 짓고자 할 때 건축주가 고민해야 할 대상 가운데 가장 중요한 것이 이 '왜'이다. '나는 상가주택을 왜 짓고자 하는가?'에 대한 명확한 해답을 가지고 있지 않으면 지은 후에 후회를 하게 되거나, 중간에 상가주택의 건축 방향이 달라져서 내가 원하는 것과는 전혀 다른 모습이 되기 십상이기 때문이다.

상가주택은 지을 때 비용이 만만치 않게 들어간다는 점을 가장 큰 어려움으로 생각하는 사람이 많다. 그러나 천신만고 끝에 지었다 하더라도 지은 후에 마음에 들지 않거나, 생각했던 것과 수익률이 다르면 더 큰 어려움에 직면할 것이다. 그것만큼 처치곤란인 것도 없다. 경제적으로 계속 손해를 감수해야 하는 상황이 발생할 수도 있고, 마음에 들지 않는다고 철거를 해버리거나, 버리고 이사를 갈 수도 없는 상황이 되면 그것처럼 답답한 노릇도 없다.

나는 왜 상가주택을 지으려고 하는가?

첫째로, 분명 사업성, 즉 고정수입을 원하기 때문일 것이다. 1층 상가와 아래층 임대주택을 통한 정기적인 수입은 은퇴 후를 여유롭게 해 줄 것이다.

둘째로, 고정수입인 사업성 뿐 아니라 대부분의 상가주택에서는 시세차익을 얻을 수 있기 때문일 것이다. 신도시의 상가주택은 시간이 흘러 상권이 형성되고 도시가 자리가 잡히면 어느 정도 가격이 상승한다. 구도심의 경우에도 신축하거나 리모델링을 하여 상가주택으로 만들면

1층 상가 ↑
1층 상가를 건축주가 직접 운영하고자 아기자기하게 꾸미
고 준비하는 과정이다.

옥상 활용사례 ←
옥상에 차를 마실 수 있는 공간을 만들고, 주변에는 채소를
가꿀 수 있는 소형 텃밭을 길게 만들어 둔 사례다. 시야가
트여 있고 프라이버시도 확보된다.

가치가 올라간다. 수익성에 더하여 시세차익까지 얻을 수 있는 것이다.

셋째로는, 1층 상가를 자신이 원하는 커피전문점이나 식당, 또는 공
방이나 사무실 등으로 사용하고 싶어서 지으려고 하는 경우도 있다. 임
대료 걱정 없이 하고 싶었던 자신의 사업을 할 수 있고 주거까지 동시에
해결할 수 있으니 생각만 해도 즐거운 일이다.

넷째로, 최상층 주택을 전원주택이나 단독주택처럼 꾸며서 여유롭

게 사는 모습을 꿈꾸기 때문일 수도 있다. 조경과 파라솔이 설치된 옥상에서 여유롭게 차 한 잔을 마실 수 있는 공간은 누구나의 로망이다. 주변이 모두 같은 높이로 되어 있기 때문에 옥상에서 바라보는 전경이 그다지 나쁘지 않다. 아니면 온갖 채소를 심어 보는 것은 어떨까? 주방에서 요리하고 남은 계란껍질 같은 것들을 처분하기도 좋고, 무공해로 자란 먹거리들을 밥상에 올려 가족의 건강을 지킬 수 있다면 얼마나 행복하겠는가?

다섯째로, 증여나 상속에 대한 대안으로 준비하는 경우다. 증여자산과 세금, 그리고 증여 후의 노후 자금에 대한 고민이 커지면서 다양한 절세 방안이 생겨나고 있다. 상가주택을 지어 임대수익을 누리다가 증여하는 것도 하나의 방법이다. 증여나 상속은 빠를수록, 그리고 나눌수록 유리하다. 증여를 해야 할 사람이 많거나, 증여 후 10년이 지나면 상속 재산에 합산되지 않기 때문에 자산을 금액, 세율구간, 공제액을 고려해 나누어 이전하는 등의 방법으로 절세효과를 극대화할 수도 있다. 사전 증여는 방법과 시기에 따라 결과가 많이 달라지기 때문에 전략적·장기적인 안목도 요구된다.

상가주택은 다른 투자 상품과 달리 시간이 지날수록 가격상승폭이 크다. 따라서 향후 자산가치가 상승했을 때 증여를 하는 것보다 사전에 미리 증여를 해서 자산가치가 높아지기 전에 세금을 내는 것이 유리하다. 이미 금융기관이나 보험회사, 그리고 세무사나 부동산 전문가들과의 상담과 조언을 통해 사전 증여를 시행하고 있는 자산가들도 많다.

그 외의 이유로, 자녀를 출가시켜 아래 세대에서 머물게 하면서 육아를 분담해 주거나, 주말을 같이 보내는 '따로 또 같이'형의 주거 형식을 꿈꾸는 경우도 있을 수 있다. 이런 이유가 아니더라도 본인만의 중요하고 확고한 이유가 있다면, 건물을 짓는 비용과 방법을 결정하기가 쉽고 명쾌해진다. 건물 짓는 과정의 어려움을 감내하거나 막연한 아쉬움을 털어내기도 수월하다. 상가주택을 짓고 싶다면, 한 가지일 수도 있고 여러 가지일 수도 있지만, 적어도 '왜 나는 상가주택을 지으려고 하는가?'에 대한 답이 명확해야 한다.

상가주택을 어떻게 짓고 싶은가?

상가주택을 '왜' 지으려는가를 고민할 때는 온갖 환상의 나래를 다 펴고 상상해도 무방하지만, '어떻게 지으려는가?'를 결정할 때는 겸손해지는 것이 좋다. 전문가들의 도움을 많이 받아야 할 대목이 바로 '어떻게'를 결정하는 단계다.

우리는 매일 건축물에서 자고 일하며, 그 속에서 놀고, 쇼핑하고, 치료받는 등 건축물과 떨어져서는 생활할 수가 없다. 그만큼 건축물에 대하여 친숙하다고 생각할 뿐 아니라, 많이 안다고 생각하는 경향이 있다. 그러나 구체적으로 접근하기 시작하면 전문 지식에 대해서는 별로 아는 바가 없는 경우가 많다. 그럼에도 불구하고 '어떠어떠하게 해 달라'고 많이들 요구한다.

옆집에서 짓는 것이 좋아 보였을 수도 있고, 어느 모델하우스에서 본 모습이 머리에 남아 있을 수도 있다. TV에서 본 이미지가 생각났을 수도 있다. 그러나 그런 단편적인 내용들은 예산과 용도가 바뀌면 수시로 바뀌기 십상이며, 수시로 바뀌는 대상을 목표나 기준으로 삼고 일을 진행하면 결과물의 상태는 보지 않아도 뻔하다. 가급적 그런 단편적인 이미지의 조각들보다는 내가 짓고 싶은 상가주택의 큰 그림을 먼저 그리는 게 좋다. 바로 앞에서 이야기 한 '왜'를 먼저 명확하게 결정하는 것이 현명하다는 이야기이다.

그리고 건축사에게 내가 왜 이 상가주택을 지으려고 하는지를 자세히 설명하는 것이 중요하다. 막연하고 추상적인 이야기여도 좋다. '수익성이 가장 우선이었으면 좋겠다', 혹은 '경쟁력이 있었으면 좋겠다', '사용자의 프라이버시가 확보되고, 편리했으면 좋겠다', '아주 멋지게 지어졌으면 좋겠다' '전 세대가 남향으로 지어졌으면 좋겠다' 등등. 요구사항 중에는 서로 대립되는 항목이 있을 수 있고, 공사비 등에서 비현실적인 바람들도 있을 것이다. 그런 내용을 놓고 어디에 우선순위를 둘 것인가를 상의하여 조정해 나가면 된다. 건축사들은 경험과 자료, 기술적인 노하우가 축적되어 있어서 매 경우마다 적절한 사례를 보여 주거나 결

내포신도시 상가주택
임대 전용이라는 목적을 최대한 고려하여 지은 사례다. 공사비 투입에 비해 임대료 상승이 없는 다락을 없앴다.
외장 재료를 단일화하는 대신 전체 형태를 강조하였다.

과물을 만들어 줄 것이다.

상가주택을 짓는 프로젝트는 이렇게 건축주와 건축사가 설계와 감리, 시공 단계까지 끊임없이 수 십 차례를 상의하는 과정이다. 내용에 따라 포기할 건 포기하고 합칠 것은 합쳐 나가되, 중요한 핵심은 악착같이 그 끈을 놓지 않고 살려가는 기나긴 과정이다.

상가주택을 짓고자 하는 많은 사람들은 건축주와 입주자들이 누릴 삶의 질보다는 임대수익을 먼저 생각한다. 이제는 상가주택의 수익성만을 추구하는 시대가 아니다. '살면서 돈을 버는 집'의 개념에서 '나와 가족의 삶의 터전'으로 생각의 폭을 넓혀야 하는 시대다. 수익도 나오지만, 그 외에 자신의 취향이나 가족의 라이프스타일이 반영된 곳이어야 한다. 단순히 재산목록 1호로 보기보다는, 약간 다른 시각으로 보자. 그럴 때 오히려 가치는 더 높아진다.

수익성을 위한 4가지 요소 :
사업성, 경제성, 디자인, 경쟁력

상가주택은 사업성이 최고

저금리시대에 '수익형부동산'의 힘은 생각보다 세다. 불안도 해소해 준다. 특히 '상업용 수익형부동산'보다 '주거용 수익형부동산'은 안정적이어서 그 인기가 더 높아지리라 본다. 주거와 상업용이 겸해진 상가주택의 경우는 저금리시대에 최적화된 수익형부동산인 것이다.

상가주택을 지으면서 이 '사업성'이 확보되지 않는데도 불구하고 진행하는 경우는 거의 없을 것이다. 상가주택의 사업성은 투자한 비용 대비 매월 들어오는 수익금이 최소한 은행의 이자는 넘어서야 한다는 것이 최소 기준이다. 저금리 탓에 갈수록 수익성이 낮아지기는 하지만, 현재 수도권에서는 년 6% 이상의 수익이 확보되면 '수익성이 좋다'고 말한다.

주변 사람들이 하는 이야기를 듣고 사업을 한다거나, 남들이 돈을 벌었다고 말하니 나도 해보자는 식의 진행은 정말 금물이다. 그러나 우리 주변에는 이런 식으로 사업을 진행하는 분들이 상상외로 많다. 정말 안타까운 일이고, 이런 분들에게 조금이라도 도움을 주고자 시작한 것이 이 책을 쓰게 된 동기이기도 하다. 결과가 좋으면 다행이지만 결과가 좋지 않으면 책임으로 따르는 큰 고통을 고스란히 오랜 세월동안 자신이 지고 가야 한다. 따라서 엉성하나마 전체 투입되는 비용 대비 임대료 수입이 어느 정도 확보될 지를 예상하는 수지분석표를 직접 만들어 봐야 한다.

막연히 사업성이 좋을 것이라고 생각해서는 곤란하다. 누구나 사업을 처음 시작할 때는 성공을 꿈꾼다. 아니 성공한다고 생각한다. 그러나 성공하는 사람은 그 중 아주 소수에 불과하다. 상가주택의 사업성을 결정하는 데는 여러 가지 요인이 있다. 부지선정에서부터 임대료를 책정하기까지 모든 과정이 사업성과 연관되어 있다고 해도 과언이 아니다. 그 과정을 남이 해주기를 바라서는 곤란하다. 스스로 부지런히 공부하여 이해하고, 전문가의 도움을 받아서라도 성공할 수 있는 안목을 키우는 것밖에는 다른 방법이 없다.

내게 맞는 경제성을 갖추어야

상가주택을 지으려는 사람에게는 누구에게나 예산의 한계가 있다. 대부분 넉넉지 못하다. 가지고 있는 퇴직금과 살고 있던 아파트를 팔아서 충당하려는 돈이 전부인 경우가 대부분이다. 여기에 은행의 대출을 추가하여 예산을 잡는다. 대개 임대수입이 은행 이자보다는 비싸므로 은행 대출로 지렛대를 삼는 '지렛대 효과'를 누리려는 것이다.

설계 단계에서는 좀 덜하지만 시공단계로 넘어가면 견물생심이라고 좋은 자재, 멋진 제품을 보면 욕심이 생긴다. 이것을 절세하지 못하고 하나둘씩 사용하기 시작하면 가랑비에 옷 젖듯, 지나는 과정에서는 몰랐는데 결산을 하고 보면 예산을 훌쩍 초과하여 버린다. 이것이 건축주와 시공자의 분쟁 원인이 되기도 한다.

설계 단계에서부터 건축사와 함께 내 예산과 공사비를 계속 점검해야 한다. 예비비를 책정해 놓는 것도 하나의 방법이 될 수 있다. 건축공사에 들어가서도 시공자와도 예산을 초과하지 않도록 계속 협의를 해야 한다. 그러기에 공사 견적서가 필요한 것이고, 제대로 짓는 시공자를 만나야 하는 이유이다.

상가주택은 비싸게 짓는다고 꼭 임대료가 올라가는 것도 아니고, 경제적으로 짓는다고 사업성이 떨어지는 것도 아니다. 중요한 것은 얼마나 '적정하게' 짓느냐 하는 것이다. 내 예산에, 내가 가지고 있는 부지의 여건에, 그리고 그 부지가 위치한 지역에 얼마나 적정한 건축물로 구현되는가의 문제이다. 내 상황과 땅의 조건을 가지고 건축사와 상의하고 시간을 투입하여 방법을 찾으면, 적절한 아이디어가 나온다.

미래의 대세는 디자인

디자인은 21세기 국가 성장 동력 중 하나라고 한다. 우리는 학교에서 국어·영어·수학의 중요성은 배웠어도, 사람이 살아가는 데 필요한 많은 것들을 놓쳤다. 사람의 생활에 밀접한 영향을 미치는 절기와 자연의 흐름을 아는 법을 못 배웠다. 음악과 미술이 갖는 예술과 창작의 중요성도 미처 배우지 못했다. 대학교에 가는데 도움이 되지 않기 때문인데, 디자인과 건축설계도 그 중 하나다. 못 배웠다고 하기보다는 그것들의 가치와 중요성을 인정받지 못하는 사회에 살고 있었다는 진단이 옳을지도 모른다.

우리는 대부분의 분야에서 기술적으로는 선진국을 따라잡았다. 그러나 디자인 분야에서 그 수준에 미치지 못한다는 이유로 제대로 된 가격을 받지 못하고 있는 것이 사실이다. 핸드폰이 그렇고, 자동차도 그렇다. 그런데도 학교와 사회에서는 그 교육을 중요시 하지 않고 있으며, 우리 스스로도 디자인의 가치를 아직 인정하지 않고 있다. 눈에 보이지 않기 때문이다. 안타까운 일이다. 건축은 기술과 디자인이 결합되어야 하는 분야다. 그러나 교육받지 못한 우리는 흔히 디자인을 잘못 알고 있는 경우가 많다.

첫째가 외벽을 얼룩덜룩 여러 가지 색으로 처리한다든가, 혹은 덕지덕지 다른 재료로 어떤 모양을 만들어 놓으면 디자인이 된 것으로 받아들인다. 그러한 방법은 비용만 많이 들어가고, 하자 요인만 상승할 뿐 건물의 가치를 올리는 데 별 도움이 안 된다. 건축물은 주인을 닮아간다고 한다. 설계는 물론 시공과정과 관리단계에서 주인의 안목이 반영되기 때문이다. 처음부터 안목이 높은 사람은 없다. 안목을 키우자.

둘째로는, 비싸게 지은 집, 돈이 많이 들어간 집을 디자인이 잘된 집이라고 생각한다. 물론 무언가 생각을 반영하여 결과물을 만들어 내는 데는 비용이 들지 않을 수 없다. 그러나 비싸게 시공된 집이 꼭 좋은 디자인의 집은 아니다.

셋째로, 이상한 형태의 집을 보고 디자인이 잘된 집이라고 이야기한다. 무언가 특이하다는 것과 디자인이 잘된 것과는 다르다. 독특한 기술이나 재료를 가지고 지은 집은 그 나름대로 의미가 있을 수는 있다. 그러나 그 이상도 이하도 아니다. 디자인이 잘 되었다는 평가에는 많은 사람들이 좋아할 수 있는 보편성이 내포되어 있어야 한다.

넷째로, 건물도 유행을 탄다. 지금 유행하는 재료, 형태를 너무 좇다 보면 그 유행이 지난 후에는 너무 초라해 보이는 경우가 많다. 빨리 변하는 유행에 비해 건물의 수명은 길다. 따라서 유행에 민감하기보다는 오랜 세월이 지나도 시간의 연륜이 보이도록 디자인하는 것도 좋고, 상가주택이므로 주기적으로 리모델링하여 이미지 변신이 수월한 디자인도 고려해 볼 만하다. 디자인에 대한 구체적인 내용들은 설계 분야에서 다루기로 한다.

경쟁력이 없으면 모두 헛수고

수익형부동산은 말 그대로 수익이 발생해야 한다. 그러나 일반인들이 놓치는 것 중 하나가 경쟁력이다. 경쟁력이란 지금 임대가 잘 되는 상황이 미래에도 계속 이어져야 하는 전제가 기본이다. 나아가 주변 상가주택에 공실이 발생하기 시작하더라도 우리 집은 끝까지 공실이 발생하지 않도록 유지하는 것이다. 상황이 변하여 시장이 축소되거나 경기가 하락할 때에도 어떻게 하면 내 상가주택이 임대가 잘 될 것인가에 대하여 한 번쯤 심각하게 생각을 해 봐야 한다.

시장이 축소되거나 경기가 하락할 경우에도 살아남으려면 주변의 상가주택들보다 좋아야 한다. 좋다는 것은 임대료가 싸거나, 임대료가

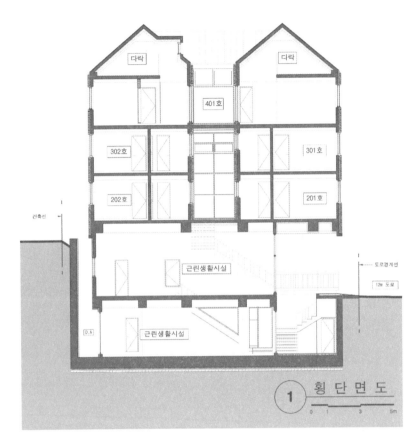

광교상가주택 단면도
광교에 있는 이 상가주택은 성토지반이어서 지내력이 약했다. 고민 끝에 지하를 파일로 보강하는 대신 지하층을
설치했다. 현재 1층에는 진료 공간과 강아지시설, 지하에는 소음과 빛을 싫어하는 고양이시설을 갖춘 동물병원이
들어와 있다. 주변에 지하를 판 건물이 많지 않은데다가, 1층과 지하를 같이 사용할 수 있도록 융통성 있게 설계된
건물이 없어서 이런 시설이 들어오기가 쉽지 않다. 동물병원은 건물의 구조상 훌륭한 경쟁력을 확보하고 있고, 건
축주는 안정적인 임대수익을 확보하고 있다. 땅이 가지고 있는 리스크를 디자인으로 해결하여 경쟁력을 확보한
사례다.

비싸더라도 단열이 잘 되어 유지관리비가 적게 들거나, 방범이 잘되거
나, 프라이버시가 잘 확보되었다거나 사용이 편리하다거나, 관리가 깨
끗하게 잘된다거나, 세입자들끼리 유대관계가 좋다거나 하는 것들이다.
즉, 세입자들이 그 집에 꼭 입주하고자 하는 이유다. 건축물도 주변과 경
쟁해서 살아남으려면 반드시 경쟁력이 있어야 한다.

이러한 것들은 설계 단계에서부터 리스트를 작성해서 꼼꼼히 체크해야 한다. 경쟁력에서 밀리면 빈집, 빈방이 발생하게 된다. 임대료가 하락하는 것보다 더 무서운 것이 공실이다. 간단히 수입금액을 기간에 곱해서 사업수지를 분석해 보면 금방 알 수 있다.

50만원 × 12개월 = 600만원

45만원 × 12개월 = 540만원

50만원 × 10개월 = 500만원

50만원을 받으면서 두 달 공실인 것보다, 5만원을 깎아주더라도 45만원을 꾸준히 받는 것이 1년을 기준으로 하면 40만원이 더 이득이다. 여기에 관리비 등을 포함하면 차이는 더 커진다. 장기 공실이 발생한다면 더 심각하다. 공실이 발생했다가 세입자가 새로 채워지면 부동산 수수료, 이사 시 수선비용 등으로 1개월치 임대료가 또 날아간다. 그래서 경쟁력이 없는 집들은 임대료를 내릴 수밖에 없는 상황에 처한다.

최고의 경쟁력은 차별화다. 차별화는 크게 두 가지가 있다. 하나는 건축물 자체의 디자인인 하드웨어적인 차별화고, 다른 하나는 운영을 어떻게 하느냐 하는 소프트웨어적인 차별화다. 대지의 입지나 면석, 건폐율이나 용적률 같이 건축법의 적용 과정과, 건물 디자인 같은 창조적 작업 과정에 따라 건물은 자연히 서로 달라진다. 하드웨어적인 차별화 요인이다. 반면 빌딩 사용자를 위한 서비스, 빌딩의 편리함을 증대시키는 운영시스템같이 인위적으로 차별화할 수 있는 요소들도 많다. 이것이 소프트웨어적인 차별화다.

하드웨어적인 차별화는 비용이 들지만, 서비스나 운영 같은 소프트웨어적인 차별화는 비용이 거의 들지 않고도 가능하다. 그럼에도 불구하고 몇몇 건물들은 디자인적인 독특함에만 치중해 사용자에게 오히려 거부감이나 불편함을 주는 경우도 적잖다. 차별화 요소가 건물 사용자에게 긍정적인 영향을 주어야 하는데, 비용을 들여서 오히려 손해를 보는 경우다.

동선롱 상가주택
주변의 상권과 여건에 맞추어, 아래 두 개 층은 상가로, 위 두 개 층은 주택으로 지은 사례다.

모두 갖추어라

상가주택의 포인트를 사업성과 경제성, 디자인과 경쟁력이라는 네 가지로 분류하여 이야기했지만, 사실 상가주택이라 하면 위 내용들은 모두 갖추어야 한다. 이 네 가지가 별개의 사안이 아니라 오히려 아주 긴밀하게 서로 연관되어 있다.

그러나 사업성을 따지다 보면 디자인이 밀리고, 경쟁력을 갖추려 하다 보면 경제성이 떨어지는 상황이 발생할 수 있다. 따라서 건축주의 현실적인 사정과 함께 땅이 위치한 지역, 지형 등 자연환경을 제대로 파악할 수 있어야 한다. 그리고 주변의 디자인 수준 등 인문환경 등을 종합적으로 고려하여 우선순위를 정해 나가는 것이 중요하다.

살아가는 것도 선택과 집중이 필요하듯이 상가주택도 그 땅이 처한 환경에서, 건축주가 가지고 있는 생각의 폭과 경제력에 따라서, 선택과 집중을 해야 한다. 여기에 건축주의 건축물에 대한 안목과 가치관, 미래 가치에 대한 판단력이 중요하게 작용하게 된다. 물론 설계자인 건축사의 조언도 중요하다. 내가 원하는 추상적인 것들을 경쟁력이 있도록 구체화시켜주는 역할을 하기 때문이다.

상가주택을 왜 지으려고 하는지 자신을 잘 돌아보라. 미리미리 상가주택에 대한 안목을 키우고, 능력 있는 건축사를 적정한 대가를 주고 적극적으로 활용하라. 그리고 작은 것을 포기해야 큰 것을 얻을 수 있다.

상가주택 운영을 위해 중요한 5가지 : 공실, 수익률, 환금성, 레버리지 투자, 유지관리

공실이 생기는 원인

상가주택에서 가장 두려운 것은 공실이다. 아무리 수익률이 좋았더라도 공실이 나면 아무 소용이 없다. 공실의 이유는 여러 가지가 있다.

첫째로, 입지상의 문제이다. 경사지 꼭대기에 있어서 오르내리기가 힘들다든지, 너무 외진 곳이어서 방범상 안전하지가 않다든지, 교통이 불편하다든지 하는 것들이다.

둘째로는, 생활환경과 관련이 있다. 반지하에 있거나, 혹은 지상에 있더라도 햇빛이 들지 않는 곳에 있는 경우도 영향을 미친다. 단열이 잘 안되어 춥거나 덥고 이에 따라 에너지 비용이 많이 든다든지 하는 생활 환경과 관련된 문제도 있으니 잘 챙겨봐야 한다.

셋째로는, 사회환경과 관련이 있다. 근처에 시장이나 대형 할인마트가 없어서 시장을 보기가 불편하다든지, 보습학원 혹은 입시학원이 멀어서 현실 교육에 지장이 있을 경우, 영화나 연극, 혹은 체육시설 등 복합문화공간이 부족하다든지 하는 이유 등이다.

넷째로는, 관리의 소홀을 들 수 있다. 건축주가 같이 살지 않을 경우가 대부분인데, 복도에 전등이 켜지지 않은 채로 수 개월간 방치된다든지, 수도·전기 등의 수리가 제때 이루어지지 않는 경우 등이다. 대개 사소한 것들인데, 이러한 사소한 대처 소홀로 공실이 나는 것이다. 누구나 그렇듯이 세입자들도 존중받고 싶어 한다. 자기가 사는 집이 항상 소중하게 관리된다고 생각할 경우에는 기분이 좋지만, 똑같은 임대료를 내고 방치된다고 생각되는 집에 살고 싶지는 않은 것이다.

끝으로는, 정책적인 요인과 교통 등 도시 인프라에 의한 이유를 들수 있다. 주택정책에 의해 신도시가 세워지고 재개발, 재건축으로 인하여 물량이 과다 공급될 경우에도 일시적이기는 하지만 이곳으로 인구쏠림 현상이 생겨서 주변 도시에 공실이 발생한다. 신도시에 과다물량이 공급되므로 가격이 하락하고, 새로 지은 싼 집에서 살고자 하는 사람들이 이주하면서 주변 도시에 공실이 발생하는 것이다. 교통적인 요인으로는 도로가 건설되거나 지하철 노선이 신설되고 역이 개통되면서 역세권이 개발되어 이곳으로 인구가 몰림으로써 비역세권의 인구가 줄어든다든지 하는 상황도 지역적인 인구 감소의 원인이 된다.

정책적인 요인에 의한 인구 감소는 시간이 지나면 대부분 해소된다. 그러나 앞서 언급한 네 가지 공실의 원인은 해소되기가 어려우므로 처음에 자리를 잡을 때 항목별로, 종합적으로 잘 판단해야 한다. 공실은 아주 심각한 문제다.

수익률 계산

수익률을 잘못 계산하여 너무 비싼 값에 건물을 매입하거나, 신축하여 세입자가 부담하기 어려울 정도의 임대료가 책정되어 있는 경우도 있다. 공실의 직접적인 원인이 될 뿐만 아니라 사업성에도 치명적인 영향을 끼친다.

일반적으로 수익률은 자꾸 낮아지는 추세다. 한동안 연 12%의 수익률이 기준처럼 사용되었으나 IMF와 금융위기를 거치면서 은행의 금리가 저금리로 바뀌자 기대수익률도 계속 하락했다. 요즈음은 연 4%의 수익률만 되어도 투자하려는 사람들이 많다. 이 수익률은 은행 대출과 자기자본의 비율이 얼마나 비중을 차지하고 있느냐에 따라 약간의 차이가 있을 수 있으니 감안해서 저울질해봐야 한다.

수익률은 남의 의견에 따를 것이 아니다. 반드시 내가 짚어봐야 하는 분야다. 천신만고 끝에 건축물이 완성되었는데 수익률이 제대로 안 나온다면 누구를 탓할 것인가? 엄청난 손해를 감수하고 팔든가, 아니면 수익률 확보를 위해서 리모델링 등 또 다른 투자를 해야 하는 상황이 생길 수 있는 것이다. 뒤에 수익률 계산 사례를 언급해 놓았다.

환금성

아파트를 선호하는 이유 중 하나가 환금성이다. 환금성이란 은행대출이 얼마나 쉬운가, 시장에 내놓았을 때 얼마나 쉽게 처분할 수 있는가의 문제이다. 상가주택이 아파트에 비해 환금성이 떨어지는 게 일반적이다. 우선 그 개수에 있어서도 비교가 안 된다. 개수의 차이가 큰 만큼 거래의 확률에 있어서도 그만큼 차이가 난다. 여기에 상가주택에는 상가나 주택 등의 임차인들이 있어서 상대적으로 권리가 복잡한 것도 또 다른 이유 중 하나다.

그러나 갈수록 아파트의 시세차익 실현은 어려워지고, 상가주택과 같이 임대소득이 있는 부동산을 더 선호하는 분위기가 커지고 있다. 특히 상가주택과 같은 소규모의 수익형부동산은 은퇴자들이 가장 선호하는 아이템이다. 수요에 비해 공급이 턱없이 부족하므로, 특별한 문제가 없는 한 수요자가 항상 대기하고 있는 형국이다.

여기에 좋은 아이디어를 가미하여 경쟁력이 있는 상가주택을 만들어 놓았다면 환금성은 걱정할 필요가 없다. 시장의 변화는 일반적으로 판단되던 가치를 달라지게 한다. 상가주택도 수익률이 잘 맞추어지고 경쟁력 있는 디자인으로 갖추어 놓으면 환금성을 걱정하지 않아도 되는 시기가 온 것이다.

거꾸로 시장에 나온 상가주택은 어딘가 문제가 있다고 보아도 된다. 색안경을 끼고 쳐다볼 필요도 있다. 수익률이 실제와 다르게 가공되었거나, 건축물에 하자가 있거나, 불법적인 요소가 있다거나 등이다. 물론 문제가 없는데도 불구하고 건축주가 팔아야 되는 상황이어서 나온 상가주택을 만났다면 행운이다.

레버리지 투자

아무런 금융권의 도움 없이 상가주택을 지을 정도로 많은 퇴직금을 받는다면 얼마나 좋을까? 아니면 상속이라도 받아서 상가주택을 마련할 수 있다면 한결 수월하지 않을까? 그러나 중산층을 포함한 우리나라 일반 서민들이 현금으로 상가주택을 마련하기는 여간 어려운 일이 아니다. 따라서 레버리지 투자를 할 수 밖에 없는 상황이다.

레버리지Leverage 투자란 금융권 대출을 이용해 레버리지 효과(지렛대 효과 : 작은 힘으로도 무거운 것을 들어 올릴 수 있는 원리에서 인용)를 기대하는 것이다. 부동산에서 지렛대란 적은 자기자본을 가지고도 금융권의 대출을 이용하여 상가주택을 마련하고, 그 금융비용을 조금씩 이자로 갚는 방법을 말한다.

예를 들어 10억 원짜리 상가주택을 자기 퇴직금 3억 원과 기존 집을 처분하여 3억 원을 준비하고, 은행대출 4억 원을 활용하여 마련했다 치자. 은행대출 4억 원에 대한 이자는 상가주택에서 나오는 임대료로 갚아 나간다. 은행 이자를 내고 나면 손에 쥐는 임대료는 줄어들겠지만, 이런 자산투자 방식은 부동산 뿐 아니라 자산투자 전반에 걸친 관행이다.

여기서 우리는 두 가지를 고민해야 한다. 히니는 6억 원을 가지고 4억 원을 대출 받아서 도심의 10억 원짜리 건물 하나를 살 것인가, 아니면 3억 원을 가지고 2억 원을 대출 받아서 지방의 5억 원짜리 건물 두 개를 살까? 또 한 가지는 대출을 유지하는 것이 좋을까, 아니면 상환해 나가는 것이 좋을까?

과거 경제가 고속성장을 할 때는 가지고만 있어도 가격이 올랐으므로 여러 곳에 많이 투자를 하는 게 유리했지만 지금은 저성장 시대이므로 바람직하지 못하다. 그런 면에서 보면 대출도 최소한으로 가져가는 것이 유리하다고 볼 수 있다.

유지관리

수익형 부동산에서 사람들이 간과하는 것은 유지관리다. 사람들은 건물만 사면, 혹은 지어 놓으면 황금알을 낳는 거위처럼 매달 돈이 들어오는 것으로 생각하지만 이는 오산이다. 세상 어떤 일도 공짜는 없다.

건물도 노후가 되므로 지속적인 관리가 필요하다. 전구를 교체하는 것에서부터 물이 새면 고쳐야 하고, 벽지와 장판도 여러 해가 지나면 교체를 해 주어야 한다. 주기가 길기는 하지만 주방가구나 붙박이 가구도 시간이 지나면 바꿔주어야 한다. 물을 사용하는 시설인 변기나 세면대, 수도꼭지 등도 오랜 시간이 지나면 교체해 주어야 할 대상들이다.

이 뿐만 아니라 임대관리도 해 주어야 한다. 사람들이 편하게 잘 살수 있도록 방범과 냉난방시설, 에너지 등도 신경써야 한다. 세입자 간의 관계도 무리가 없이 잘 이루어지도록 관리해야 한다.

앞에서 관리의 소홀이 공실을 부른다고 했었다. 세입자들은 내 집같은 곳에서 살고 싶어 한다. 안전함, 편리함, 편안함, 깨끗함, 비용이 절감되는 집이 될 수 있도록 해야 한다. 사소한 유지관리의 소홀로 인해 공실이 나는 것이다. 유지관리가 잘 되는 집이라면 세입자들도 오래 살고 싶어 한다. 굳이 이사비용을 지불하거나, 부동산 수수료를 지급하면서 이사를 할 이유가 없다. 유지관리가 잘 되어야 공실을 막을 수 있고 수익률도 올라간다.

시공 사례 1 광교신도시 레고하우스

©박영채

대지위치 경기도 수원시 영통구 이의동 | **지역지구** 일반주거지역, 지구단위계획구역 | **대지면적** 251.20㎡ | **건물 규모** 지하 1층, 지상 4층 | **건축면적** 150.68㎡(건폐율 59.98%) | **용적률 산정면적** 447.40㎡(용적률 178.11%) | **연면적** 557.83㎡ | **주차대수** 6대 | **외장재** 점토벽돌 영롱쌓기 | **지붕재** 0.7T 티타늄 아연판

사업방향과 부지선정,
그리고
설계자 결정하기

제대로 된 방향 설정은
성공을 예약한다

03

상가주택은 모두 임대를 주기도 하지만, 기본적으로 건축주가 최상층을 주택으로 사용하는 경우가 대부분이다. 따라서 온 가족이 같이 산다는 전제 조건이 붙는다. 내가 사는 집, 이것이 무조건 사업성만 보고 결정하기 어려운 이유이기도 하다. 건축주와 그 가족은 건축 디자인을 통해 집에 대해 가진 가치관을 마음껏 펼쳐볼 수 있다. 또, 1층 상가를 직접 운영하는 매장으로 사용할 경우, 본인이 원하는 사업의 이상형을 구축해 볼 수도 있다. 그러므로 나와 내 가족이 무엇을 원하는지, 어떻게 살기를 원하는지, 얼마동안 살 것인지 하는 내용을 정확히 파악하고 결정하는 것이 중요하다. 이런 구체적인 방향 설정은 땅을 얼마나 싸게, 어디에 구입하는가보다, 건물을 얼마나 크고 멋있게 짓느냐보다 우선한다. 집에 대한 사소한 지식보다 더욱 가치있고 우선적인, 가족과 함께 진지하게 고민해봐야 할 기본 조건이다. 그리고 이것이 좋은 상가주택을 만드는 밑거름이 된다.

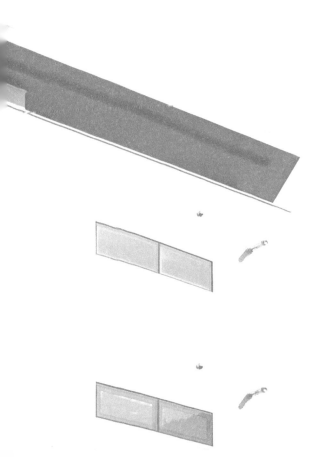

가족 간 이해와 소통이
좋은 상가주택을 만든다

생활권과 동선을 고려한다

상가주택은 대부분 주거를 겸하기 때문에, 나와 가족의 생활권과 동선을 생각해 보는 밑그림이 중요하다. 위치를 잡을 때부터 가족 구성원의 학교와 직장, 그리고 고향이나 자주 가는 시설로의 동선, 가족이 주로 사용하는 문화시설이나 편의시설 등 생활권을 고려해야 한다. 설령 전체를 임대로 주는 경우에도 지금 주거지와의 거리를 감안해야 한다.

한 예로 임대계약서를 작성할 때도 건축주가 직접 하는 것이 원칙인데, 거리가 멀면 중개인에게 위임을 하게 된다. 이 과정에서 보증금 등의 사고가 발생하는 경우가 많다. 사소한 하자가 생길 경우에도 수시로 가봐야 하고, 세입자가 이사를 나갈 경우에도 가서 벽지를 바꾸어 주어야 하는지, 수리가 필요한 곳은 없는지 살펴보는 것도 집주인의 몫이다.

아무리 관리자에게 위임한다고 해도, 주인이 신경 쓰는 집과 아닌 집은 차이가 난다. 주인이 신경 쓴다는 것이 외형상으로 나타나면, 안전을 중요시하는 학생 세입자의 부모님이나 여성 직장인의 선호도가 높아져 공실률과 이동률을 많이 낮출 수 있고, 이것은 매월 임대료 이외의 보이지 않는 수익으로 직결된다. 반대로 임대료만 받아 챙기려는 집이라는 느낌이 들면 공실이 많아지는 것은 물론, 세입자들도 험하게 쓰게 되어 훼손되기 쉽고, 더 빨리 노후된다. 이렇게 상가주택은 주인이 신경을 쓰면 쓸수록 가치가 올라가는데, 한번이라도 더 가보려면 아무래도 쉽게 움직일 수 있는 생활권 안의 적정거리에 있거나 수시로 움직이는 동선상의 지역이 좋다.

도시형생활주택 출입구 사례
집주인의 정성이 돋보이는 출입구 장식이다. 이런 사소해 보이는 시설과 이미지 관리는 입주자들의 선호도를 높이고 편안함을 줌으로써 주변 경쟁 건축물에 비해 공실률을 낮출 수 있다.

가족의 의견을 반영하자

우리는 지금까지 누군가에 의해 지어진 아파트라는 주거에서 주로 살았다. 아파트는 아무리 전문가들이 자재야 동선, 편리함은 물론 건강까지 연구하여 설계에 반영했더라도, 나만을 위해서 지어진 집이 아니다. 누가 들어와도 살 수 있는 그저 보편적인 집이다. 이런 환경에 익숙해진 우리는 맞춤형 주거에 대한 요구는 물론, 집이라는 공간을 내 방식대로 지을 수 있다는 생각조차 못하는 경우가 대부분이다.

실제로 설계를 진행하다보면 '이렇게까지 우리 생각을 반영할 수 있어요?'라고 반문하는 건축주들을 많이 만난다. 매일 기성품에만 적응되어 있던 우리에게 집이라는 것은 '내 생각대로 짓는 주문품'이라는 인식 자체가 없었는지도 모른다. 그러나 집은 법의 테두리 안에서, 내가 가진 비용을 가지고, 내 가치관을 최대한 반영하여, 인생을 가장 즐겁고 행복하게 살 수 있게 지으면 된다.

집을 지을 때는 꼭 가족과 상의를 하자. 상가주택이 아닌 조그만 단독주택이라도 그렇다. 상의를 하다보면 별의별 요구사항이 다 나온다. 아이들은 '별이 보이게 해 주세요', '내 방은 다락방으로 해 주세요', '이층 침대를 놓아 주세요', '컴퓨터를 사용할 수 있게 해 주세요' 등 다양하다. 남편은 '거실이 높았으면 좋겠다' 라든가 '공사비가 저렴했으면 좋겠다' 등을 간단히 이야기하겠지만, 아내들은 요구사항이 상세하고 많을 것이다. '수납공간을 충분히'는 기본이고 '차를 마실 수 있는 공간이 필요해요', '소음을 차단할 수 있는 공간을 마련해 주세요', '주방가구를

주방가구 ↑
주부들의 로망인 아일랜드 방식의 주방을 도입하고 여기에 식탁을 붙여 놓았다. 거실을 바라보면서 요리를 할 수 있어 아이들의 움직임을 살핀다든가, 남편과 대화를 하면서 요리를 하는 등 소통이 원활하고 사용이 편리하다.

상가주택 발코니 사례 ←
발코니의 폭을 좁게 설계하여 작은 온실처럼 만들었다. 이러한 발코니는 물주기가 편리하고, 여름에는 발코니가 차양 역할을 하여 시원하다. 겨울에 창문을 닫으면 온실 역할을 해주어 따뜻하다.

거실방향으로 해 주세요', '화분에 물주기 편하게 해주세요.' 등등. 아마 전혀 짐작 못했던 이야기들도 쏟아져 나올 수도 있겠지만, 그럴수록 우리 가족을 위한 좋은 건물이 될 확률이 높다.

아이가 어려도 상관없다. 아이의 이야기를 들어 보자. 그러다 보면 의외의 아이디어가 튀어나오기도 한다. 내 집을 지을 때 내 의견이 반영되어 구체적인 실물로 지어졌다고 생각해 보자. 그 기억은 평생 갈 것이다. 그리고 그 자부심과 애정은 아파트에 비할 바가 아니다.

서로 다른 의견도 존중한다

가족들의 의견 중에는 기능적으로 서로 공존할 수 없는 항목도 있을 수 있다. 또 공사비용 때문에, 아니면 공간이 작아서 원하는 기능을 다 수용할 수 없을 수도 있다. 그러나 가족들끼리 자기의 생각을 이야기하고 조율한다는 자체가 얼마나 좋은 시간인가?

소풍가기 전날 밤이 가장 설레듯이, 단언컨대 이 시간이야말로 상가주택을 지으면서 가장 행복한 시간이다. 막상 공사에 들어가면 공사비 걱정, 제대로 짓고는 있는 것인가 하는 막연한 불안감, 이게 아닌데 하는 후회, 설계자 말을 들을 걸 하는 아쉬움 등으로 마음이 편할 날이 없다. 그러한 고민과 후회도 모두 즐겨야 하는 과정이었다는 것을 알 때쯤이면 이미 공사는 끝나 있다.

가족의 모든 요구사항을 건축사에게 전달하고, 조금씩 협의하면서 조율해 나가면 정리가 된다. 어쩔 수 없이 버려야 할 것, 서로 기능을 섞어도 되는 것, 더 키울 수 있는 것, 가족의 요구는 아니었지만 건축사가 보았을 때 꼭 필요한 것, 불편함이 있지만 꼭 해야 할 것 등에 대해 의견을 나눈다. 초기에 가감 없이 자기의 생각을 모두 이야기해 봐야 나중에 후회가 없다. 생각대로 하려고 해 보았지만 여건이 안 되어 못한 것과, 생각하지 못하여 하지 못한 것(실제로 할 수 있었다는 확신이 없음에도 불구하고)과는 많은 차이가 있다. 전문가들조차도 건물을 짓고 나면 아쉬움이 따르기 마련인데 일반인들은 어떻겠는가.

본격적인 설계에 들어가기 전에, 아니 땅을 사기 전부터 가족끼리 집에 대해서 최대한 자주 마주하고 이야기할 수 있는 시간을 가져야 한다. 상이한 의견은 서로 양보하고 조율하여 통일된 생각으로 좁혀가는 과정이 중요하다. 가족들끼리 직접 조율하기 어려우면 설계단계에서 제3자인 건축사가 객관적인 데이터나 법규, 기능, 기술적인 문제점 등 전문적인 내용을 가지고 설득하도록 하는 것도 좋은 방법이다.

정말 주의할 것은 이렇게 서로의 의견을 미리 조율해 놓지 않아서, 설계가 많이 진행된 단계임에도 전혀 다른 내용이 불쑥불쑥 튀어 나오는 경우다. 사공이 많으면 배가 산으로 가고, 수정하는 데 비용과 시간이 많이 들어간다. 시공 중에 고치거나 추가하는 것은 더욱 많은 시간과 비용을 동반한다. 물론 아쉬움이나 불편함을 가지고 평생 사는 것보다 추가비용이 들더라도 고쳐야 될 것은 고치는 것이 좋다.

가장 심각한 경우는 어느 한 사람이 독단적으로 의사를 결정하는 것이다. '우리 집은 내가 결정하면 다 따라와요'라든가 '다른 사람 의견을 들을 필요 없어요'라는 사람이 건축주인 경우다. 이런 건축주와 일을 하게 되면 과정에서는 가족을 배제시키기 때문에 일사천리로 진행이 될지 몰라도, 사용승인이 난 후에 결과를 놓고 가족끼리 다투는 불편한 상황이 벌어지기도 한다. 때로는 설계자나 시공자에게 감당하기 어려운 불만을 토로하는 경우도 생긴다.

살 기간을 정하고, 미래 생활을 꿈꾸자

세계적인 학자들이 미래를 예측한 것도 지난 뒤 돌아보면 틀린 것이 더 많다고 한다. 그만큼 미래에 대한 예측은 어렵다. 그렇다고 하더라도 계획 없이 일을 진행할 수는 없지 않은가? 더구나 거의 전 재산을 동원하여 상가주택을 짓는 상황에는 수십 번이라도 나와 내 가족의 미래에 대해서 깊게 생각해 보아야 한다.

이곳에서 얼마나 살 것인가? 대부분의 가정은 자녀들의 성장 시기에 맞추어 장단기 계획이 정해져 있는 경우가 많다. 우리의 교육 분위기로 보면 고등학교는 물론, 초등학교나 중학교만 입학하게 되어도 이사가 쉽지 않다. 큰 아이와 작은 아이의 성장 시기가 다르고 거기에 부모들의 직장생활이 겹쳐지면 더욱 이동이 어렵다. 그러나 이동이 어렵다는 얘기는 바꾸어 말하면 변화가 없다는 것이다. 이렇게 가족의 일정을 고려하여 최소한 10년 뒤의 생활계획까지 집에 반영할 수 있도록 미래 생활을 예측해 보자.

다른 고려사항으로는 가족 수의 변동이 있다. 노부모가 손주 육아를 위해 같이 살게 되거나, 자녀가 다 커서 출가한다면 가족 수가 변하게 된다. 경우에 따라서는 잠시 살다가, 주변 주거단지가 어느 정도 형성되면 팔아서 이사를 가려는 계획을 가질 수도 있다.

이러한 계획들은 건물의 외부 형태는 물론 각 층의 평면 구조와도 밀접한 관계를 가지고 있기 때문에 사전에 고민을 많이 해야 한다. 모든 경우의 수를 충족시킬 수는 없지만, 되도록 미래의 변화를 수용할 수 있는 계획안을 설계자에게 의뢰하자. 그러면 변경이 예상되는 벽은 콘크리트 대신 벽돌로 쌓아 나중에 변경을 쉽게 하는 등 보다 융통성 있는 구조로 만들 수 있다.

모든 것을 충족시킬 수 있는 변신로봇 같은 집을 지을 수는 없지만, 그래도 애초 설계 단계에서 최대한 담아내야 한다. 그렇게 고민해도 나중에 아쉬움이 남고, 생각지 못한 상황이 벌어진다. 그러나 고민한 만큼 생활 만족도가 높고 경제적 가치는 올라가게 되어 있다. 결정적인 것 한두 개만 대비를 해놓아도 추후 큰 이득으로 돌아온다.

장래 발전가능성 예측은 덤이다

상가주택의 매력은 매월 고정 수익이 실현된다는 데 있다. 구도심이면 사용승인과 동시에 임대를 놓을 수 있다. 이제 겨우 도시의 틀을 잡아가는 신도시라 하더라도 주변의 아파트들은 마무리가 되어 있는 경우가 대부분이기 때문에 제대로 설계·시공을 했다면 고정수익을 실현하는 데 오래 걸리지는 않는다.

그러나 일반적으로 간과하는 것은 장래 발전가능성에 대한 판단이다. 이것은 경쟁력에 더하여 공실 여부에 대한 판단까지 연결되는 중요한 사항이다. 싼 땅에 건물을 짓는다면 초기 비용은 적게 들겠지만 그만큼 임대료가 낮고, 경우에 따라서는 공실을 염려해야 할지도 모른다. 반대로 비싼 땅을 사서 상가주택을 짓는다면 많은 비용이 들어가는 반대의 상황이 벌어질 수 있다.

땅의 가격은 자꾸 변한다. 결국 싼 땅을 사서 비싸게 임대를 줄 수 있는 곳을 찾는 것이 최선이다. 전문가에게도 쉬운 일은 아니다. 그러나 지하철역이 확정되었다든가 도로가 뚫린다든가 하는 어느 정도 예견된, 혹은 확정된 호재가 있으면 비교적 예상하기 쉽다. 물론 노출된 악재나 호재는 이미 시세에 반영되어 있기 때문에 큰 의미가 없을 수도 있다. 그렇지만 미리미리 준비하는 사람에게는 판단할 수 있는 기준과 시간을 단축해주므로 매우 유리하다.

예컨대 광교신도시에 살고 싶다는 목표를 세웠거나 광교신도시가 관심지역인 사람이라고 치자. 일부 구간은 이미 개통이 되었지만, 광교신도시를 지나는 신분당선의 노선과 확장 예정 노선을 기본적으로 알고 있을 것이다. 경우에 따라서는 관심지역인 광교신도시와 인접하여 있는 홍덕신도시나 영통, 수지지역의 개발 상황에 대해서도 훤하다. 이때 홍덕신도시에 지하철노선이 확정되었다는 뉴스가 나오면 인근의 상황이 머릿속에 있기 때문에 선택의 폭과 판단의 시간이 짧아져서 결정을 쉽게 내릴 수 있으므로 상대적으로 경쟁력이 있다는 이야기다.

어디에 지을 것인가 하는 결정은 퇴직금 받은 후나 땅을 사기 직전이 아니라 자금을 모으기 전, 최소 5년 전부터 준비를 해야 한다. 주말에 나들이 삼아 가족과 함께 몇 군데 관심지역을 정해서 둘러보는 것도 좋은 방법이다. 관심지역은 뉴스나 신문기사에서도 눈에 잘 띄게 마련이어서 정보로 저장될 수 있다. 그래야 당장의 수익 실현 뿐 아니라 미래가치까지 확보하는 선택을 할 수 있다. 건축사도, 공인중개사도, 시공회사도 조언해 줄 수 없는 일이다.

자금은 천천히 만들고
꼼꼼하게 쓴다

조달 가능 금액을 꼼꼼히 따져본다

상가주택에 관심 있는 사람이라도, 은퇴 시점에 아파트 한 채와 퇴직금이 가용금액의 전부인 경우가 일반적이다. 여기에 더하여 약간의 적금이나 주식 등이 있으면 아주 행복한 상황이다. 이보다 더 여유가 있다면 아마 상가주택에 관심이 없을 수도 있다.

이 책에서 일관되게 이야기하는 것 중 하나는 '미리미리 준비하라'는 조언이다. 상가주택에 대한 지식뿐 아니라, 자금도 미리미리 준비해야 한다. 어느 날 갑자기 목돈을 만들기는 쉽지 않다. 만든다고 하여도 무리를 하기 십상이다.

현재 상태에서 조달할 수 있는 금액이 어느 정도인지를 꼼꼼히 살피고, 부족하다면 충당을 위한 계획을 짜야 한다. 그리고 미래의 어느 시점에서 내가 쥘 수 있는 금액도 예상해 볼 필요가 있다. 금수저를 물고 태어나지 않은 이상, 장기간에 걸친 계획이 필요한 것이다.

예를 들어 퇴직금의 크기에 따라 다소 차이는 있지만 그것만 가지고 상가주택을 짓기에는 부족할 것이다. 이럴 경우에는 작은 돈으로 목돈을 준비할 수 있는 적금과 주식 등으로 어느 정도 충당할지를 계획해야 한다. 은행을 적극적으로 활용하는 것도 하나의 방법이다. 토지 취득 시에는 담보대출을 활용할 수 있고, 건축 시에도 토지 취득 후 그 토지에다 임대사업이나, 신축판매업 등의 사업자등록증을 미리 내두면 추가 대출을 받기에 유리해진다. 은행 등 금융권을 활용하여 사업자금을 조달하는 것을 지렛대효과라고 한다. 은행 이자는 3~4% 전후인 반면 임대료는 최소 6% 정도를 유지하고 있어서, 그 차액이 사업의 기본 수익으로 잡힐 수 있기 때문이다.

그러나 상가주택을 짓기로 했다면 이것저것 너무 따지기 보다, 결정된 대로 밀어 붙이는 용기도 필요하다. 살다보면 일이 계획한 대로, 혹은 기대했던 대로 이루어지지 않는 경우가 많다. 그때그때 최선을 다해서 풀어가는 수밖에 없다. 소위 몸으로 때우거나, 아니면 신용과 평판으로 견디어야 할 상황도 있을 것이다. 어떤 때는 사람의 힘으로 어쩔 수 없는 불가항력적인 경우도 있다. 1997년 말의 외환 위기나 2008년의 금융위기로 인해 사업이 어려워지는 정도라면 그저 하늘에 맡길 뿐이다. 그러나 실패한 사람은 경험이라도 얻을 수 있지만, 시작하지 않은 사람은 아무것도 이룰 수가 없다.

드디어 시작, 종잣돈 만들기

종잣돈Seed Money이라니? 종잣돈이 없는 사람은 어떻게 해야 하나? 종잣돈은 어떻게 만들어야 하나? 방법은 여러 가지가 있다. 나에게 가장 잘 맞는 방법을 찾아서, 몇 년이 걸릴지라도 미리미리 준비헤보자.

첫째, 미리 계획을 세워서 장기간 저축을 하는 것이다. 가장 쉬우면서도, 시간이 오래 걸린다는 점에서 어찌 보면 가장 어려운 방법일지도 모르겠다. 어느 세월에 준비를 하느냐고 반문할 수도 있지만 '천 리 길도 한걸음부터' 시작하는 것이고, '태산은 한 줌의 흙도 마다하지 않는다'고 했다. 언제 하느냐고 한숨을 쉴 것이 아니라 당장 시작하는 실천이 중요하다.

젊을수록 '적극적인 투자 성향'을 갖고 원금이 보장되지 않는 펀드나 주식에 관심이 많을 것이라 생각하지만 실제는 그렇지 않다. 한국경제신문과 미래에셋은퇴연구소가 시행한 설문조사에서, 정기적으로 저축이나 투자를 하는 30대 응답자의 42.9%는 '실적배당형 상품에 10% 미만으로 투자하고 있다'고 답했다.

이들은 어디에 투자하고 있는 것일까? 통계청 가계금융복지조사 마이크로데이터를 분석해 보면 30대의 총자산 중 실적배당 금융상품 비중은 2.2%에 불과했다. 세대별로 비교했을 때 가장 적다. 반면 실물자산 비중은 82%로 가장 높다. 기본적으로 여윳돈이 없으면서도, 제대로 공부가 되어 있지 않은 부동산 등에 빚을 내 투자하는 사례가 많다는 것이다. 단기간 높은 수익을 올릴 수 있는 상품으로 30대 자본이 쏠리는 경향이 뚜렷하다. 바람직하지 않은 현상이다.

존 리 메리츠자산운용 사장은 "한국만큼 금융 문맹률이 높은 나라가 없다"며 "일찌감치 투자를 시작해 안정적으로 자금을 불려가지 않는다면 노후가 닥쳤을 땐 대책이 없다"고 지적했다. 젊을수록 노후를 준비할 기회가 많다는 건 자명하다. 하지만 젊은 세대는 고금리시대를 거친 부모세대와 달리 돈이 돈을 버는 '복리 효과'를 경험해 본 적이 없다. 투자로 얻은 수익을 재투자하는 복리효과는 돈이 돈을 벌고, 시간이 돈을 벌게 한다. 그러나 현재 우리의 30대는 '복리 문맹'에 가깝다.

둘째, 평생 모은 것이 아파트 하나밖에 없는 사람은 어떻게 해야 하나? 가지고 있는 아파트가 자기 소유라면 아파트의 규모를 줄여서 작은 아파트로 가든가, 가격이 저렴한 빌라 등의 소규모 공동주택으로 옮기면 차액이 발생한다. 그러나 아파트를 팔고나면 조급해질 수 있고, 원하는 땅을 사기 어려울 수도 있으므로 아파트를 담보로 상가주택의 부지를 구입하고, 부지 구입이 끝난 후 아파트를 처분하여 공사를 진행하는 단계를 밟는 것이 좋다. 이렇게 하면 아파트가 다소 늦게 팔린다고 하여도 금융비용이 좀 더 나갈 뿐 큰 피해는 없다. 지금 당장의 만족스런 주거생활을 위해 너무 과하게 투자하여 소위 '깔고 앉아 있는 비용'이 지나친 것은 아닌지 살펴볼 필요가 있다. 만약 조절할 수 있다면 적극적으로 검토해 보자.

셋째, 수익형부동산에 직접 거주하면서 임대사업을 하는 방법도 생각해 볼 만하다. 자녀들이 모두 출가하고 나면 그동안 복잡했던 집도 한산하기 마련이고, 방 개수와 공간에도 여유가 생긴다. 주로 대형 평수에 사는 사람이 아파트 일부를 임대로 내놓는 방법이다. 요즈음에는 이런

'세대분리형 임대사업'에 대한 혜택도 많이 주어지고 있다. 이런 방법을 활용하여 목돈을 만들어 가는 대책이 필요하다.

넷째, 위와 같은 계획을 세웠는데도 오랜 기간 동안 실천하지 못한 상황이라면 목돈을 활용하는 수밖에 없다. 가장 만만한 대상인 퇴직금을 활용하는 방법이다. 직장생활을 한 사람이라면 대부분 명퇴나 정년을 보내고 은퇴를 할 때 퇴직금이라는 목돈을 받아 쥔다. 그러나 어떤 일을 할지 미리 준비하지 못한 사람에게 이 돈은 순간적으로 날아가는 신기루가 될 확률이 높다. 은퇴 후 충분한 준비 없이 시작하는 대부분의 자영업자가 그렇고, 비전문 분야에 투자하는 경우도 그렇다. 인테리어 업체와 체인점 사장에게 좋은 일만 시켜줄 뿐이다. 평생 일한 대가인 이 목돈을 지키기 위해서라도 꼭 미리 공부를 하고 준비를 해야 한다.

다섯째, 토지 구입 단계에서는 은행을 적극적으로 활용하는 방법도 고려해 볼 필요가 있다. 토지나 자신이 주거하는 아파트를 대상으로 시세차익 목적으로 무리한 대출을 받을 경우 '하우스 푸어'나 '랜드 푸어'가 되기 십상이다. 단순히 가격이 오르리라는 기대감을 갖고 무리하게 대출을 받는 것은 좋은 투자방식이 아니다. 그러나 '주거용 수익형부동산'은 그 특성상 다른 투자 상품에 비해 위험이 적다. 오피스텔이나 다세대주택은 매매 가격이 크게 하락한다고 해도 상대적으로 전세 및 월세의 임대료는 크게 하락하지 않는다는 특성 때문이다.

만약 대출 금리가 일시적으로 오른다고 해도 임차인과 몇 년 단위로 계약되어 매월 꾸준한 월세가 들어오는 투자자는 상대적으로 안정적일 수밖에 없다. 따라서 대출을 활용할 경우 나의 실제 투자금이 적어진다는 것, 실제 투자금액이 적으므로 환금성이 높아진다는 것, 대출금의 추가로 가용 금액이 커지므로 투자 상품의 범위가 넓어진다는 것, 은행금리보다 임대수익률이 높으므로 상대적으로 투자수익률이 높아진다는 것 등 여러 가지 장점이 있다.

여섯째, 신축 후 보증금을 활용하는 방법도 있다. 소위 '외상공사'라고 부르는데, 시공자가 공사비의 일부를 선투입하여 공사를 하고 사용 승인 후 임대료에서 공사비를 충당해 가는 방법이다. 그러나 이 방식은 건축주가 공사 전반에 대해 관여하기가 어렵다. 우리 사회에서는 아직도 돈을 쥔 사람의 입김이 너무 세기 때문에, 공사비를 제대로 부담하지 못한 건축주는 그저 속 태우며 바라볼 수밖에 없다. 건축주가 의견을 제시하는 순간 분쟁이 발생할 소지가 많다. 공사비를 댄 시공자가 마음대로 시공하고 임대료도 마음대로 책정하여 임대료를 빼가게 된다. 아주 정직한 시공자가 아니라면 절대로 권하고 싶은 방법이 아니다.

어쩔 수 없이 이 방법을 선택해야 한다면 임대계약 후 보증금이 들어오면 지급 1순위를 시공자에게 두되, 임차인을 건축주가 정하도록 해야 한다. 한편, 질이 좋지 않은 건축주는 이미 공사가 끝났으므로 아쉬울 것이 없다고 판단하여 최고의 임대료를 주는 임차인을 구하기 위하여 시간을 끄는 경우도 있다. 시공자에게는 치명적이다. 이것까지 방지하려면 기간을 설정하는 것이 좋다. 예를 들어 "사용승인 후 3개월까지는 건축주가, 그때까지도 임대가 안 되면 그 이후에는 시공자가 임차인을 결정하는 우선권을 갖는다"는 식으로. 이래저래 건축주가 공사비를 부담하지 못하고, 시공자의 경제력에 의지해서 건축을 한다는 것은 분쟁거리다.

상가주택 자금은 상가주택 짓는 데만 쓴다

상가주택을 지으려고 준비한 자금은 반드시 상가주택 짓는 데만 사용해야 함에도 불구하고, 이 자금이 개인적인 상황에 의해 다른 곳으로 유용되는 경우가 발생한다. 처음에는 1개월이면 자금이 회수될 것으로 철석같이 믿고 썼는데 자금이란 것이 그렇게 뜻대로 움직이질 않는다. 자금 회수가 안 되어 문제가 되면 잘해야 상가주택을 겨우 완성하는 것이고, 자금이 끝까지 부족한 경우에는 이를 확보하기 위하여 모든 임대를 전세로 주어야 하는 상황이 발생한다. 전세를 주었다는 의미는 고정수입이 없다는 이야기고, 대신 은행이자만 꼬박꼬박 내야 하는 상황에 놓이게 된다. 소위 깡통 상가주택이다. 그보다 더 심해지면 어렵게 시작한 사업이 경매나 공매로 마무리되어 '상처뿐인 영광'이 될 수도 있다.

상가주택을 짓는 과정에는 아무리 사업성이 좋은 물건이 나타나도 '저것은 내 것이 아니다'라고 '황금보기를 돌같이' 해야 한다. '자금을 잠깐만 돌리면 되겠지' 한 것이 계획대로 풀리지 않아서 둘 다 망치는 사례를 수도 없이 보았다. 무리한 욕심은 순식간에 모든 것을 빼앗아 간다는 것을 명심할 필요가 있다.

고속성장시기에는 은행대출로 부동산을 사고, 그 부동산을 담보로 또 다른 부동산을 사는 일을 반복하곤 했다. 그때는 자고나면 부동산 가격이 올랐기 때문에 그 방법이 통할 수 있었다. 그러나 지금은 안 된다. 대출도 어려울 뿐더러, 어느 한 곳에서 문제가 되면 도미노처럼 모든 사업이 망가지게 된다. 제일 처음의 사업까지 망가지면 회복 불가능한 상태가 되기 쉽다. 무리한 욕심을 버리자.

상권정보시스템을 활용하면
사업성 분석도 어렵지 않다

예산을 구성하는 요소들

상가주택을 짓는데 들어가는 비용은 크게 세 가지로 나누어볼 수 있다. 토지구입비용과 건물 공사비, 그리고 제세공과금이다.

첫째로 토지구입비는 말 그대로 땅을 사는 비용으로 땅값과 취득세, 등기 이전 비용, 공인중개사 수수료로 비교적 간단하게 구성이 된다.

둘째로, 건물공사비는 좀 복잡한 편이다. 오른쪽의 표는 순수공사비에 해당한다. 이 외에도 수도와 전기, 도시가스 인입비 등이 공과금으로 건축주의 몫이다. 신도시에는 해당이 되지 않지만 구도심형 상가주택의 경우에는 땅의 위치에 따라서 하수분담금이, 전원형 상가주택에서는 형질변경 비용(농지전용이나 산지전용에 따른 개발행위 비용)을 내야 하는 경우도 있다. 그리고 민원이나 사고, 혹은 암반의 돌출 등이 있을 경우 정산을 하게 된다. 공사비가 상승하는 경우에 대비한 예비비를 반드시 계산에 두고 있어야 한다.

셋째로, 건축물 완성 시 건축물에 대한 취득세와 등기이전 비용 등 제세공과금을 준비하고 있어야 한다. 이러한 비용을 표로 만들어 보면 그것이 사업성분석표가 되는 것이다. 사업성 분석이라고 하여 막연한 두려움을 가질 필요는 없다. 전문가뿐 아니라 일반인들도 할 수 있는 내용이다. 돈이 얼마가 어디로 들어가고, 얼마가 어떤 형태와 경로를 통하여 회수될지를 판단해보는 작업일 뿐이라고 생각하면 쉽다.

[공 사 명] 000 상가주택 신축공사   금액: 칠억일천칠백만원정   717,000,000

구 분			금 액	구 성 비	비 고
순공사비	재료비	직 접 재 료 비	368,174,373		
		간 접 재 료 비			
		작 업 설,부 산 물(△)			
		[소 계]	368,174,373		
	노무비	직 접 노 무 비	214,577,069		
		간 접 노 무 비		직접노무비*3%	
		[소 계]	214,577,069		
	경비	문 반 비			
		기 계 경 비	6,478,262		
		산 재 보 험 료	8,325,590	노무비*3.88%	
		고 용 보 험 료	3,325,945	노무비*1.55%	
		국 민 건 강 보 험 료		직접노무비*1.31%	
		국 민 연 금 보 험 료		직접노무비*2.41%	
		퇴 직 공 제 부 금 비		직접노무비*1.44%	
		수 도 인 입 비		(재료비+직접노무비)*1.88%	수도,전기,가스 인입비 별도
		한 전 불 입 금			
		환 경 보 존 비		(재료비+직노+기계경비) * 0.3%	
		건 설 하 도 급 보 증 수 수 료		(재료비+직노+기계경비) * 0.018%	
		[소 계]	18,129,797		
계			600,881,239		
일 반 관 리 비			30,044,062	계*5%	
이 윤			21,020,074	(노무비+경비+일반관리비) * 8%	
폐 기 물 처 리 비					
공 급 가 액			651,945,375		
부 가 가 치 세			65,194,538	공급가액*10%	
도 급 금 액			717,139,913		
관 급 자 재 비					
최 총 건 적 금 액			717,139,913		
결 정 금 액			717,000,000		

건축공사비 원가계산서 사례
시공회사에서 제출하는 공사비 산정 양식으로 상가주택에서 일반적으로 사용하는 방식이다.

사업성 분석은 반드시 필요하다

수익성을 분석해 보지 않고 상가주택을 짓는다는 것은 마치 입어보지도 않고 옷을 사는 것과 같다. 마네킹에 입혀져 있는 옷이나, 슈퍼모델이나 잘생긴 인기 탤런트들이 입고 있을 때의 옷은 근사해 보이지만, 막상 내가 입어보았을 때는 그 느낌과 분위기가 전혀 다르다. 이처럼 상가주택도 다른 사람이 '~하더라'고 하는 말만 듣는 것과 내가 직접 지어보는 것과는 정말로 많은 차이가 있다.

사람들은 대개 자신에게 유리한 부분만 말하는 경향이 있다. 상가주택 건축주들도 건축물의 임대료와 매매 가격에 영향을 줄 수 있기 때문에 입이 조심스럽다. 그래서 임대가 잘된다는 등의 유리한 것은 이야기하지만 다른 사람보다 공사비가 더 집행되었다거나 하자가 발생한 것과 같은 불리한 일은 숨기기 마련이다. 이것이 소문이 나면 건물 값이나 땅 값이 떨어지거나, 임차인을 구하기가 어려워질 수도 있기 때문이다. 마치 주식투자에서 돈을 벌었다고 말하는 사람은 많고 손해를 보았다고 말하는 사람은 없지만, 실제는 반대인 상황이 부동산에서도 일어나는 것이다. 그래서 남의 말만 믿을 것이 아니라, 사전에 현장조사도 하고 사업성 분석을 내가 직접 해서 결과를 점검해 보아야 한다.

아래는 몇 년 전 수도권인 광교신도시 토지를 LH(한국토지주택공사)로부터 분양 받아서 중급 품질의 상가주택을 지은 사례다. 이해를 돕고자 간단히 항목을 간추렸다. 좀더 자세히 분석하게 되면 약간의 변동이 있을 수는 있지만, 큰 차이는 없다고 봐도 무방하다. 큰 윤곽을 잡기 위한 용도라고 보면 된다.

우선 지출 항목을 보자. 취득 시 세금은 취득세와 농특세, 지방등록세로 구성되는데, 토지의 경우 4.6%, 건물의 경우 약 3.16%다. 상가와 주택의 넓이와 가격, 토지가 위치한 지역과 시기에 따라 세금 요율에 약

지출 항목

단위 : 천원

구분	규모	금액	근거
토지비	75평	450,000	75×6,000=450,000
토지 취득세	4.6%	20,700	450,000×4.6%=20,700
건축 공사비	130평	585,000	130×4,500=585,000
보존등기비	3.2%	18,720	585,000×3.2%=18,720
중개 수수료	전체 임대료	4,500	1,500,000×0.3%=4,500
합계		1,078,940	

간의 차이가 있을 수 있다는 것에 유의해야 한다. 건물의 경우 취득세에 등기비, 법무사 수수료를 포함하여 보존등기비 3.2%를 잡았다. 공사비에는 공과금 성격인 수도, 전기, 가스 인입비와 일부 환급이 가능한 부가가치세는 포함하지 않았다. 다음으로는 수입 항목이다.

수입 항목

단위 : 천원

구분	보증금	월세	근거
1층	60,000	3,000	1층 상가 전체
2~3층	40,000	2,800	주택(4가구)
4층	50,000	1,200	주택(1가구)
합계	150,000	7,000	매월 기준

사업성은 두 가지로 따져 보자.

① 우선, 은행 대출이 없을 때를 가정해 보자.
지출 합계 금액 :
1,078,940,000-150,000,000(보증금으로 회수하는 금액)
=928,940,000원
수입 합계 금액 : 7,000,000×12개월 = 84,000,000원
84,000,000÷928,940,000(수입 합계 금액÷지출 합계 금액)=0.0904
수익률 : 9.04%/년

② 그럼, 은행대출 3억 원이 있다고 했을 때는 어떨까?
지출 합계 금액 :
1,078,940,000-150,000,000-300,000,000=628,940,000
수입 합계 금액 : 7,000,000×12개월 = 84,000,000원
은행이자 : 300,000,000×4% = 12,000,000원

은행이자를 공제한 수입 합계 = 72,000,000원

72,000,000÷628,940,000(지출 합계 금액) = 0.1145

수익률 : 11.45%/년

위에서 보는 것처럼 수익률은 변한다. 전세와 월세비율을 어떻게 가지고 가느냐에 따라 달라지고, 은행대출 규모를 얼마나 두느냐에 따라서도 달라진다. 이러한 비율은 건축주의 자금 구도에 따라, 수익률을 최적화할 수 있는 방향으로 결정하면 된다.

당연한 이야기이지만 수익은 건축비와 토지비 등 지출을 줄일수록 커진다. 반대로 임대수입이 커질수록 수익 또한 커진다. 임대수입 중에서 전세보다는 월세로 받을 경우 수익률이 더 좋아진다. 경우에 따라 내가 어떤 조건을 취해야 최대의 사업성을 확보할 수 있는지 익숙하게 판단할 수 있다면 건축주로서의 기본 준비는 갖춘 셈이다. 이 기본 구도 속에서 내 땅의 환경을 어떻게 극대화해 나갈지 구상해야 후회하지 않는 상가주택 사업을 할 수 있다.

상권정보시스템을 활용하라

일반인들은 사업성 분석이 어렵게 느껴질 수도 있다. 그런 사람들도 사업성 분석을 간편하고도 정확하게 할 수 있는 방법이 있다. 중소기업청 소상공인진흥재단에서 개발하여 서비스하는 '상권정보시스템http://sg.sbiz.or.kr'을 활용해 보기를 권한다. 소상공인들의 사업 성공을 위하여 카드 사용에 따른 매출 데이터나 통계청의 사업체 조사 데이터베이스, 그리고 사용자들의 전화번호 등을 사용승인을 받아서 운영하고 있는 사이트다. 일종의 빅데이터인 셈이다. 홈페이지에 접속하면 상권분석, 경쟁분석, 입지분석, 수익분석이라는 네 개의 영역이 있다. 이 중 '수익분석'에 들어가서 기본 정보를 입력하면 된다.

분석지역과 분석업종을 입력하면 우선 기준데이터 시점의 목표 매출 및 고객수를 알려준다. 초기 투자비와 월 고정·변동비용을 고려했을 때 적정한 월 매출 수준도 분석해 주는데, 영업일 24일 기준으로 매일의 최소 매출과 최소 고객 수까지도 분석하여 준다. 임대면적과 보증금 등을 입력하면 총 투자비 대비 감가상각 기간과 소비자 1인당 평균 단가까지 예상해 준다. 이를 근거로 월 예상 소요비용을 고정비용과 변동비용으로 구분하여 알 수 있다.

유사상권의 매출 현황도 알려주는데, 월 평균매출은 기본이고 1회 평균 결재금액이나 월 거래건수까지 통계로 알려준다. 구체적으로 잠재 고객 수나 경쟁점포 수, 집객시설 수 등 비슷한 유사 상권과의 비교를 통해 내가 원하는 해당 위치의 수익성을 평가해 볼 수 있는 방법이다.

투자비 회수 시점별 목표매출을 예측해 주는 항목도 있다. 초기투자비와 월비용을 고려했을 때, 3년 이내에 초기 투자비 회수가 가능하려면 월 매출, 일 매출, 일평균 고객수가 어느 정도 되어야 하는지도 예측해 볼 수 있다. 회수 기간이 짧으면 어느 정도 금액이 올라가고, 회수 기간을 여유 있게 잡으면 어느 정도 금액이 내려가는지까지도 알 수 있다. 물론 이 데이터는 여러 가지 자료를 기반으로 만들어 낸 예상 수치로, 현실에서도 꼭 그대로 적용된다는 말은 아니다. 데이터는 사업을 위하여 미리 참고해 보는 자료이고, 이 데이터를 바탕으로 본인의 노력이 뒤따라야 한다. 내 사업에 대한 책임은 결국 내가 지는 것이다.

부지선정 방법과
상가주택 사업 절차

04

상가주택을 지으려면 어떤 과정을 거치는가? 땅을 사고, 어떻게 지을까 고민하고, 설계하고, 시공하는 과정을 밟아 나가게 된다. 그 중에서 가장 중요한 땅 사는 일을 우선 알아보고, 유의해야 할 몇 가지를 짚어본다.

예로부터 '터 잡기는 집짓기의 반'이라고 했다. 우리나라의 경우에는 특히 터 잡기를 매우 중요하게 생각했다. 상가주택을 지을 지역 입지와 부지의 형상에 따른 배치는 사업의 성패를 좌우하는 중요한 요소이다. 일반적으로 위치가 사업성에 끼치는 영향력은 전체 사업성 중 60%가 넘는다고 본다. 설계의 영향력이 30%, 그리고 시공의 영향력이 10% 정도라니, 얼마만큼 터가 중요한지를 알 수 있다.

동일한 위치에 있는 두 개의 대지를 서로 비교할 경우에는 설계와 시공의 역할이 상대적으로 사업성에 크게 작용한다. 반면 외곽에 있는 상가주택은 아무리 디자인을 잘하고, 시공을 잘하였다 하더라도 역세권에 있는 것과 견줄 수 없는 것이 모든 상가주택의 속성이다.

도시의 규모와 공사비에 따라
달라지는 상가주택의 특성

신도시형 상가주택

상가주택을 가장 안전하게 준비하는 방법은 신도시의 상가주택용 택지를 분양받아서 짓는 것이다. 신도시의 토지들은 전문가에 의해 신도시 전체의 차원에서 각각의 용도에 적정하도록 크기와 개수가 정해진다. 그 결과물에 관한 세세한 사항을 정해 놓은 것이 '지구단위계획'이다. 도시가 제대로 정착되게 하기 위하여 토지를 용도별로, 또 적정한 규모로 설계하였기 때문에 어디를 선택해도 최소 60점 이상은 항상 보장이 되는 시스템이다.

신도시는 LH(한국토지주택공사)나 SH공사(서울주택도시공사)에서 주도적으로 만들어 왔다. 최근에는 각 지자체에서도 경기도의 경기도시공사처럼 전담 기구를 만들어 택지를 조성하는 사업을 하고 있다. 이곳에서 조성하는 토지를 분양받는 것이 상가주택을 마련하기 위한 일반적인 방법이다. 이들 상가주택의 공급은 각 공사의 홈페이지에 올라오는 고지를 참고하면 분양 필지 수, 시기, 가격 등을 알 수 있다.

인기가 없는 지역은 수의계약이 가능하지만 사업성이 걱정이다. 판교나 광교 등 수도권 인기지역을 제외하면 1차 분양에서 상가주택부지가 모두 소진되지 않아 2차 분양이나 수의계약으로 팔린 경우도 많다. 그러나 이런 곳에서도 위치를 잘 잡아 경쟁자 없이 토지를 취득하여 상가주택을 지은 사람 중에는 훌륭한 사업성을 확보한 사람도 많다.

인기가 있는 지역은 경쟁률이 매우 높아 구입하기가 어렵다. 실제로 서울시 송파구와 경기도 성남시, 하남시에 걸쳐 위치한 위례신도시

의 상가주택용지 45개 필지 분양에는 1만 7,731명이 몰려 평균 394대 1
의 높은 경쟁률을 기록했다. 이 중 역세권의 필지는 무려 2,746대 1이라
는 경이로운 경쟁률을 기록하기도 했다. 이런 현상은 지방에서도 이어
졌는데, 충남 천안 탕정지구에서는 84필지에 3,929명이 몰려 평균 경
쟁률이 47대 1을 기록했다. 필지별 최고의 기록은 인천 영종하늘도시의
9,204대 1, 신도시별 평균 최고 기록은 고양삼송지구의 2,389대 1로 알
려져 있다.

2017년 12월 29일 '택지개발업무처리지침'이 변경되었다. 변경 이
전에는 토지 가격이 정해져 있고, 응찰자들 중에서 추첨을 하여 계약자
를 결정했다. 그러나 변경 이후에는 입찰제도로 바뀌었는데, 입찰이라
는 것은 응찰자가 토지가격을 써 내는 방식이다. 그러다 보니 경쟁이 심
해질수록 토지가격이 많이 상승했다. 향후 5~10년의 미래가치까지 모
두 반영된 가격이 낙찰가로 형성되는 것이다. 즉 시세차익이 없다는 말
이다. 문제는 이렇게 경쟁이 심해져서 토지 낙찰가격이 상승할 경우, 상

신도시형 상가주택
기본 사업성은 어느 위치든 확보가 가능하지만, 좀 더 나은 사업성을 원할 경우에는 상권이 어디에 형성될
것인가를 잘 판단하는 것이 관건이다.

가주택을 짓는 원가가 높아진다. 원가가 높아지면 임대료를 높게 책정할 수밖에 없다. 상가주택은 사업성이 중요한데 임대료가 높아지면 세입자가 영업을 하여 임대료를 내기가 쉽지 않으므로 공실이 되는 것이다. 아무리 로또라 하더라도 공실이 나면 아무 소용이 없다.

분양을 받기가 어렵다 보니 원주민에 대한 보상 차원에서 조성된 이주자택지를 사거나, 일반인에게 분양하는 일반분양택지를 '웃돈'을 주고 사기도 한다. 이주자택지 입주권을 사는 것을 '딱지를 산다'고 하고, 계약된 토지를 웃돈을 주고 사는 것을 '전매'라고 한다. 이 전매 제도는 '택지개발업무처리지침'에 의해 처리되는데, 부동산 경기에 따라 수시로 조정된다. 부동산경기 과열 정도에 따라 허용이 되기도 하고, 불법이 되기도 하니 유의해야 한다.

그런데 현장에서 '프리미엄'이라고 불리는 이 웃돈은 사업성 검토를 잘 해봐야 한다. 수수료를 챙기기 위한 전매가 목적인 중개업소들은 프리미엄을 주고도 수익성이 충분히 나온다고 큰소리를 친다. 그러나 여러 번 반복된 전매는 그 때마다 수수료가 붙어서 가격이 자꾸 올라 결국 폭탄돌리기가 되는 경우가 많다. 제대로 알지도 못하는 선량한 예비 건축주들이 이 폭탄을 최종적으로 끌어안는 경우가 대부분이다.

이러한 신도시의 상가주택 부지는 어느 곳을 사더라도 최소 60점은 만들 수 있지만 90점 이상을 확신하기 또한 어렵다. 도시가 형성되기 전에 분양을 하므로, 사기 전에는 전체의 완성된 모습을 알 수 없기 때문이다. 도시가 형성된 후에 상권이 집중될 만한 좋은 곳을 미리 고르려면 안목이 있어야 하는데, 이것이 전문가들도 쉽지 않다는데 어려움이 있다. 사람들이 예상한 대로만 상권이 형성되지는 않기 때문이다.

소위 '목'이 좋은 곳은 비싸거나 경쟁력이 심한데, 이곳이 나중에 꼭 활성화가 되리라는 보장이 없다. 대개는 어느 정도 예측대로 되지만 전혀 다르게 상권이 흘러가면 낭패를 볼 수도 있다. 100점짜리 필지는 도시가 다 형성된 후에나 알 수 있다.

구도심형 상가주택

신도시형 상가주택에 비해 도심이나 구도심에 새로 짓게 되는 도심 재건축형 상가주택의 경우에는 상권을 한 눈에 알아 볼 수 있어서 판단이 쉽다. 주변 상권 형성이 어떻게 되었는지, 사람들의 이동이 어떻게 이루어지고 있는지, 구입하고자 하는 부지 주변의 상가들은 어떤 것들이 있는지 등이 모두 노출되어 있기 때문이다. 따라서 설계와 시공이 차지하는 중요도가 훨씬 커진다. 토지와 그에 따른 상권이 이미 드러나 있으므로 건축주와 설계자가 상의하여 만들어 내는 아이디어가 전체 사업성의 70%를, 시공자의 꼼꼼한 마무리가 30%를 차지한다고 보면 된다.

이러한 도심의 상가주택은 오랜 기간을 두고 준비하는 것이 좋다. 지역이 결정되면 주변의 공인중개사사무소에 매입 의사를 전해놓고 끈질기게 기다린다. 급매로 나오는 물건을 살 수도 있고, 경매나 공매로 나오는 토지를 살 기회도 온다.

땅 주인에게 급한 사정이 생겨서 급매로 나오는 물건은 일반적으로 시세의 80%선에서도 매매가 된다. 반대로 내가 급하게 사려고 하면 나와 있는 물건이 없으니 시세의 120% 정도 비싸게 주어야 살 수 있다. 결국 토지가격의 40% 정도가 왔다 갔다 하는 것이 상가주택뿐 아니라 모든 부동산의 속성이다. 물론 결정적인 하자 때문에 가격이 낮은 것인지도 반드시 알아봐야 한다.

부동산은 내가 가진 재산 중에 가격이 가장 큰 재화일 것이다. 이 재화의 가격이 40% 정도가 왔다 갔다 한다는 사실이 참으로 어이가 없는 일이지만 현실은 그렇다. 이 속성을 최대한 활용하여 기다리고, 준비하면 토지가격을 획기적으로 낮출 수 있어, 사업성에 대한 고민을 쉽게 해결할 수 있다. 여기에 더하여 전철역 등이 근처에 있고 적당한 상권만 형성되어 있다면, 엄청난 경쟁률을 뚫어야 하는 신도시 상가주택보다 나을 수 있는 것이 도심지 상가주택이다.

구도심형 상가주택
모든 조건이 노출되어 있는 만큼 토지를 잘 구입하는 것과 디자인 아이디어가 사업의 성패를 좌우한다.

전원형 상가주택

전원형 상가주택을 짓고자 하는 사람은 먼저 상가주택의 성격을 명확히 해야 한다. 무엇을 할 것인가? 어떻게 할 것인가? 왜 이곳에 하는가? 등이다. 무엇을, 어떻게, 왜와 같은 것들이 중요한 이유는 이러한 질문에 따라 상가주택이 들어설 위치와 지형, 지역 등을 구체적으로 판단할 수 있기 때문이다.

전원형 상가주택을 짓는다면 기본적으로 경사지의 조망이 시원하거나 풍광이 좋은 곳을 선택할 것이다. 조망이 좋은 경사지는 주택과 식당, 혹은 주택과 커피숍, 주택과 펜션 등을 짓기에 유리하다. 그러나 최근의 경향 중 하나는 풍광이 좋지 않더라도 편안하게 쉴 수 있는 곳을 선호하는 편이다. 이러한 곳들은 지가가 높지 않은데, 다만 어떤 방향으로 콘셉트를 개발하느냐가 관건이다. 부지의 특성을 잘 알아보고, 활용할 수 있는 안목을 갖는 것이 중요하다.

전원형 상가주택의 자리를 잡을 때 주의해야 할 점이 몇 가지 있다. 첫째로는 환금성을 고려해야 한다. 자영업을 하거나 임대를 한다고 해도 언젠가는 사업을 마무리해야 할 때가 온다. 이럴 때 매매는 될 위치인지, 사람들이 선호할 만한 위치인지 등을 따져보자. 주변에 도로개설 계획, 고속도로 인터체인지나 국도 인터체인지라도 생길 계획이 있다면 향후 가치로는 금상첨화겠다.

둘째, 기반시설에 대해서 알아보자. 도로는 제대로 개설되어 있는지 확인해야 하고, 전기나 통신, 상하수도는 연결이 잘 되어 있는지도 살펴야 한다. 자칫 잘못하면 땅을 사 놓고도 건물은 짓지 못하는 경우도 생긴다. 옹벽이나 석축 등의 구조물은 없는지, 있다면 안전한지도 확인해야 하고, 겨울철 통행이 불가능한 북사면의 급경사 도로는 아닌지 등도 살펴보아야 할 것 중 하나다.

셋째, 과거 전통적인 사고에서 판단하는 방식도 존중할 필요가 있다. 부지가 너무 낮다든지, 주변이 음습하다든지, 대지의 경사가 너무 심하다든지, 막다른 도로 끝에 위치한다든지 하는 것들은 현대적인 관점으로 보아도 좋지 않다. 일반적으로 그 땅에서 자라는 식물들의 식생이 좋으면 사람이 살기에도 무난하다. 땅의 색이 붉은 흙이 아니라 검은색인 경우라든가, 바닥에서 물이 난다든가, 바위투성이의 땅은 나무가 제대로 자라지 못하므로 육안으로 판단하기가 어렵지 않다. 이런 곳의 땅은 사람이 살기도 어려울 뿐더러 부지 조성 공사비도 한없이 들어가는 경우가 많으므로 주의해야 한다.

끝으로, 무엇보다 사고자 하는 땅의 경계가 어딘지 반드시 확인해 보아야 한다. 시골의 경우 '여기에서부터 저기까지가 내 땅'이라고 구두로 말하는 것과 실제와는 차이가 나는 경우가 많다. 경우에 따라서는 기획부동산처럼 그 번지가 전혀 다른 곳에 위치한 경우도 있다. 어차피 인허가 과정에서 측량을 거쳐야 하므로 반드시 측량을 해보고 사기를 권한다.

엄청난 경쟁률의 신도시 상가주택, 구도심의 비싼 토지비의 상가주택에 비하여 전원형 상가주택은 넓은 땅을 확보하고도 비용이 가장 적게 든다. 은퇴 후 자신이 하고자 하는 카페나 식당, 공방이나 전시장 등 수익모델이 있다면 전원형 상가주택에 도전하여 보는 것도 좋은 대안이다. 자녀들의 교육이 어느 정도 마무리되었고, 도시의 문화생활을 누릴 수 있는 지역에서 그다지 멀지 않은 곳이라면 한결 낫다. 이곳이 자신의 고향이라든가, 외가라든가, 처가라든가 하는 연고가 있다면 정착하기가 더 쉬울 것이다.

전원형 상가주택
전원형 상가주택의 부지는 대개 지목이 '임야'나 '전', '답'인 경우가 많다. 이러한 지목들은 '개발행위허가'라는 절차를 거쳐야 하는데 이때 부과되는 대체조성비나 개발이익환수금 등을 잘 확인해야 한다. 지역에 따라 일정 면적 이상이 되면 세금 폭탄을 맞을 수도 있다.

싼 땅에 비싸게 지을 것인가,
비싼 땅에 싸게 지을 것인가?

상가주택의 공사비는 서울이나 지방이나 큰 차이가 없다. 위치가 어디냐에 따라 땅값에서 차이가 크게 날 뿐이다. 땅값이 싸다고 무조건 좋은 것은 아니다. 물론 비싸다고 무조건 나쁜 것도 아니다. 땅을 어떻게 활용하느냐가 관건이고, 이는 결국 상가주택으로서의 경쟁력에 귀결된다. 경쟁력은 다른 상가주택에 비하여 얼마나 임대료로 제대로 받을 수 있는가와 경기가 나빠지더라도 공실이 발생하지 않도록 꼼꼼하게 관리할 수 있는가에 달렸다.

이러한 관점에서 보면 디자인이라고 불리는 설계는 또 다른 중요한 경쟁력이다. 어떤 목적의 건물을, 어떤 모양으로 설계하고, 임대료는 어떻게 설정할 것인가 하는 설계상의 내용 결정이 경쟁력을 높이는 해결책이 될 수 있느냐를 기준으로 판단되어야 하기 때문이다. 크게 ① 비싼 땅에 비싸게 짓기 ② 비싼 땅에 싸게 짓기 ③ 싼 땅에 비싸게 짓기 ④ 싼 땅에 싸게 짓기 ⑤ 이들의 중간 중 어느 한 가지 방식으로 개념을 잡아나가기 시작한다.

땅값이 비싼 지역은 아무래도 상권이 좋은 곳이다. 따라서 안정적인 사업성을 확보할 수 있는 확률이 높다. 그러나 땅값이 너무 높으면 상가주택의 원가가 높아지기 때문에 임대료도 높아진다. 높은 임대료를 세입자가 감당하지 못하게 되면 공실이 날 우려가 있다. 반대로 땅값이 싼 곳은 상가주택을 취득하는 원가는 낮아지지만 주변의 상권이 좋지 않은 경우가 많다. 이러면 임대료가 문제가 아니라 좋지 않은 상권 때문에 세입자를 구하지 못해서 공실이 날 확률이 높다.

주식 투자에 있어서도 우량주만 거래하여 수익률은 낮지만 확실한 수익을 고집하는 사람이 있는가 하면, 비우량주를 잘 선택하여 몇 배의 수익을 올리는 방식을 선호하는 사람도 있다. 주식이든 부동산이든 일반적으로 수익이 크면 그만큼 리스크도 높고, 안전하고 수익이 작으면 리스크도 낮다는 것을 염두에 두어야 한다. 반대 개념으로 리스크가 높으면 수익도 크고, 리스크가 낮으면 수익도 작다. 결국 수익은 늘리되 리스크를 줄일 수 있는 방법을 찾을 수 있느냐가 관건이다.

상가주택에서 수익은 늘리고 리스크를 줄일 수 있는 방법은 기획력이고, 설계 능력이다. 기획을 어떻게 하면 그 곳에 사람이 모이게 할 것인가를 고민하고, 또 설계를 어떻게 하면 그 땅이 가지고 있는 장단점을 활용할 수 있는가를 연구해야 한다. 물론 기획과 설계가 만능은 아니지만 누가 기획하고 설계하느냐에 따라 차이가 있을 수도 있다. 기획력과 설계 능력에 자신이 있다면, 남들이 눈길을 주지 않는 곳을 경쟁하지 않고 취득하여 사업을 성공시킬 확률은 한층 높아진다.

경험상, 신도시에서 땅이 정해지면 사업성이 60%는 결정된 것이나 마찬가지이고, 설계에서 좌우할 수 있는 사업성은 30%, 시공에서 결정할 수 있는 사업성은 10% 정도로 본다. 땅이 40점짜리여도 설계와 시공에서 만점을 받으면 80점이 가능하다. 그러나 60점짜리 좋은 땅이어도 설계와 시공이 시원치 않으면 70점도 안될 수 있다. 설계와 시공에서 만점을 받기보다 만점짜리 땅을 구입하기가 훨씬 더 어렵다. 앞에서 신도시 상가주택의 경쟁률 자료를 통해 좋은 땅으로 몰리는 수요를 확인했다. 그렇다면 어려운 쪽에 매달릴 것이 아니라, 쉬운 쪽을 보강하는 전략이 낫다는 결론이다.

결국 어떤 땅에 어떻게 지을 것인가 하는 것은, 얼마나 준비했느냐와 어떻게 할 것인가에 대한 건축주의 판단에 달려 있다. 오랫동안 준비했다면 비교적 자유롭고 자신 있게 출발선에 설 수 있다. 좋지 않은 땅이라 하더라도 설계와 시공이 좋다면 성공할 확률이 높다. 그러나 좋은 땅을 가지고 있어도 기획과 설계, 그리고 시공이 좋지 않다면 오히려 성공할 확률은 낮다. 단순히 사업성이라는 단 하나의 이유만으로 상가주택을 선택하는 것은 아니기 때문에 기획력과 설계는 더욱 중요하다. 사업성에 영향을 미치는 것은 유지관리나 세무 등 여러 가지가 더 있지만, 초기에 완성해야 하는 하드웨어적인 측면에서만 보자면 그렇다.

시공 사례 2 광교신도시 이의동 상가주택

대지위치 경기도 수원시 영통구 이의동 | **지역지구** 일반주거지역, 지구단위계획구역 | **대지면적** 262.30㎡ | **건물 규모** 지상 4층 | **건축면적** 154.83㎡(건폐율 59.03%) | **용적률 산정면적** 447.37㎡(용적률 179.33%) | **연면적** 470.37㎡ | **주차대수** 6대 | **외장재** 라임스톤 | **지붕재** 0.7T 티타늄 아연판

사업 성패의 첫째 요소인 부지선정, 빅데이터를 활용하자

터를 결정하는 요인들

터를 결정하게 하는 요건들은 아주 많다. 배산임수라는 전통적인 기준 뿐 아니라, 남향이라는 환경적인 요건, 높낮이라는 지형적 요인도 있다. 자연환경으로 이루어진 전통적인 개념에 비해 현대적인 개념에서는 주로 기반시설이 고려 대상이다. 접근을 위한 도로와 철도 등 교통시설이 필수 조건이지만 백화점이나 대형마트, 문화시설, 학교와 병원 등과 같은 편의시설도 검토해야 할 대상이다. 신도시형 상가주택이나 구도심형 상가주택을 위한 임대 수요로서 배후도시의 규모가 적절하거나, 전원형 상가주택을 위한 빼어난 자연환경이 있다면 더할 나위 없이 좋은 조건 이라 하겠다.

조선후기 유학자인 이중환은 『택리지擇里志』에서 '살기 좋은 땅'에 대하여 이렇게 말한다. "무릇 살 터를 잡는 데는 첫째, 지리地理가 좋아야 하고, 다음은 그 땅에서 나는 이익인 생리生利가 좋아야 하며, 다음으로 인심人心이 좋아야 하고, 또 다음은 아름다운 산과 물山水이 있어야 한다. 이 네 가지에서 하나라도 모자라면 살기 좋은 땅이 아니다"라고 하였다. 이중환은 덧붙여서 "그런데 지리는 비록 좋아도 생리가 모자라면 오래 살 수가 없고, 생리는 좋더라도 지리가 나쁘면 이 또한 오래 살 곳이 못 된다. 지리와 생리가 함께 좋으나 인심이 나쁘면 반드시 후회할 일이 있 게 되고, 가까운 곳에 소풍할 만한 산수가 없으면 정서를 화창하게 하지 못한다"고 덧붙였다.

택리지에 구체적이고 현실적으로 이야기하는 살기 좋은 땅, 즉 '낙토樂土'가 정의되어 있다면, 유사한 개념으로 서구에는 '파라다이스 Paradise', '유토피아Utopia'라는 용어가 있다. 그러나 서구의 개념들은 실제 존재하지 않는 이상향理想鄕인 반면 이중환이 정의한 살기 좋은 땅은 그 개념이 현실적으로 명확하게 설명되어 있다는데 큰 차이가 있다. 비록 세월이 지난 옛날의 '살기 좋은 땅'에 대한 정의이지만 현대의 우리도 새겨들을 가치가 있다고 본다.

상가주택의 일반적인 부지선정 기준

상가주택의 부지 선정을 위하여 일반적으로 좋은 곳이라고 하는 몇 가지를 정리해 본다. 그러나 이러한 곳은 참고만 할 뿐 너무 맹신할 필요는 없다. 또한 땅 중에 정말 나쁜 곳도 없다는 점도 명심하자. 그 땅의 특성을 알고, 잘 활용한다면 그곳이 좋은 땅이 된다. 아무리 좋은 땅이라 하더라도 제대로 활용을 하지 못하면 나쁜 곳이 되는 것 또한 당연한 이치다.

한편으로는 발상의 전환이 필요한 시기이기도 하다. 요즈음은 맛이 있거나 특색이 있고 남다른 스토리가 있는 가게라면 어디든 찾아가는 시내나. SNS의 활성화로 커피를 마시기 위해서 강릉까지 가고, 맛집을 찾아 전라도 땅끝마을까지 간다. 부지 구입비를 줄이되, 내용과 스토리로 승부할 수 있다면 위치는 중요치 않다. 그러나 모든 상가에 해당되는 것은 아니다. 일반적인 상가주택 부지를 어디에, 어떻게 선정하는 것이 좋은지 살펴본다.

첫째로, 인구의 이동이 많은 곳이 선정대상이다. 인구의 이동이 많다는 것은 그만큼 주거나 상가 영업에 기회가 많다는 의미도 된다. 이런 곳으로는 중심상업지역이나 관공서, 대형마트 등의 길목에 있는 땅, 규모가 상가주택보다 커서 상대적으로 유동인구가 많은 근린상업지역 또는 중심상업지역과 도로를 사이에 두고 마주보는 땅들이 선호하는 곳이다. 블록 내 통과도로가 있는 땅, 보행자 전용도로에 면한 땅, 4차로 이

상가주택 부지 판단 기준

좋은 입지	나쁜 입지
- 모이는 성향의 유동인구가 많은 곳	- 상권이 필요 이상으로 확대될 수 있는 지형으로 된 곳
- 주차장이나 역세권 주변이어서 접근하기 편리한 곳	- 넓은 도로나 철길, 고가도로가 상권을 양분하는 곳
- 대형사무실보다는 5층 이하의 사무실과 주택이 많은 곳	- 유동인구가 그냥 지나치는 곳
- 편의시설 등이 있는 곳	- 업종이나 주인이 자주 바뀌는 곳
- 출근길보다는 퇴근길 방향에 있는 곳	- 주변에 간판이 낡거나 변색된 상가가 있는 곳
- 버스정류장이나 지하철역이 있는 곳	- 주변 도로가 지저분한 곳
- 코너에 있는 땅	- 보도 폭이 좁은 곳
- 주변에 노점상이 많은 곳	- 빈 상가가 많은 곳
- 중소형아파트나 임대아파트 단지 입구	- 언덕 위에 있거나 상가의 연속성이 끊긴 곳
- 낮은 지대의 중심지	- 막다른 도로의 끝에 있는 곳
- 권리금이 붙어 있는 곳	
- 경관이 좋거나 주변에 하천, 공원이 있는 곳	
- 상권이 더 이상 넓어질 공간이 없는 곳	

내의 적절한 도로 폭에 접한 땅 등도 좋은 조건을 가지고 있는 부지이다. 무엇보다 세대 수가 많은 아파트 출입구 근처에 위치한다면 아주 좋은 땅이라고 볼 수 있다.

그러나 상가주택의 입지로, 유동인구만 많은 곳보다는 유동인구와 상주인구가 혼재된 곳이 좋다는 의견도 있다. 오피스 거리는 주 5일을 영업하지만 상주인구가 뒷받침되는 상가주택은 주중에는 근무자들이, 주말에는 거주자들이 소비자가 되어 주 7일을 모두 영업할 수가 있기 때문이다. 이런 면에서 상가주택의 부지로는 다가구주택이나 다세대주택들이 밀집된 주거지역 상권 초입에 위치하는 것도 좋다.

둘째로 땅의 위치가 좋은 곳이다. 사람들의 접근이 편안하거나 건물을 지을 때 상대적으로 제약을 덜 받는 경우들이다. 관통도로에 면해 있어서 유동인구가 많은 땅, 전면상가를 만들기가 수월하고 상가의 노출이 잘되는 사거리 코너의 땅이나 모서리 땅이 대표적으로 위치가 좋은 곳이다. 북쪽에 도로가 있어서 일조권사선제한을 받지 않는 땅, 쾌적한 주거지를 만들기에 적절한 남향 땅, 공용주차장 등이 옆에 있어서 주차가 편리한 땅 등도 좋은 조건을 가지고 있다고 볼 수 있다.

셋째로 크기와 형상이 좋은 땅이다. 제멋대로 된 형상의 땅보다는 네모진 땅, 전면 상가를 여러 개 만들기가 수월한 접도길이가 긴 땅, 75평 이상의 적절한 평수의 땅, 전면도로와 후면도로에 고저차가 있어 두 곳에 모두 전면상가를 만들 수 있는 땅, 다른 땅들보다 임대하기가 유리한 형태로 설계하기가 쉬워 사업성이 좋은 땅들이다.

이러한 조건들 중 두 번째와 세 번째 조건은 설계를 어떻게 하느냐에 따라 극복할 수 있다고 본다. 오히려 독특한 형상이나 프로그램으로 경쟁력을 높일 수 있는 방법을 찾을 수 있으므로 제시된 조건에 너무 집착하지 않아도 된다.

블록 안에서의 위치는 사업 성패와 밀접한 관계가 있다

일반적으로 좋은 위치에 대해 정리하여 보았다. 여기서 더 중요한 것은 그 지역의 상권이 형성되는 위치이다. 상권이 형성되는 곳의 평범한 땅이 상권에서 벗어난 지역의 코너 땅보다 사업성이 훨씬 좋기 때문이다.

조선시대 풍수학 교과서의 하나인 『지리신법地理新法』에 보면 '백척지형천척지세百尺之形千尺之勢'라는 구절이 나온다. 약 30m 거리의 지형조건을 '형形'이라 하고, 약 300m 정도의 거리를 '세勢'라고 한다는 뜻이다. 우리가 어느 지역의 생김새를 말할 때 흔히 사용하는 '형세'라는 용어다. 그렇다면 상가주택 부지들로 이루어진 블록의 형세는 상가주택의 사업성과 어떤 상관관계가 있을까?

전통적인 사고에서는 물을 기氣, 즉 에너지가 흐르는 통로로 보았다.

신도시 상권 사례

위 그림의 신도시의 경우 대형마트 주출입구가 있고 배후 아파트 출입도로 사거리인 'A'구역이 일반상업
용지(빨간색)로서 상권이 가장 좋을 것이라고 예상했으나 막상 상권이 가장 활발하게 형성된 곳은 'B'구역
이었다. 상가주택도 상업용지와 아파트 출입구가 가까운 'a'구역이 상권이 가장 좋을 것으로 예상했으나
막상 조성 후에는 'b'구역이 가장 활발하다. 'B'와 'b' 구역의 공통점은 A구역과 a구역에서, 즉 지도의 우측
에서 좌측으로 지형이 흘러내려오다가 평평하게 머무는, 낮은 곳이라는 점이다.

물이 낮은 곳으로 흐르는 속성에 따라 낮은 곳에는 에너지가 모인다. 물
의 흐름과 돈의 흐름을 동일시하던 가치관은 에너지가 모이는 곳을 돈
이 모이는 곳으로 판단하였다. 도시의 도로도 에너지의 흐름이라는 점
에서 물과 유사하다고 판단하였으며, 이러한 가치관에 따라 지대가 낮
은 곳에 상권이 더 잘 형성된다는 판단 기준을 가져왔다.

따라서 도로의 경사도와 방향에 따라 기의 흐름이 좋으냐, 나쁘냐 등
판단이 복잡해진다. 물론 이러한 기준은 개인에 따라 믿음의 차이가 있
을 수 있다. 그러나 실제 사례와 꼼꼼하게 연관시켜 생각하면 어느 정도
일치하는 사실을 알 수 있다. 신촌과 홍대 앞, 강남 등에서도 낮은 곳이
더 상권이 발달한 상황을 보면 알 수 있다. 이렇게 같은 블록 안에서도
상권이 잘 형성되는 곳은 따로 있고, 그 상권이 형성되는 곳을 찾아서 자
리를 잡아야 수익성과 공실률에 대한 걱정을 덜 수 있다는 말이다.

빅데이터를 활용하는 상권분석

과거에는 상가에 투자할 때 많은 시간과 노력을 들여 상권을 분석했다. 현장에서 직접 유동인구의 수를 세어보고, 계층 및 세대를 분류하고, 일일이 모든 통행로를 걸어보며 동선을 확인했다. 이 방법은 지금도 유효하고, 중요하다. 현장에서 느끼는 분위기나 예감을 무시하기가 어려우며, 결정적인 판단은 현장에서 하는 것이 맞다고 본다.

하지만 현장에 가서도 잘 보이지 않는 부분들을 지원받을 수 있는 방법이 있다. 요즈음에는 빅데이터들을 활용한 다양한 상권분석 관련 프로그램이 개발되어 좀 더 빠르면서도 수치적으로 정확하게 상권에 대한 정보를 온라인에서 얻을 수 있다. 좀 더 세밀하고 체계적인 상권분석이 가능해진 것이다. 이러한 빅데이터 수치들은 곧 수익률로 직결될 수 있다.

① **상권과 관련된 정보** : 구역 내에 있는 입지 정보를 통해 부동산, 주택, 거주 유형 정보
② **잠재 고객 정보** : 유동인구, 상주인구, 버스 승하차 인구, 지하철 승하차 인구
③ **매출액 예상 정보** : 경쟁업체나 업종별 매출액 정보

상권정보시스템 홈페이지 메인화면

① **유동인구 정보** : 일 평균 유동인구수, 시간대별 유동인구수, 날씨별 유동인구수, 유동인구의 특징
② **주거 인구, 주택 및 사업체 정보** : 주거 인구의 수, 연령 및 성별 인구 수 및 인구 밀도, 평균 연령, 교육 정도 및 혼인 상태별 인구 수, 주택의 유형별 가구 수, 주택의 점유 형태, 업종별 사업체 수 및 종업원 수
③ **주요 시설 정보** : 공공시설, 학교, 병원, 대형유통시설, 극장 및 금융기관의 수와 위치 정보
④ **교통량, 교통시설 및 교통시설별 이용객 수에 대한 정보**
⑤ **유동인구 서비스 검색** : 행정동별로 상세 정보 제공

현장에 다녀온 후 자료로 검색해볼 수도 있고, 현장에 가기 전에 어느 정도 상권을 검증하고 실제 분석할 물건을 골라낼 수도 있다. 그만큼 시간과 노력을 줄이면서도 정확한 분석을 할 수 있게 되었다.

몇 가지 방법이 있지만, 사람들이 가장 많이 사용하는 중소기업청에서 개발한 상권정보시스템http://sg.sbiz.or.kr을 활용해 볼 만하다. 이 시스템에서는 인구, 직업, 학교, 교통, 업종별 상권 분석 정보를 주로 소상공인들이 사용하기 쉽도록 제공하고 있다.

법규 검토를 문의하자

땅을 사기 전에는 관련 법규를 검토해 보아야 한다. 신도시형 상가주택의 경우 건물을 짓지 못하는 상황이 없겠지만, 전원형 상가주택의 경우에는 집도 짓지 못하는 최악의 변수가 생길 수도 있다. 검토해 보아야 하는 법규는 건축 관련 법규들과, 법규에서 위임한 내용을 정해놓은 각 지방자치단체의 조례가 있다. 신도시의 경우에는 지구단위계획지침에서 상세히 정해 놓고 있다.

최소한으로 확인해야 할 서류도 있다. 땅을 계약할 때는 공인중개사들이 확인을 해 주겠지만 그래도 지적도, 토지대장(임야대장), 국토이용계획확인원, 등기부등본 등은 본인이 직접 보고 소유자, 대지면적, 지역지구 등을 확인해야 한다.

법규 검토는 규모에 관한 내용으로 면적, 층수 정도 알 수 있으면 된다. 개략적인 규모와 건축 가능 여부는 설계사무소에 문의를 하거나 관할 관청 건축과에 가서 확인하면 된다. 설계사무소에 가서 소위 '가설계'를 해 달라고까지 하는 경우가 있는데, 건축주를 위해서나 설계자를 위해서나 별로 좋은 방법이 아니다. 가설계에 대해서는 뒤에서 다시 다룬다.

설계와 건축에 대한 용어와 내용에 대해서까지 이해를 하고 있다면 준비가 많이 된 건축주이다. 그러나 준비가 많이 되어 있다고 하더라도 특정 내용에 대하여 구체적으로, 또 일방적으로 건축사에게 요구하는 것은 바람직하지 않다. 전체 설계의 조화를 깰 수도 있기 때문이다. 설계는 건축주의 의견과 건축사의 아이디어를, 서로 끊임없는 대화와 토론을 통해 구체화시켜 나가는 과정이다. 이 책에서는 기본적으로 알아야 할 용어와 내용들에 대해 뒷부분에 정리를 해두었다.

설계·시공 절차와 발주방식,
사업 기간과 복병들 체크하기

설계와 시공절차

설계 및 시공의 전반적인 흐름을 한 눈에 볼 수 있도록 건축 전체 과정과 각 단계별 주요 내용을 정리하면 다음과 같다.

설계 절차와 관련 업무

사업계획 세우기

1) 사업성 검토 : 부지평가 및 시장조사, 사업규모 산정, 사업비 산정, 세무 검토
2) 부지구입 : 부지계약, 취득세 납부, 등기 이전
3) 향후 사용계획 결정 : 임대, 거주, 매매, 증여 등
4) 우선순위 결정 : 사업성과 향후 사용계획에 따른 우선순위 결정
5) 규모 검토 및 예산 수립
임대주택사업자 등록은 거주지 시·군 · 구청 주택과에 반드시 취득일(보통 잔금 납부일)
이전에 등록을 하여야 취·등록세 감면 혜택이 있음 (취득 후 등록할 경우 감면 안 됨)

설계 계약

1) 설계자 찾기
2) 업무 범위 결정 : 설계의 범위와 내용, 감리업무의 내용
3) 설계비 결정 : 금액, 지급 시기, 설계 작업 내용

계획 설계

1) 건축주 및 사용자 요구사항 정리
2) Master Plan 계획을 통하여 부지 전체에 대한 활용 계획 수립
3) 건물 배치 계획 빛 평면 계획
4) 주요 자재 계획
5) 부지 측량, 기초조사, 부지 시설물 조사

기본 설계

1) 평면 협의 및 디자인
2) 입면·단면 디자인
3) 내·외장재 협의
4) 스터디 모형을 제작하여 형태 확인

중간설계 및 건축허가

중간 설계
1) 평면 형태 결정
2) 입면·단면 결정
3) 내·외장재 결정
4) 구조·전기·설비 시스템 결정
5) 모형이나 투시도를 제작하여 형상과 비례 등 검토

건축 인허가
1) 각종 심의 확인 및 도서 작성 : 형질변경(개발행위허가), 문화재 심의, 미관 심의, 인허가
담당부서 내규에 의한 건축 심의
2) 허가도면 작성 : 건축, 토목, 구조, 기계, 전기, 소방, 통신 등
3) 허가 서류 작성
- 소유권 확인
- 토지사용 승낙서, 건축 동의서(지상권 설정이나 압류가 있을 경우)
- 건축주 인증 혹은 위임장 작성

실시 설계

1) 건축·구조 실시 설계
2) 토목·조경 실시 설계
3) 전기·기계·통신·소방 실시 설계

설계도서 납품

1) 건축 상세도면 작성 : 실시설계(코어, 화장실, 부분상세, 외벽상세 등)
2) 공사비 견적서 작성 : 수량산출서, 내역서(계약 시 업무 내용에 포함되어 있을 경우)
3) 견적 금액 협의 및 조정

시공 절차와 관련 업무

견적

1) 견적 준비
2) 견적서를 받을 복수의 건설회사 선정
3) 건설회사 견적 받기

시공자 선정 및 공사계약

1) 견적 비교 검토
2) 시공자 선정
3) 공사 계약서 작성 : 검토해야 할 계약 내용과 공사비 지급 시기 협의

착공신고

1) 사전 준비
- 기존 건물 철거·멸실 신고
- 폐기물처리 업체 선정, 특정 공사 사전신고,
  비산먼지발생 신고
- 경계명시측량

2) 착공신고
- 건축주, 설계자, 시공자 관련 서류 준비
- 산재보험, 고용보험 가입

시공

1) 공정표 작성 : 전체 공정표, 주간 공정표
2) 공정회의
- 건축주, 설계자(감리자), 시공자 : 최소
  주1회 이상 실시
- 현장 회의가 어렵거나 관련자가 많을 경우
  공사 진행 사진을 인터넷에서 밴드,
  카톡 등으로 공유

3) 문제의 해결
- 자재 사양에 대한 의견 조율 및 결정
- 도면과 다른 상황이 발생할 경우
  감리자와 협의하여 문제 해결
- 민원 발생 및 대응

사용승인(준공)

1) 사용승인 준비하기
- 각종 시공 완료 증서(필증) 준비
- 시공 현장을 실측하여 도서 준비하기
- 하자이행증권 발급
2) 사용승인신청

3) 현장 확인 : 인허가 담당자,
   현장 확인업무 대행자의 현장 점검 및 확인
4) 사용승인서 교부
5) 건축물관리대장 등재
6) 취득세 납부 및 등기 신청

유지 관리

1) LCC와 유지관리의 중요성
2) 유지관리 체크리스트 작성

상가주택 사업 일정과 각 해당 업무

사업일정	세부과정	관련전문가	계약관계	용역결과물	자금지출
사업 기획	토지매입	공인중개사	토지매입 계약서	토지등기부등본	토지매입비 토지취득세 중개수수료
	사업계획	공인중개사 건축사 세무사	사업컨설팅 계약서	사업계획서	컨설팅비용
건축 설계	계획설계	건축사	건축설계 계약서	계획설계도서	건축설계비
	중간설계	건축사		중간설계도서 건축허가서	
	실시설계	건축사		실시설계도서	
건축 시공	시공사선정	시공회사	건축시공 계약서	공사견적서	
	건축공사 건축감리	시공회사 건축사	건축감리 계약서	세부공사견적서 공정표	직접공사비 간접공사비 측량비
사용 승인	준공 전 체크	건축사			
	사용승인	건축사 법무사		사용승인서 건축물대장 건물등기부등본	건물취득세 재산세 법무사 비용

사업기간의 복병들

사업을 진행하다 보면, 사업기간에 영향을 주는 예상치 못했던 복병들이 있다. 인·허가 등 대관업무 과정, 주변 이웃의 민원, 그리고 건축주의 의사결정 번복, 자금의 조달, 현장의 안전사고 등이 대표적인 예들이다. 이런 것들을 감안하여 사업 기간은 좀 여유 있게 잡는 것이 좋다.

인·허가는 각종 심의와 허가 과정을 말한다. 가끔 해당 관청에서 법규에도 없는 내용을 요구하여 재심의를 받는다든가, 계획안을 변경해야 하는 상황이 생기는데 이럴 경우 기간이 예정보다 1~2개월 늘어날 수 있다. 지금은 이런 폐습을 고치기 위하여 관공서와 심의위원, 그리고 설계자들이 노력하고 있다.

공사기간에 영향을 주는 또 다른 사항으로 민원을 들 수 있다. 비슷한 시기에 건물을 올리는 신도시는 좀 덜하지만, 구도심에 지을 경우 특히 문제다. 물론 신도시에서도 옆집이 먼저 건축물을 지은 경우에는 공사 중 생기는 소음이나 진동, 먼지의 불편으로 인하여 민원을 제기한다. 이런 민원을 해결하기 위해서 공사 시작 시간을 1시간 늦추고 마감을 1시간 당기는 등 조치를 하거나, 토요일이나 일요일에는 공사를 하지 못하는 경우도 생긴다. 결국 전체 공정은 늘어날 수 밖에 없다. 더구나 공사를 빌미로 돈을 요구하는 악성 민원인을 만나면 여러 가지로 곤혹스러운 상황이 생기기도 한다.

이러한 민원은 처음부터 보상을 하려고 하면 공사비가 커지고 해결이 잘 안 되는 경우가 많다. 공사로 인하여 발생하는 민원이 대부분이므로 시공자가 협의를 하는 것이 바람직하다. 시공계약서에도 민원에 대해서는 시공자가 처리하도록 명시를 하는 것이 좋다. 시공자는 이러한 민원에 대한 경험이 많고 처리 방법도 다양하게 가지고 있다. 건축주는 이웃이 될 사람이기 때문에 괜히 나섰다가 해결이 안 되면 난감해지는 상황이 생길 수 있다.

또 다른 공사기간 연장 요인으로는 건축주의 의사결정 시간을 들 수 있다. 공사를 하다보면 자꾸 욕심이 생긴다. 주변에서 말하는 서로 다른 의견들을 듣다보면 제대로 된 결정을 못하거나 결정을 번복하게 된다. 이럴 경우 공사기간이 연장되고 비용이 추가로 발생하게 된다. 그래서 처음에 방향을 잘 세워야 하고, 설계자나 감리자처럼 정해진 사람들하고만 상의를 하는 것이 좋다.

이밖에도 금방 팔릴 것 같았던 아파트가 팔리지 않아서 공사 대금 지급이 늦어진다든지, 현장에서 작업자가 다친다든지 하는 예기치 못한 문제들이 있을 수 있다. 마음 한 구석에는 이러한 일들이 발생하면 어떻게 대처할 것인가 대비를 해두어야 한다. 계약 조건에 시공자가 원인인 문제는 시공자가, 건축주가 원인을 제공하게 되면 건축주가 해결하기로 작성을 하는 것도 방법이다.

길수록 좋은 설계 기간

설계 기간은 좀 여유 있게 잡는 것이 좋다. 계획설계 단계에서 원하는 요소들을 여러 가지로 검토해 보는 게 바람직하다. 공사를 하면서 변경사항이 생겨 재시공을 하게 되면 비용이 많이 발생하지만, 설계 단계에서는 상대적으로 비용에 대한 부담이 저다. 이 기간에 김도를 많이 할수록 공사를 하면서 발생할 수 있는 여러 가지 문제점을 줄일 수 있다.

좋은 설계가 좋은 건축물을 만든다는 공식은 어린아이도 아는 이야기다. 그러나 우리나라의 건축주 대부분은 설계에 대한 비용지불에 매우 인색하다. 안타까운 일이다. 설계비를 제대로 지급하고 기본설계 단계에서 여러 설계안을 충분히 검토하고 가장 바람직한 설계안을 확정하면 된다. 설계도 실시설계가 완료된 후에 변경하게 되면 수정해야 하는 도면이 많아 비용이 발생한다.

시간에 쫓기고, 인허가 기간에 쫓기면 좋은 설계가 나올 수가 없다. 봄에 지을 건축물이면 전 해 초가을부터, 가을에 착공할 경우라면 초봄부터는 시작해야 한다. 상가주택의 경우 인허가 기간을 제외하고 3개월 정도 잡으면 그래도 점검할 내용은 웬만큼 검토할 수 있다. 설계 시작부터 공사 착공할 때까지 관공서 인허가 기간을 제외하고 짧게는 4개월, 길게는 6개월 정도 예상하면 된다.

공사를 빨리하는 회사가 능력 있다?

일부 시공회사에서는 빠른 공사를 무슨 대단한 능력이라도 되는 것처럼 광고한다. 실제로 그럴까? 공사를 하다보면 설계 단계에서 고민을 했던 것 이외의 문제가 튀어나오곤 한다. 이런 문제들을 상의하여 해결하고, 건축주의 의견을 반영해가며 공사를 하자면 공사는 자연히 더뎌지게 마련이다.

시공회사에서는 공사를 빨리하면 현장소장의 급여, 숙소 비용, 본사 관리비 등 간접비가 줄기 때문에 유리하다. 간접비가 줄어드니 그만큼 이윤이 늘어나서, 행복한 현장이 될 것이다. 가장 빠른 공사방법은 현장소장이 모든 것을 알아서 결정하며 일사천리로 진행하는 현장이다. 여기에 건축주의 의견은 끼어들 틈이 없다. 빨리 공사하는 현장은 건축주가 아니라 시공자를 위한 현장이다. 따라서 이것은 건축주에게 자랑할 일도 아니고, 시공자의 뛰어난 능력이라고 할 수는 더더욱 없다. 그러나 일부 시공자는 이것을 자랑으로 삼는다. 이런 현상이 생기는 데에는 빨리 지어달라고 재촉하는 건축주의 입장이나 성향도 한 몫을 한다.

설계도 그렇고, 시공도 가급적 천천히 하는 것이 좋다. 그러려면 무엇보다도 건축주가 미리미리 준비해야 한다. 사전에 준비가 철저해도 이런저런 절차를 거치고, 중간에 튀어 나오는 복병들을 해결하다 보면 사업기간이 빠듯해진다. 하물며 준비를 미리미리 하지 못한 건축주는 서두를 수밖에 없다. 시공에는 절대시간이 필요하니, 정말 고민해야 할 설계 단계에서 시간을 줄이려고 한다. 건축주가 사업 시간을 허비하고 나서 급해지니까 설계자에게 빨리 해 줄 것을 요구한다. 결국 제대로 된 아이디어가 나올 틈이 없다. 여하튼 상가주택을 짓는 데는 당초 예상보다 훨씬 더 많은 시간이 소요된다는 점을 명심하자.

설계와 시공의 발주 방식

설계와 시공을 계약하는 방식에는 따로따로 분리하여 발주하고 계약하는 분리발주방식과 일괄로 계약하는 턴키방식, 그리고 그 중간 방식이 있다. 각각의 방식은 장단점이 있으므로 나에게 잘 맞는 방식을 선택하여 계약을 하는 것이 좋다.

설계와 시공을 분리하여 계약하는 방식은 가장 원칙적이다. 설계를 먼저 진행한 후, 설계가 마무리되면 그 도면으로 시공회사를 선정하는 방법이다. 이 때 시공비에 대해서는 설계가 마무리된 후 견적 전문회사로부터 견적을 받아보는 것이 좋다. 비용이 발생하더라도, 어느 정도의 공사비가 소요될지를 미리 확인해야 건축주의 예산에 맞춘 설계인지, 과다 설계인지를 파악할 수 있다. 이는 매우 중요한 절차로 추후 시공회사를 선정하는 데도 유리하게 작용할 수 있다.

이런 방식의 계약은 '설계자와 시공자 모두 본연의 역할을 충실히 할 수 있는 환경'이라는 전제 조건이 붙는 경우 효과적이다. 설계자와 시공자가 정해진 이윤 이외의 욕심을 버리고, 설계자는 설계와 감리를, 시공자는 도면에 충실한 시공을 하는 상황이 형성될 경우 적합하다. 건축주가 설계와 시공에 대한 공정과 예산을 어느 정도 컨트롤 할 수 있을 경우 좋은 결과물을 만들어 낼 수 있다.

그러나 단점도 있다. 설계자와 시공자가 일정과 예산, 그리고 공사 과정에서 문제가 발생했을 경우 서로 상대방의 잘못이라고 떠넘기다 보면 결국 시간과 비용 면에서 건축주는 손해를 많이 볼 수 있다. 또한 이 방식은 설계변경을 하게 될 경우 절차가 복잡하다. 설계사무소와 시공회사가 추가 설계비나 변경 공사비에 대해 건축주와 합의가 안 될 경우 서로 업무협조 또한 잘 되지 않아 시간이 많이 걸리기도 하는 문제점이 있다.

설계와 시공을 한꺼번에 계약하는 방식을 턴키방식이라고 한다. 설계사무소, 혹은 시공회사에 모든 과정을 일임하여 건축물을 완성하도록 계약하는 방식이다. 이 방식은 하자관리의 책임이 명확하고, 정해진 예산 안에서 사업을 끝낼 수 있는 장점이 있다. 설계자 혹은 시공자가 자신이 알고 있는 전문 지식으로 설계자는 시공자를, 시공자는 설계자를 컨트롤함으로써 일관성 있는 건축물을 만들어 낼 수가 있다. 한 사람이 일을 진행하기 때문에 설계 변경 등 건축주의 의사 반영이 신속하게 이루어질 수 있는 이점도 있다. 사업기간이 촉박할 경우 효과적이다.

그러나 이 경우에는 계약자가 설계와 시공 두 가지를 한꺼번에 처리하기 때문에 감시자의 역할을 할 수 있는 제3자의 기능이 상실되어 부실시공이 될 우려가 있다. 건축주를 위한 설계와 시공이 아니라 계약자의 수익을 위한 설계와 시공이 될 수 있다.

이러한 문제점에 대한 보완책으로 설계자나 감리자에게 설계비나 감리비 이외의 현장 관리비를 지급하면서 시공자 선택과 관리 등을 위임하는 방식도 채택되곤 한다. 설계자는 공기와 품질, 예산에 관여하고 시공자를 관리하지만, 시공비는 건축주가 시공자에게 직접 지불하는 방식이다. 이 방식도 설계자나 감리자가 시공자에게 기술력과 공사비용 책정 등에서 휘둘리지 않을 정도로 경험이 있어야 한다는 전제가 필요하다.

어떤 방식이든 건축주와 설계자, 혹은 시공자 간의 신뢰 구축이 가장 중요하다. 신뢰가 구축되지 않는다면 어떤 방식도 바람직하지 않은 결과를 가져올 수 있다. 설계비와 시공비는 싸게 주고 그것보다 더 좋은 결과물을 요구하거나, 시공 품질은 제대로 만들어내지도 못하면서 공사비만 높게 요구한다면 신뢰는 구축될 수 없다.

시공 사례 3 ─ 흥덕신도시 상가주택 여안재

대지위치 경기도 용인시 기흥구 영덕동 | **지역지구** 일반주거지역, 지구단위계획구역 | **대지
면적** 240.60㎡ | **건물 규모** 지상 3층 | **건축면적** 142.80㎡(건폐율 59.35%) | **용적률 산정
면적** 358.54㎡(용적률 149.02%) | **연면적** 358.54㎡ | **주차대수** 4대 | **외장재** 붉은벽돌 치
장쌓기, 스터코 | **지붕재** 아스팔트싱글

각종 심의, 건축허가와 사용승인 절차

건축허가 이전 단계

건축허가는 건축과 관련된 제반 법규의 제약을 충족시킴으로써 내 땅에 대한 권리를 회복하는 행위라고 할 수 있다. 이러한 업무는 관공서에서 처리한다고 하여 '대관업무'라고도 한다. 토지의 지목과 부여된 지역지구, 짓고자 하는 건축물의 규모와 용도에 따라 절차가 복잡하기도 하고, 거쳐야 할 종류가 많은 경우도 있다.

건축허가는 허가 신청을 위한 사전 단계와 허가 단계로 나누어 볼 수 있다. 건축허가를 위한 사전 단계로는 형질변경이라고 불리는 개발행위허가, 문화재심의라고 불리는 문화재형상변경허가, 미관심의·색채심의 등으로 불리는 건축계획심의 등이 있다. 토지의 성격에 따라, 그리고 위치에 따라 이러한 절차를 모두 거쳐야 될 경우도 있고, 이 중 하나만 거치든지 아니면 거치지 않고 바로 건축허가 접수를 할 수도 있다.

토지의 종류는 통상 '국토법'이라고 불리는 '국토의 계획 및 이용에 관한 법률'에서 우리나라의 모든 땅에 대해서 용도와 지역에 대해서 규정을 해 놓았는데 '토지이용계획확인원'이라는 서류를 발급받아 보면 그 땅에 대한 내용을 자세히 알 수 있다. 이중 상가주택과 연관이 많은 개발행위허가와 건축심의에 대하여 알아보자.

첫째, 개발행위허가는 내가 건축을 하고자 하는 땅의 지목이 대지가 아니라 임야나 전·답일 경우 대상이 된다. 대지라 하더라도 평균 높이를 50㎝ 이상 높이거나 낮출 때 대상이 된다. 임야일 경우에는 산림법에 의한 산림훼손허가, 전·답일 경우에는 농지법에 의한 농지전용허가를 받

소재지	경기도 수원시 영통구　　　　일반		
지목	대	면적	262.3 m²
개별공시지가 (m²당)	1,797,000원 (2018/01)		
지역지구등 지정여부	「국토의 계획 및 이용에 관한 법률」에 따른 지역 · 지구등	도시지역, 제1종일반주거지역, 지구단위계획구역, 소로1류(접합)	
	다른 법령 등에 따른 지역 · 지구등	가축사육제한구역<가축분뇨의 관리 및 이용에 관한 법률>, 택지개발예정지구<택지개발촉진법>	
	「토지이용규제 기본법 시행령」 제9조제4항 각 호에 해당되는 사항		

확인도면　　　　　　　　　　　　　　　　범례

□ 도시지역
□ 제1종일반주거지역
□ 지구단위계획구역
□ 택지개발예정지구
□ 중로2류
□ 소로1류
□ 법정동

축적 1 / 500

유의사항

1. 토지이용계획확인서는 「토지이용규제 기본법」 제5조 각 호에 따른 지역 · 지구등의 지정 내용과 그 지역 · 지구등에서의 행위제한 내용, 그리고 같은 법 시행령 제9조제4항에서 정하는 사항을 확인해 드리는 것으로서 지역 · 지구 · 구역 등의 명칭을 쓰는 모든 것을 확인해 드리는 것은 아닙니다.

2. 「토지이용규제 기본법」 제8조제2항 단서에 따라 지형도면을 작성 · 고시하지 않는 경우로서 「철도안전법」 제45조에 따른 철도보호지구, 「학교보건법」 제5조에 따른 학교환경위생 정화구역 등과 같이 별도의 지정 절차 없이 법령 또는 자치법규에 따라 지역 · 지구등의 범위가 직접 지정되는 경우에는 그 지역 · 지구등의 지정 여부를 확인해 드리지 못할 수 있습니다.

3. 「토지이용규제 기본법」 제8조제3항 단서에 따라 지역 · 지구등이 지정 시 지형도면의 고시가 곤란한 경우로서 「토지이용규제 기본법 시행령」 제7조제4항 각 호에 해당되는 경우에는 그 지형도면의 고시 전에 해당 지역 · 지구등의 지정 여부를 확인해 드리지 못합니다.

4. "확인도면"은 해당 필지에 지정된 지역 · 지구등의 지정 여부를 확인하기 위한 참고 도면으로서 법적 효력이 없고, 측량이나 그 밖의 목적으로 사용할 수 없습니다.

5. 지역 · 지구등에서의 행위제한 내용은 신청인의 편의를 도모하기 위하여 관계 법령 및 자치법규에 규정된 내용을 그대로 제공해 드리는 것으로서 신청인이 신청한 경우에만 제공되며, 신청 토지에 대하여 제공된 행위제한 내용 외의 모든 개발행위가 법적으로 보장되는 것은 아닙니다.

※지역 · 지구등에서의 행위제한 내용은 신청인이 확인을 신청한 경우에만 기재되며, 「국토의 계획 및 이용에 관한 법률」에 따른 지구단위계획구역에 해당하는 경우에는 담당 과를 방문하여 토지이용과 관련한 계획을 별도로 확인하셔야 합니다.

토지이용계획확인원

아야 하는데 이를 모두 개발행위허가라 한다. 산림훼손허가나 농지전용 허가는 일반적으로 이런 일을 전문적으로 처리하는 토목설계사무소에 서 건축설계와는 별도로 절차를 진행하고 비용도 별도로 청구한다. 이 경우 산림과 농지가 다른 용도로 전용되어 그 절대 면적이 줄어들기 때 문에 정부에서는 산지전용부담금, 농지전용부담금 등 개발부담금이라 는 세금을 부과하여 산림과 농지의 정책 등에 관한 비용으로 사용한다. 개발행위허가를 마치고 건축물에 대한 건축허가 및 사용승인(준공)을 마치면 이 절차를 밟은 땅은 임야나 전·답에서 비로소 대지로 지목이 바뀌게 된다. 이렇게 땅의 지목이 바뀌기 때문에 개발행위허가를 '형질변경'이라고 부르기도 한다.

둘째, 일반적으로 문화재심의라고 불리는 문화재형상변경허가는 문화재보호법에 의해서 시행된다. 심의 대상은 조례에 따라 다를 수 있지만 문화재보호구역 외곽경계로부터 500m 이내(특별시의 경우에는 100m 이내, 광역시 도시계획구역의 경우에는 200m 이내) 지역의 대지에서 건축행위를 하고자 할 경우에 해당된다.

셋째, 미관심의·색채심의 등으로 불리는 건축계획심의가 있다. 건축계획심의는 건축법규에 의해 각 지자체에 위원회를 구성하여 시행하도록 되어 있다. '토지이용계획확인원'의 '지역·지구'란에 미관지구라고 지정되어 있는 경우에는 미관심의를, 신도시 등의 지구단위계획 지침에서 심의를 받도록 지정된 경우에는 색채심의나 건축계획심의를 받아야 된다. 아무런 법적 지정이나 근거가 없는 경우에도 각 지자체에서 건축의 수준을 높인다는 명목으로 건축허가 전에 간단한 심의절차를 거치게 하기도 하는데 이럴 경우 시간이 많이 소요되므로 유의해야 한다. 요즈음은 규제철폐 차원에서 많이 간소화되는 추세인데, 이러한 모든 심의를 건축계획심의라고 보면 된다.

이러한 심의의 의도는 건축 디자인과 설계의 품질을 높이기 위해서 시행하는 경우가 대부분이다. 그러나 건축 디자인과 설계의 평균 수준을 높여줄 수는 있는지 몰라도, 심의위원의 수준에 따라 건축사와 건축주가 원하는 독특한 창작성을 저해하는 경우도 많다. 일부 지자체에서는 설계 단계에서부터 민원이 발생할 만한 건축물간 이격거리, 높이, 형태를 법규에 관계없이 규제하는 경우도 있다. 심의를 주변 이웃의 민원 발생 소지를 없애는 도구로 사용하기도 하여 오히려 민원의 대상이 되기도 한다.

건축허가와 그 이후의 절차

개발행위허가, 문화재 심의, 각종 심의 등 건축허가 신청을 위한 사전단계가 마무리 되면 건축허가 단계에 들어간다. 건축허가를 접수하기 위해서는 도면과 서류가 필요하다.

우선 건축허가에 적합한 도면을 준비해야 하는데, 허가에 필요한 도면은 기본설계가 완성된 정도의 도면들이다. 건축 평면도와 입면도, 단면도가 기본으로 필요하다. 부지를 알기 위하여 대지의 면적과 높낮이가 표시된 도면이 필요하고, 건축물의 면적에 대한 도면도 첨부된다. 조경, 하수, 주차, 건축물의 재료가 결정되어 첨부되어야 한다. 에너지와 관련해서 창호도를 첨부해야 하며, 건축 이외의 도면으로 기계설비, 전기설비, 소방, 통신 분야의 도면이 첨부된다.

건축허가에 필요한 서류는 종류가 많지만, 대부분 건축허가를 대행하는 건축사사무소에서 준비를 한다. 건축주가 준비해야 할 서류들은 주로 소유권에 관한 서류들이다. 토지 소유주와 건축주를 서로 다르게 하고 싶을 경우에는 공동주택같이 특별한 경우를 제외하고는 소유주가 건축주로 하고 싶은 사람에게 '토지사용승락서'를 작성해서 처리할 수 있다. 허가를 받고자 하는 토지에 지상권이 설정되어 있거나 압류가 되어 있을 경우에는 채권자의 건축동의서를 받아서 첨부해야 건축허가를 받을 수 있다.

이렇게 도면과 서류가 준비되면 '세움터www.eais.go.kr'라는 인터넷 사이트에 허가를 접수하게 되는데, 건축주와 설계자가 공인인증서 인증 절차를 완료하면 건축허가 접수가 완료된다.

건축허가 접수가 완료되면 해당 시·군·구청에서는 적법 여부를 판단하게 된다. 상가주택과 같이 소형 건축물의 경우 담당부서는 건축과인 경우가 대부분이다. 건축과에서는 신청서류가 건축법에 적법한지 여부를 판단하고, 다른 부서가 담당하는 내용은 관련이 있는 부서와 협의를 하게 된다. 주차장, 조경, 하수, 도로, 장애인 관련 규정 등 구청 내부 부서와 협의하는 사안들도 있지만 소방서, 군부대, 교육청, 한전, 수도사

인허가 도서와 건축허가서
설계 진행 시 디자인을 검토하기 위하여 만들었던 모형, 허가접수 이전의 심의 도면, 그리고 허가 도면과
허가 시 제출해야 하는 각종 서류들이다.

업소 등 외부 관공서와 협의하는 경우도 많다.

이렇게 협의를 마치고 법적으로 문제가 없을 경우 허가를 내주는데 일주일이 정해진 기간이지만 대부분 협의와 수정을 반복하다보면 일주일 이상 걸리는 경우가 대부분이다. 협의와 검토를 모두 마치고 건축법 및 관련법에 적합하다고 판단될 경우 해당 시·군·구청에서는 건축허가서를 교부하게 된다.

이러한 과정에서 유의할 점은 대관업무는 처리기간이 정해져 있기는 하지만, 정해진 시간에 바로바로 처리되지 않는 경우가 많다는 것이다. 잘못된 내용이 있으면 수정도 해야 하고, 미진한 부분은 보완하라는 지적을 받기도 한다. 건축에 있어서 도시와 농촌이 다르고, 지역 간 문화도 다르다. 생활수준 또한 다른 모든 국토를 하나의 건축법을 가지고 동일하게 적용하기가 어려운 면이 있다. 따라서 건축법은 지역의 특성에 따라 법규를 적용하는 방식과 정도가 미세하게 차이가 나는 부분도 있기 때문에 항상 여유를 가지고 처리하는 것이 필요하다.

목적지로 정확히
안내하는 건축사 찾기

05

땅을 구했는가? 그렇다면 이제는 설계를 해 줄 건축사를 찾을 단계
다. 내가 원하는 것은 물론, 그 이상을 구현해 줄 수 있는 건축사를
만난다는 것은 상가주택 사업에서 아주 중요한 조건이다. 상가주
택 성패의 핵심 키워드를 건축사에게서 찾을 수 있다고 해도 과언
이 아니다. 그러기 위해서는 건축주가 자신이 원하는 건축사를 선
택할 수 있는 안목을 키워야 한다. 시간을 투입하고 노력을 기울여
서 자신과 맞을 것 같은 건축사를 찾아보고, 부담을 갖지 말고 직접
만나보자. 사무실 분위기도 직접 보고, 상가주택에 대한 이야기를
나누다 보면 분명 나와 잘 맞는다고 판단되는 건축사가 있을 것이
다. 회사가 크다고 좋은 것도 아니고, 지명도가 높다고 일을 잘하는
것도 아니다. 얼마나 많은 경험을 가지고 나의 이야기를 설계에 반
영해주기 위하여 노력해 줄 수 있느냐가 관건이다. 땅을 사 놓고 건
축사를 찾는 것보다 더 좋은 방법은, 땅을 사기 전에 건축사를 결정
하여 땅에 대한 분석부터 같이 해 보는 것이다.

설계기간과 설계비는
건축물의 품격과 직결된다

설계는 누구를 위한 것인가?

설계는 누구를 위한 것일까? 누구를 위한 설계가 좋은 설계인가? 물리적으로는 건축주가 건축물의 소유자이니 당연히 건축주를 위하여, 건축주의 요구사항에 초점을 맞추어 설계를 해야 한다고 말할 수 있다. 우리처럼 건축물을 부동산으로, 재산으로 보는 문화에서는 더욱 그렇다. 그러나 이것은 건축에 사회성과 공익성 등의 공공복리 기능이 있다는 것을 간과한 이야기다.

건축법 제1조에 보면 '이 법은 건축물의 대지·구조·설비 및 용도 등을 정하여 건축물의 안전·기능·환경 및 미관을 향상시킴으로써 공공복리의 증진에 이바지하는 것을 목적으로 한다'고 건축법의 목적이 명시되어 있다. 즉 건축법의 목적은 '공공복리의 증진에 이바지'하는 것이다. 여기에는 어디에도 건축주에 관한 내용이 없을 뿐 아니라, 오히려 공공복리를 위하여 건축주의 사유재산권을 제한하는 법률이 건축법이다.

그렇다 하더라도 설계의 가장 중요한 당사자는 건축주임을 부정할 수 있는 사람은 아무도 없다. 직접 거주를 하는 경우에는 두말할 나위도 없고, 임대를 준다거나 주거 이외의 용도로 사용할 경우에도 그렇다. 다만 어떤 것이 건축주를 위한 설계냐 하는 것이 중요하다. 여기에는 여러 가지 이견이 있을 수 있다.

설계는 과연 누구를 위한 것일까? 건축사가 설계를 하니 건축사를 위한 것일까? 건축사가 설계를 시작할 때, 부담이 적은 용도에 경제적으로 여유도 있어서, 좀 멋있게 짓고 싶어 하는 건축주를 만나면 '작품 한 번 해봐야겠다'고 마음 먹는 경우가 있다. 그 순간 그것은 좋은 설계가 아니라 건축사의 욕심이 반영되어 사진으로만 잘 나오는, '보기에만 작품'인 건축물이 될 확률이 매우 높다. 이 경우에는 건축주를 위한 제대로 된 설계라고 보기가 어렵다.

그럼 시공자를 위한 것인가? 시공자는 도면을 보고 건축물을 짓는다. 도면은 건축물을 만들기 위한, 설계자와 시공자가 서로 소통하는 언어다. 그런데 시공자를 중심에 두고 설계를 하게 되면 경제적인 설계, 시공자와 말이 잘 통하는 공사하기 편한 설계가 될 확률이 높다. 좋은 건축물을 위한 설계가 아니라, 짓기 편한 설계로 된 건축물은 그 가치가 상대적으로 하락할 수밖에 없다. 건축물의 가치 하락은 결국 건축주의 손해를 의미한다.

그럼 누구를 위한 설계가 좋은 설계란 말인가? 바로 사용자를 위한 설계가 좋은 설계다. 설계는 건축물을 사용하는 이들을 중심에 놓고 해야 한다. 사용자란, 주택 등에 사는 건축주 자신이 될 수도 있고, 주택 세입자나 사용료를 지불하고 그 안에서 사업을 하는 임차인일 수도 있다. 또한 그 건축물에 들락거리며 사용하는 불특정 다수의 고객, 지나가며 그 건축물을 눈여겨 바라보는 사람까지도 포함시킬 수 있다. 이들이 편리하고 쾌적하게 건물을 사용할 수 있도록, 건강하게 이용하고 자부심을 느낄 수 있는 디자인이 되도록 설계해야 한다. 경제성을 고려하며 상황에 따라 융통성 있게 사용할 수 있도록 하는 것이 중요하다.

사용자를 위한 설계를 할 경우 결과가 어떻게 나타날까? 주택이라면 임대가 잘 될 것이기 집주인에게 좋다. 상가라면 고객이 즐겁게 방문하니 세입자가 사업이 잘 되어 좋다. 세입자가 사업이 잘 되면 결국 임대료를 받는 건축주에게 득이 되는 일이다. 이렇게 건축주는 기본이고, 임차인뿐 아니라 사용자나 고객, 지나가는 사람들까지 고려한 설계 즉, 공공을 배려한 설계가 좋은 설계다. 건축법의 목적인 '공공복리의 증진에 이바지'하는 것이 건축주에게 손해 같지만 결국 이득이 된다. 건축주는 자신의 입장만 생각할 것이 아니라 사용자를 우선적으로 고려해야 자신에게도 유리하다는 점을 명심할 필요가 있다.

설계기간에 따라 건축물의 완성도는 달라진다

설계를 잘 해 달라고 하면서 '설계 기간은 짧을수록 좋다'거나 '급하니 빨리 해 달라'는 건축주들이 있다. 이것은 앞뒤가 안 맞는 이야기다.

일이든, 제품이든 시간과 공을 들여야 좋아지게 마련이다. 간단한 제품이 아니라, 건축물과 같이 복잡한 경우에는 더욱 더 그렇다. 전체는 물론이고 부분까지 한 번 더 생각하고, 한 번 더 그려볼수록 성과품은 좋아지게 마련이다. 한 번 더 해본다는 것은 그만큼 시간이 필요하다는 이야기다.

설계라는 것을 누가 하더라도 거기서 거기로, 비슷비슷하게 나오는 공산품으로 생각하는 경향이 있다. 그래서 설계비를 싸게 계약할 경우 비용을 줄였다고 기뻐하는 것이다. 동일한 기능의 설계를 싼 가격에 계약했다고 생각하기 때문이다. 자동차나 핸드폰같이 이미 선先제작된 제품이라면 싸게 사면 살수록 비용을 줄인 것이 맞다. 그러나 설계는 계약을 한 후에 이루어지는 후後작업이다. 당연히 계약 단가에 따라 작업의 수준이 결정된다. 싸게 계약한 만큼 비용이 줄어드는 게 아니라 품질이 떨어지는 것이다. 건축주들은 이러한 공식을 정확히 인식할 수 있어야 한다.

설계는 창작이고, 부분별로 각종 아이디어들의 산물이다. 누가 얼마만큼의 시간을 들여서 어떻게 설계하느냐에 따라 품질과 가치는 천차만별로 나타난다. 그 설계에 따라서 건축물의 수준이 결정된다. 그래서 세상의 모든 사람들이 가보고자 하는 시드니 오페라하우스가 나오기도 하고, 바로셀로나에 있는 가우디의 성파밀리아성당이 되기도 한다. 빌바오의 구겐하임미술관처럼 한 도시를 먹여 살리는 명물로 자리잡기도 하고, 2016년을 '화성 방문의 해'로 정할만큼 시민들이 자부심을 갖는 수원의 화성華城처럼 되기도 한다. 설계비만 가지고 시장경제에서 말하는 경제성을 논할 수 없는 이유가 여기에 있다. 설계는 디자인이고, 창작활동이어서 잘된 설계일수록 투입한 설계비 대비 그 부가가치가 한없이 커질 수 있기 때문이다.

한동안 빨리 허가를 내주는 건축사사무소가 능력 있는 곳이라고 이야기하는 사람들도 있었다. 그러나 빨리 허가를 내기 위해서는 도면이 간단해야 되고, 모형이나 투시도를 통한 결과물의 확인 절차는 엄두도 못 낸다. 그런 설계를 가지고 어떻게 이용자의 상황을 반영하겠는가? 이용자를 위한 설계를 하지 못하는 건축사사무소를 어떻게 능력이 있다고 이야기할 수 있는가? 제대로 된 건축물을 짓고자 하는 건축주에게는 무엇보다 설계의 중요성과 가치를 알아보는 안목이 중요하다.

설계기간과 설계비의 관계

간단한 산수문제를 하나 풀어보자. 설계비가 싼 설계사무소에서 제공하는 설계와 설계비가 비싼 설계사무소에서 제공하는 설계 중 어디가 시간당 가격이 더 비쌀까? 당연히 비싼 설계사무소에서 한 설계가 단가도 비쌀 것이라고 생각들 한다.

예를 들어 똑같이 100평짜리 건축물을 짓는다고 가정해 보자. 설계비 1,000만원에 설계한 사무소에서는 설계에 100시간을 투자한다. 그런데 2,000만원 받은 설계사무소에서 300시간을 설계에 투자했다면 어떻게 계산을 해야 할까? 100시간을 투입한 설계사무소는 시간당 설계비는 100,000원, 300시간을 투입한 설계사무소의 시간당 설계비는 66,667원이다. 시간당 설계비는 오히려 설계비가 싼 설계사무소가 1.5배 비싼 셈이다.

그러나 이게 다가 아니다. 100시간을 투자한 설계와 300시간을 투자한 설계가 구체화되어 건축물로 나타났을 때의 가치는, 작게는 설계비 1,000만원의 수십 배에서 크게는 수백 배의 차이가 날 수 있다. 그래서 설계가 중요하다고 외치고 다니는 것이다.

실제로 중요한 핵심은 설계비의 많고 적음의 문제가 아니라, 설계에 투입하는 시간이 관건이다. 건축주들은 설계에 투입하는 시간에 대한 보상을 충분히 해 주고, 그 결과물로 나타나는 건축물의 가격과 가치를

설계 시 작성한 이미지(위)와 실제 시공된 사진(아래)
설계시 이미지와 거의 유사하게 지어진 사례. 스케치업 등의 3D 프로그램이나 모형을 통하여 미리 건축
물의 이미지를 확인하여 보는 것은 실패를 최소화 할 수 있는 방법으로 매우 중요하다.

확보하고자 하는 생각을 할 수 있어야 한다.

얼마나 시간을 투입하는지를 어떻게 알 수 있는가? 잘 모르겠다면 본인의 경우와 유사한 종류와 규모의 건축물 도면을 보여 달라고 요구하여 도면의 품질과 분량을 확인하는 방법이 있다. 또한, 투시도와 모형 등을 만들어서 결과물을 미리 예측할 수 있는지 확인한다. 또 건축사가 현장에 얼마나 자주 나와서 공사를 지휘하는지를 살펴보는 것도 좋은 건축물을 얻을 수 있는 방법의 하나다.

예비 건축주 중에는 자신이 비전문가라서 어떤 건축물을 짓기 원하는지 잘 모르겠다거나, 건축에 대해서 전혀 아는 것이 없는 문외한이라고 소심해질 수 있다. 그러나 대다수의 건축주에게 건축물은 가치가 가장 큰 재산일 정도로 중요하다. 여유 있게 시간을 갖고, 즐겁게 건축에 대해서 공부하고, 좋은 건축사를 찾아서 조언을 받으면 된다. 사람은 몇 번 만나보면 서로에 대한 느낌이 오게 되어 있다. 건축사도 마찬가지다. 그런 후에 건축사가 결정되면, 처음부터 그를 믿고 설계를 진행하자. 후회 없는 좋은 건축물을 얻을 수 있을 것이다.

가설계는 필요한 것인가?

누구든 건축물을 짓고자 한다면 한 번쯤은 들어보았을 '가설계'라는 말이 있다. 사람들은 아주 당당히 건축사사무소에 와서 '가설계를 해 주세요'라고 요구한다. 그 요구의 정당함과 도덕적인 면은 차치하고, 건축주의 입장에서 보았을 때 가설계는 건축주에게 도움이 되는 것일까?

건축설계에서 '가설계'라는 용어는 없다. 건축설계는 일반적으로 기획업무, 계획설계, 기본설계, 중간설계, 실시설계로 나뉘며, 넓은 의미로 보면 공사감리까지를 설계의 연장선상으로 본다. 설계를 어느 정도 상세하게 진행해주느냐에 따라 예비 건축주들은 기획업무와 계획설계의 중간 어디쯤에 위치한 설계안을 가설계로 받아 볼 것이다.

가설계는 대개 무료로 진행된다. 가설계는 건축사사무소에서 일을 수주하기 위한 방편으로, 시간과 비용이 투자되지만 대가없이 진행해 주고 있는 게 현실이다. 대한건축사협회에서는 기획업무인 가설계도 계약을 하고 비용을 받으라고 권고하지만, 설계비 덤핑이 만연한 설계시장에서는 아직 잘 지켜지지 않고 있는 실정이다. 그러다 보니 여러 군데서 가설계를 받아보는 것이 당연하다고 인식하는 듯하다.

문제는 가설계 중 제대로 고민한 설계가 없다는 점이다. 건축사사무소에서는 설계 계약을 하기 위해서 가설계를 해 주지만, 계약을 할 수 있다는 보장이 없으므로 맛보기만 보여줄 뿐, 중요한 노하우나 핵심은 표현하지 않는다. 또한 시간도 최소한으로 투입하여 작업을 하므로 제대로 고민을 한 설계 계획안을 받아 보기란 쉽지 않다. 따라서 가설계를 보고 설계사무소의 수준을 제대로 판단할 수 없으며, 계약을 할 경우 원하는 결과물을 기대하기 어려울 수 있다.

또한 지명도 있는 건축사사무소에서는 가설계를 하지 않는다. 좋은 설계는 건축주와 설계자가 많은 시간을 투자하여 수차례 협의를 하면서, 각자의 의사 교환을 통해 서로의 생각과 가치에 대해 이해하는 과정이 반복되면서 이루어진다. 이런 과정에서 쌓인 노하우를 가설계를 하면서 표현하게 되면 아이디어만 빼앗긴다는 것을 알고 있기 때문에 설계를 제대로 하는 건축사사무소에서는 설계 계약을 하기 전에는 가설계를 하지 않는다.

이러한 가설계가 어떻게 건축주에게도 도움이 되겠는가? 가설계를 할 때, 우리 가족이 몇 명인지, 나이는 어떠한지, 학교는 어디에 다니는지, 앞으로 그 집에서 몇 년을 살 것인지, 장미를 좋아하는지 철쭉을 좋아하는지, 집 가꾸는 취미가 있는지 아니면 유지관리를 힘들어 하는지 등을 물어보고 설계하는 건축사사무소가 있었는지 알아볼 일이다. 대부분 그냥 주소를 불러주고 가설계를 진행한다. 우리 가족의 개성과 생활 패턴, 요구사항을 모르고 토지이용계획원 한 장 딸랑 가지고 한 설계가 무슨 도움이 되겠는가? 잘못 검토된 도면을 가지고 시작하게 되면 오히려 혼선만 가중시킬 뿐이다.

건축주들은 이런 가설계를 여러 개 받아서 그 중 장점만 뽑아서 설계하면 될 거라고 생각한다. 그러나 그렇지 않다. 내가 고양이를 원하면 고양이를 키워야 되고, 강아지를 원하면 강아지를 길러야 한다. 가설계에서 장점만 취하겠다고 작정한다면, 강아지의 꼬리와 고양이의 눈을 가지고 무언가를 조합하여 강아지도 아니고 고양이도 아닌 이상한 형태와 결과물이 될 확률이 높다. 각자 별개로 있으면 장점이지만 같이 공존하면 어울리지 않아 단점이 되는 경우가 많다. 그 장점들이 붙어 있으면 오히려 상반되어 서로를 해칠 수 있다. 우선순위와 개념이 정리되지 않은 채 많은 것을 집어넣으려고만 한다면 좋은 결과물이 나오기 어렵다. 그래서 옛 사람들은 과유불급이라고 했다.

나에게 맞추어 설계하는 건축사,
어떻게 찾을 것인가?

건축사란 누구인가?

일반인들은 소장, 설계사, 건축가, 건축사 등 설계자에 대한 다양한 호칭 때문에 혼란스러워한다. 가장 흔하게 접할 수 있는 이름으로는 '소장所長'이라는 호칭이 있다. 이는 '설계사무소의 장長'이란 의미로 사용되는데 건축사뿐 아니라, 규모가 좀 큰 사무소에서는 건축사 자격이 없더라도 관리직의 최상층에 있는 직원을 소장이라 부르는 경우가 많다. 건설현장의 현장소장, 아파트 관리소장 등 수많은 소장과도 겹치는 호칭이므로 정확한 이름이라고 볼 수는 없다.

간혹 '설계사'라고 부르기도 하는데 이는 보험설계사나 재무설계사 등 우리 주변에서 쉽게 접하는 설계사라는 용어가 입에 익어서 쉽게 부르는 이름으로 건축사사무소에서는 사용하지 않는 호칭이다.

그 다음으로 '건축가建築家'라는 호칭이 있다. 건축가란 건축사를 포함하여 건축설계에 관여하는 전문가들을 폭넓게 이르는 용어다. 국가기관에서 주는 자격 기준은 없다. 정확하게는 건축가협회에 가입한 사람들끼리 부르는 호칭이다. 우리나라에서는 건축사들도 스스로를 건축가라고 칭하기를 좋아한다. 아마도 화가나 음악가들처럼 창작, 혹은 예술을 하는 사람들 뒤에 붙는 '-가家'라는 호칭이 근사해 보이기 때문일 것이다. 그러나 건축사법에서는 건축사 자격이 없는 사람이 자신의 이름으로 건축사사무소를 열거나, 설계 업무를 하는 것을 금지하고 있다.

다음은 '건축사建築士'라는 호칭인데 설계자에 대한 가장 정확한 이름이다. 국가에서 시행하는 시험에 합격하여 자격을 갖춘 전문가들이다. 이들은 자기 자신의 이름으로 건축사사무소를 개업할 수 있는 법적 자격을 가지고 있다. 대한건축사협회에서는 '건축사 = 국가공인 건축가'라고 정의하기도 했다. 건축사를 보조하여 설계업무를 도와주는 사람들을 '건축사보建築士補'라고 한다. 건축사사무소에 근무하는 사람들은 건축사를 제외하고는 경력과 직급에 관계없이 모두 건축사보라고 보면 된다.

내가 원하는 건축사의 역할을 정하라

내가 원하는 건축사란 멋진 디자인을 해주는 사람일 수도 있고, 내 의견을 제대로 듣고 최대한 설계에 반영해 주는 사람일 수도 있다. 또한 건물의 용도나 목적에 맞는 아이디어를 제시하여 사업성을 높여주는 사람일 수도 있다. 물론 이 모두를 충족시키는 사람일 수도 있다.

그렇다면 나는 어느 경우를 원하는가? 이것이 우선 명확해야 좋은 건축사를 만날 준비가 되어 있다고 볼 수 있다. 당연한 이야기지만 여러 가지 요구 사항을 모두 충족시키려면 설계 기간을 충분히 주고, 설계비 또한 적절하게 지급되어야 한다.

이상한 이야기 같지만 많은 사람들이 건축사를 설계자로 선택하지 않는다. 주변에서 공사 좀 깨끗하게 한다 싶으면 '우리 집 좀 지어 주세요'라고 시공자에게 설계와 시공을 부탁하는 경우가 많다. 또 땅을 소개해 준 부동산회사에 부탁하는 경우도 있다. 거꾸로 시공자나 부동산회사에서 영업을 목적으로 설계자와 시공자를 소개해 주겠다고 하는 경우도 있다. 간혹 부동산회사에서 여러 팀의 설계자나 시공자를 보유하고 있는 것처럼 비추어질 때도 있다. 아직까지 우리 사회에서 건축사라는 존재가 잘 알려지지 않았거나, 능력이 출중한 건축사가 많지 않아서인지도 모르겠다. 그러나 분명한 것은, 설계를 시공자에게 부탁을 하면 시공자의 마인드로, 부동산회사에게 부탁하면 부동산회사의 마인드로 접근한다는 점이다. 내 집이 나와 우리 가족, 사용자의 가치관과 생활 패턴

스터디모형 사례-1
개략적인 형태를 확인하고 건축주와 협의하기 위하여 계획설계 단계에서 만들어 보는 모형이다.
스터디모형 사례-2
최종 형태와 재료를 확인하고 건축주와 협의하기 위하여 중간설계나 실시설계 단계에서 만들어 보는 모형
이다.

에 맞는 집으로 설계되는 것이 아니라 다른 목적이 우선시 되는, 주객이 전도되는 설계가 될 수도 있다.

이러한 경우 설계의 발주자는 누가 되겠는가? 당연히 원래의 건축주가 아니라 설계를 건축사사무소에 의뢰하는 시공자나 부동산회사가 발주자가 된다. 그러므로 설계자는 이 발주자의 요구와 시공성, 경제성에 맞추어 설계를 할 수 밖에 없다. 그렇게 설계 협의 몇 번만에 졸속으로 공사에 들어가고, 빨리 진행하면 할수록 능력 있는 사람으로 대접받는다. 아쉽고 답답한 일이다.

설계는 내 마음에 들 때까지 수정하고 발전시키면서 완성해야 후회가 적다. 도면을 볼 줄 모르더라도 건축사와 이야기를 하면서 설명을 들으면 된다. 수십 번을 고치고 모형과 투시도까지 그려서 외관을 확인해도 나중에 아쉬운 부분이 생긴다. 하물며 알아서 쉽게 지어 준 집이 어떻게 내 마음에 들겠는가? 그렇게 집을 지을 거라면 아파트처럼, 지어진 집을 사서 내 눈으로 확인하고 들어가는 것이 속도 덜 썩고 안전하다.

건축사를 어떻게 결정할 것인가?

내가 원하는 건축사의 역할과 스타일이 결정되었다면 그 다음은 그런 건축사를 찾아 나서는 일이다. 어떻게 찾을 것인가?

첫째, 아주 일반적인 방법부터 활용한다. 건축 관련 잡지나 정기 간행물, 작품집이나 건축 도서 등 오프라인을 통하여 내가 원하는 스타일이나 내용의 건축물을 찾는다. 대개는 그 건축물을 소개하는 곳에 어떤 식으로든 설계자의 정보가 담겨 있다. 이곳으로 연락하여 만나보는 것이다. 자세히 보면 간혹 특정회사를 홍보하기 위한 책도 있는데, 이런 책은 피하는 것이 좋다.

둘째, 네이버나 다음 등의 인터넷 포털사이트를 통하여 내가 원하는 것을 키워드로 검색하여 찾아 들어가면 자료들을 찾을 수 있다. 홈페이지나 카페, 블로그가 발견되면 그 곳에 올라온 자료를 가지고 작품 수준과 내용을 판단한다. 요즈음에는 건축사들도 작품집 등 인쇄물보다는 홈페이지나 카페, 블로그를 통하여 건축물의 사진뿐 아니라 소소한 건축시공일지와 기술자료 등까지 올려서 재미있는 읽을거리가 많이 있다. 이곳을 참고하여 설계자의 성향이나 수준을 가늠하면 된다. 건축사가 아닌 부동산회사나 시공회사에서 올린 글도 많으니 구분하여 배제하는 것이 좋다.

셋째, 신도시 등 주변에서 마음에 드는 건축물을 찾게 되면 건축주를 만나 실제 진행된 과정에 대해서 이야기를 들어 본다. 그러나 이 방법은 주의를 하며 이야기를 들어야 한다. 좋은 점을 이야기를 해 주는 경우에는 성과가 있을 것이나, 적극적으로 이야기를 해 주는 건축주가 많지 않을 뿐더러 건축주와 설계자 간의 다툼이 있었을 경우 어느 쪽의 잘못 때문이었는지를 가리기가 쉽지 않다. 설계자의 계획안이 건축주를 충족시키지 못했는지, 아니면 건축주가 설계비보다 과다한 양의 성과물을 요구했는지, 양쪽의 이야기를 모두 듣기 전에는 명확하지 않을 수 있으므로 이를 염두에 두고 알아보도록 한다.

넷째, 아는 사람에게서 건축사를 소개받는 고전적인 방법도 있다. 요즈음에는 이렇게 소개받은 건축사를 먼저 인터넷에서 검색해 보는 방법을 사용하기도 한다. 일단 만나서 얼굴 보며 소개를 받으면 부담스러워지므로 만나기 전에 작품 성향이나 수준을 인터넷에서 판단해 보는 것이다.

다섯째, 위 방법으로 알게 된 사무소 중 하나의 건축사사무소를 우선 선택한다. 건축사와 허심탄회하게 내가 짓고 싶은 집에 대해서 충분히 설명하고, 오랜 시간(최소 3개월 이상) 다듬어 나가 보자. 나중에 결과물이 마음에 들지 않을 것이 걱정된다면 조감도나 모형을 제작해 주길 요구하여 미리 결과물을 확인하여 보는 것도 좋은 방법이다.

여섯째, 다섯째 방법도 불안하면 단계별로 계약한다. 열심히 알아보고 계약한 건축사사무소가 도저히 내가 원하는 결과물은 만들어내지 못한다면 어떻게 해야 할까? 이런 걱정이 앞선다면 단계별로 계약을 하면 된다. 처음에 건축사에게 양해를 구하고 '계획설계'나 '기본설계', '실시

설계', '공사감리' 등으로 구분하여 계약을 하면 된다. 중간에 해약한다는 것은 디자이너로서의 자존심에 손상을 입는 것이기 때문에 더 열심히 설계를 해 줄 것이다.

도중에 서로 스타일이 맞지 않거나 작업 내용이 불만스러우면 중간에 일을 한 만큼 정산을 하면 그래도 서로 금전적인 손해와 시간적인 손실을 줄일 수 있다. 건축주는 마음에 들지 않는 설계자와 계속 일을 하지 않아도 될 것이고, 설계자도 적정한 설계비를 지급하지 않는 건축주와 끝까지 일을 같이 하지 않아도 된다는 장점이 있다.

단계별 구분 계약의 방법

1단계	2단계	3단계
계획 설계비 30% (건축물 기획업무, 기본 설계 업무)	중간 설계비 40% (실시설계 완료 및 건축 허가와 사용승인 등 대관업무)	실시 설계비 30% (시공용 상세 설계 및 모형 제작, 3D 투시도 제작)

일곱째, 내가 원하는 설계 수준에 적정하게 청구되는 설계비를 아까워하지 말아야 좋은 건축사를 찾을 수 있다. 대개의 건축주들은 자재를 비싼 자재로 바꾸는 데에는 별로 주저하지 않는 반면, 설계비는 정말 아까워한다. 이러한 현상은 설계의 가치를 이해하지 못해서일 수도 있고, 건축이 창작물로서의 지위를 인정받지 못하고 있는 사회 분위기 때문이기도 하다. 적정한 수준의 설계비조차 아까워한다면 좋은 건축사를 찾기도 어려울뿐더러, 좋은 건축물을 만들기는 더욱 어렵다.

설계계약서는
건축물의 레벨을 결정한다

좋은 계약서 작성하기

특정 목적의 달성을 위하여 계약 당사자가 서로에 대한 약속을 기록한 법적 문서를 계약서라 한다. 설계를 시작할 때 계약서를 작성하는 것은 매우 중요한 과정 중 하나다. 계약서를 쓰고 안 쓰고는 일반적인 생각보다 더 중요한 의미를 갖는다. 어떤 점에서 계약서는 건축주와 건축사의 권리와 의무를 보호 받을 수 있는, 얇지만 그래도 가장 믿을 수 있는 단 하나의 장치이다.

한 보험회사가 실시한 조사에 따르면, 건축사를 상대로 한 청구소송 가운데 55%는 건축주가 제기한 것으로 밝혀졌다. 이 통계자료의 의미는 건축주가 건축 설계 및 감리에 대한 불만이 상당하며, 건축사가 실제로 제공하기로 합의한 항목이 무엇인지 계약서에 명확하게 기록되지 않았다는 의미이다. 또한 건축주가 무엇을 기대하는지 건축사 역시 잘 모르고 있다는 반증이다.

문제는 건축주가 설계자에 대해 막연한 기대를 하거나, 건축사라면 거기서 거기지 하는 마음으로 설계를 시작하는 경우다. 설계 협의 단계를 제대로 거치지 않았으니 건축주의 의견이 제대로 받아들여지지 않고, 결국에는 불만이 쌓이고 손해를 입게 되어 법정에까지 가게 되는 것이다.

우리는 계약문화에 대해 익숙하지 않다. '내 말을 못 믿어?'에서부터 '속고만 살아왔냐?'는 식의 사고가 많이 존재한다. 계약서는 서로 어떤 일을 하고자 할 때, 더구나 비용이 오갈 때는 '당연히 작성해야 하는 확인서'이라는 인식이 필요하다. 계약서는 정교하게 작성할수록 좋다. 그래야 계약 후에 발생할 수도 있는 문제점이나 서로의 다툼을 사전에 걸러주는 역할을 한다.

설계에 관련한 계약서에는 아래와 같은 내용이 포함되어야 제대로 된 계약서라고 할 수 있다.

① 건축설계 및 감리의 내용과 그에 대한 보수를 규정
② 리스크 요소에 대한 대응 방법을 제시
③ 변경이 발생했을 때 대처 방법을 규정하는 항목 포함
④ 불행히도 분쟁이 발생하였을 경우를 대비하여 해결 방법 제시

계약서가 하는 역할

잘만 활용한다면 여러 가지 역할을 아주 훌륭하게 해 낼 수 있는 것이 계약서다.

첫째로, 계약서는 아주 훌륭한 커뮤니케이션 도구로 사용할 수 있다. 도면상으로 표현할 수 없는 수많은 내용들, 예컨대 '신의와 성실'에 대한 구체적인 내용이나, '하자보수', '잘 짓는다' 등의 추상적인 내용을 구체적으로 정할 수 있다. 목표와 과정을 명확히 해두면 서로가 만족하는 설계는 물론 감리의 토대가 마련된다. 반면 계약 당사자 사이의 생각을 일치시키지 못하고, 서로 분명하게 협의하지 못하거나 합의한 사항을 정리하여 표현하지 않고 넘어가면 언제 터질지 모르는 시한폭탄이 되기도 한다.

둘째로, 법적 책임과 비즈니스의 리스크에 대한 대비를 할 수 있다. 계약서 작성을 통하여 처음부터 서로 어떤 생각을 가지고 있는지 이해하고 시작하면 프로젝트를 효율적으로 추진할 수 있고, 프로젝트마다 독특한 요구사항과 그에 따른 프로세스가 있음을 이해할 수 있는 기회가 된다. 건축사는 건축주의 요구 사항과 재정상태 뿐 아니라, 그 프로젝

트에 대한 전반적인 목적과 비전을 이해하는 기회로 삼을 수 있어야 한다. 아울러 상호간의 권리와 보상, 책임과 리스크까지도 명확히 규정해야 한다. 평소에 이런 이야기를 하기가 어려운 분위기였다면, '계약서에 있는 양식'이라는 핑계로라도 물어보고, 확인해서 구체화시켜야 한다.

셋째로, 미래를 예상하고 준비하는 역할을 할 수 있다. 시간이 지나면 상황도 바뀔 수 있다. 계약서에는 쌍방이 변경될 수 있는 상황을 예상하고 그에 대한 대응 방법을 정해 놓아야 한다. 공사비 지급시기, 공사 완료시기, 품질, 민원 등 예상 가능한 변경과 예상 불가능한 변경에 대비한 안전장치를 계약서에 명기해 두어야 하고, 변경이 발생했을 때 어떻게 대처할지 정해놓는 것이 중요하다.

넷째로, 계약서는 분쟁 해결의 수단이 될 수 있어야 한다. 모든 계약서는 계약 당사자가 계약 조건에 따라 서로 신의를 갖고 계약 의무를 이행한다는 생각을 바탕으로 작성되지만, 오해나 의견 차이를 완전히 배제할 수는 없다. 모든 문제점을 미리 예상하여 완벽한 대비책을 마련할 수는 없지만, 분쟁 발생 시의 해결 방법과 좋은 관계를 계속 유지할 수 있는 조항이 명시되어 있어야 좋은 계약서다.

참고할 만한 표준계약서

계약서는 국토부에서 만든 표준계약서들이 있는데, 이 계약서를 사용하는 것이 무리가 없다. 대한건축사협회에서도 이 계약서를 표준계약서로 사용하고 있다. 다른 공공기관이나 단체에서는 자체적으로 만들어서 사용하는 계약서가 있는 경우도 있다.

건축설계 계약 시에는 '건축물의 설계표준계약서(국토해양부고시 제2009-1092호)'를 계약서로 참고하면 좋다. 감리업무일 경우에는 '건축물의 공사감리 표준계약서(국토해양부고시 제2009-1093호)'가 있으니 참고하자. 건축공사에 관한 계약서는 국토교통부에서 만든 '건축공사 표준계약서(국토교통부고시 제2016-193호)'를 참고하면 도움이 많이 될 것이다.

공공기관, 대형단체나 대기업은 지속적으로 건설프로젝트를 추진하여 오랜 경험을 바탕으로 매우 구체적인 자체 계약서를 가지고 있다. 과거의 경험을 통해 얻은 교훈과 프로젝트별 특성에 맞춘 자세하고 구체적인 계약서라는 특성이 있다.

상가주택은 설계, 감리, 시공 분야 모두 국토부에서 만든 각각의 표준계약서 정도라면 대부분의 내용이 포함된다. 추가하고 싶은 부분이 있다거나 각자의 상황에서 특수하게 필요한 내용은 계약서 조항 맨 뒤에 '특약사항' 항목을 만들어 첨부하면 될 일이다. 건축주는 물론이고 설계자나 감리자, 시공자 모두 각자의 의견을 최대한 정확히 표현해야 한다.

설계는 건축의
내비게이션

건축의 방향을 설정하는
계획설계

06

건축설계는 설계계약을 한 후 본격적으로 이루어지는데, 계획설계, 기본설계, 실시설계의 단계를 거친다. 무슨 일이든 시작할 때는 목적과 방향이 분명해야 일의 완성도를 높일 수 있듯이 설계도 마찬가지다. 목적과 방향이 분명해야 제대로 가고 있는지를 검토하기 쉽고, 중도에 방향이 틀어지는 것을 막기도 수월하다. 건축설계에 있어서는 계획설계가 그렇다.

계획설계는 그동안 머릿속에서만 맴돌던 상가주택에 대한 생각을 끄집어내서 모양이 눈에 보이도록 구체화시켜 나가는 첫 단계다. 그동안 수없이 강조했던 상가주택을 짓는 목적과 방향, 즉 '상가주택을 왜 지으려고 하는가?', '상가주택을 어떻게 지으려고 하는가?'가 빛을 발하는 시점이다. 그러기 위해서 땅에 대한 자료를 수집하고, 법규를 검토하며, 상가주택에 대한 생각을 정리해야 한다. 그래야 하나하나 도면에 옮기기가 쉽다. 계획설계는 말이나 글로 이루어진 추상적인 안들을 구체적인 형태로 만들어가는 첫 작업이다.

사업 방향의 최종 점검 및
법규와 땅 이해하기

설계 전, 마지막으로 검토할 사항들

이제는 본격적으로 상가주택의 설계단계다. 지금까지 상가주택이란 무엇인가, 상가주택의 방향 설정, 프로세스 등 기본적인 사항들을 알아보았다. 그럼에도 불구하고 설계에 들어가기 전에 마지막으로 점검해 볼 항목이 있다. 앞으로의 상가주택은 양보다는 질이 좌우할 것인데 여기에 대한 대책이 있는가를 점검하라는 말이다.

내 땅에 상가주택을 100만큼 지을 수 있다고 할 경우 100을 짓지 말고 95만큼만 짓기를 권한다. 나머지 5에는 스토리를 담아보자. 이 5에 스토리를 제대로 담으면 경쟁력을 확보할 수 있을 뿐만 아니라, 수익성까지 올라간다. 인문학이나 건축주의 철학이 담긴 내용이라면 내 집에 대한 만족도는 더욱 커질 것이다.

100평과 95평의 임대료는 다르지 않다. 그러나 95평+'5평의 α'일 경우에는 이야기가 달라진다. 이 '5평의 α'는 건축주가 상상하는 공란으로, 설계자가 채워나갈 수 있다. 5평의 공간만큼 굉장히 비싼 재료를 써서 디자인을 추구할 수도 있고, 평범한 재료를 사용하되 특이한 형상을 만들 수도 있다. 1층의 가장 중요한 자리를 비워 여러 사람을 위한 공공의 공간으로 제공할 수도 있고, 평면의 방식을 다르게 하여 층별로 사용하게 할 수도 있다. 비워둠으로써 오히려 돋보이는 경우도 있다.

이제는 우리나라도 생활수준이 높아졌다. 그만큼 문화적인 욕구도 늘어났다. 여기에 적응하기 위하여 대기업부터 몸부림친다. 코엑스몰은 로얄층에 대형도서관을 만들기도 하고, 심지어 롯데마트는 1층 실내에 공원을 만들기도 한다. 개인들도 한푼 두푼 모은 목돈으로 물건을 마련하기보다는, 모아진 돈으로 세계여행을 하는 시대다. 카페에 가서 밥값보다 더 비싼 차를 마시고, 사진을 찍어서 자신의 페이스북이나 인스타그램에 올린다. 좋게 말하면 문화적인 욕구가 높아진 것이고, 나쁘게 말하면 문화 소비적으로 변하고 있는 것이다.

　임대주택도 과거에는 면적만 확보하는 데 만족했다면, 지금은 시설과 편의, 안전을 따진다. 여기에 더하여 에너지와 경관을 생각하고, 남다른 독특함을 추구한다.

　이러한 흐름에 적응하는 방식으로 지금까지는 '디자인'을 잘 하는 것이 최선이라고 생각했다. 그러나 앞으로는 '디자인+스토리'가 되어야

코엑스몰 별마당 도서관 ↑
서울 강남구 삼성동 스타필드 코엑스몰. 대형 쇼핑몰 심장부에 있는 도서관이다. 쇼핑몰과 도서관은 잘 어울릴 것 같지 않은 이색 조합이지만 굉장한 시너지 효과를 내고 있다.

롯데마트 서울 양평점 ←
주력 매장이 있어야 할 1층에 '자연과 함께, 건강하게, 좋은 사람들과 함께'라는 주제로 조경을 설치하였다. 롯데마트에 대한 일반 소비자들이 가지고 있던 인지도에 긍정적인 변화를 가져와 브랜드 충성도에 기여하는 결과를 낳았다.

한다. 그러려면 상상력이 있어야 하는데, 그 바탕은 인문학에서 비롯된다. 인문학을 '문학, 역사, 철학'이라고 너무 거대하게 생각할 필요는 없다. 문학과 역사, 그리고 철학은 모두 우리의 삶을 잘 풀어낸 산물들이다. 우리의 삶이 인문학이다. 다만 어떻게 재미있게, 잘 풀 것인가가 관건이다.

앞으로는 디자인은 기본이고, 이 스토리가 있느냐 없느냐가 사업의 성패를 좌우하고 나아가 수익률을 판가름 할 것이다. 당신의 상가주택에는 이 '5평+α'가 있는가?

스토리가 있는 상가주택
주택과 공방, 펜션의 중앙에 설치된 이 마당은 이곳을 찾는 이들이 캠프파이어를 한다든가 둘러 앉아 차를 마시며 이야기를 하는 곳으로 사랑을 받고 있다.

건축주의 요구사항도 시대에 맞게

설계를 제약하는 조건에는 크게 세 가지가 있다. 건축주의 요구사항, 건축법규, 그리고 땅의 형상이다. 그 중 건축주의 요구사항은 제약이라기보다는 해당 상가주택의 목적, 혹은 목표라고 보는 것이 맞겠다. 그렇다면 법규와 땅의 형상이 제약사항이 된다. 제약 사항이 설계를 하는데 반드시 부정적인 영향만 끼치는 것은 아니다. 오히려 아무런 제약이 없는 백지에 설계를 한다고 생각해 보자. 어디서부터 어떻게 시작해야 할지, 정말 답답할 수도 있다.

설계의 내용은 건축주의 요구사항에 의해 채워진다. 건축주는 가족들과 상의하거나 주변의 사례를 참고하여 건축물에 들어가는 기능들을 정리하고, 구체적인 시설들을 결정한다. 이것을 설계 프로그램이라고 한다.

본격적으로 설계에 들어가기 전에 프로그램이 결정되면 더할 나위 없이 좋다. 그러나 많은 건축주들이 정리되지 않은 채 설계자와 협의 테이블에 앉는다. 이것까지도 큰 문제가 없다. 설계자와 상의하여 하나씩 정리해 나가면 되기 때문이다.

정말 어려운 것은 매번 요구사항이 바뀌는 상황이다. 제각각 온라인을 통해 다양한 정보를 찾는다. 오늘은 이것이 마음에 들고, 내일은 또 다른 사진이 마음에 든다. 남편은 단순하고 모던한 디자인이 좋은데 아내는 장식이 좀 있는 클래식한 분위기를 원한다. 요구사항은 건축주가 정리를 해야 한다. 정 안되면 상가주택을 짓게 된 동기부터 되돌아가서 곰곰이 생각해 보고 건축사의 도움을 받자. 조그만 건물 안에 모든 것을 다 넣을 수는 없다.

상가주택은 우리의 요구사항을 다 만족시키기에는 턱없이 면적이 작다. 신도시에서 분양하는 상가주택 부지는 대부분 약 250㎡(75평) 내외다. 그러다 보니 1평이라도 더 크게 짓는 것이 설계자의 능력처럼 인식된다. 그러나 선진국으로 진입하고 있는 우리 사회의 변화추세로 보면 이러한 생각은 방향이 잘못 되었다. 이제는 우리사회에서도 무조건 넓은 집보다는 살기 좋은 집을 선호하는 추세가 두드러지고 있다.

중요한 것은 사업성이다. 전용면적 60㎡의 투룸보다, 1평 큰 63㎡ 투룸이 무조건 다 비싼 것은 아니다. 프라이버시나 채광, 환기 등에서 평면의 구성이 얼마나 사용에 편리하게 되었느냐, 냉난방 등 유지관리비용이 얼마나 적게 드느냐를 따지는 시대이다.

광교상가주택 프로그램

개요	대지면적	251.2㎡ (75.9평)			
	예상 연면적	약 560.0㎡ (169.4평)			
	주인세대 사용인원	평소 4인 상주			
	행사시 최대인원	가족행사시 최대 15인			
	예상공사비	약 650,000,000원			
	설계기간	4개월(인허가 기간 별도)			
	공사기간	약 6.5개월(지하층 시공시 8개월)			
	입주예정일	2016년 5월 일			
	기타				

요구기능 (공통)	임대수익율 최대 확보		옆집들과 간섭이 안되도록 설계		
	아이들이 크면 매매할 계획(5년 후)		주차장, 옥상에 수전, 전기설치		
	엘리베이터 설치(최소형으로)		수납공간을 충분하게 설치		
	단열 효과가 좋은 장소 단열재 설치		자동문, 방범시설 설치		
	세입자가 편리하게 사용할 수 있는 구조로		청소 및 관리가 편리할 것		

층별용도	층별	용도	비고		
	지하층	근린생활시설	지하를 파야 하나?		
	1층	근린생활시설	최대면적 확보, 지하를 파면 지하와 내부에서 연결		
	2-3층	주택 4가구	각 세대별로 거실, 주방, 안방, 작은방, 화장실, 발코니, 수납공간 충분하게, 채광환기 충분하게		
	4층	주인세대	거실, 주방, 안방, 작은 방2개, 화장실2개, 다락과 옥상 등 시활용, 수납공간 충분하게		
	기타	옥상	절반은 텃밭으로, 절반은 감부욕용 안 옥상으로 처리		

주인세대 요구사항	구분	아빠	엄마	자녀-1	자녀-2
	거실	천장을 높게 픽쳐레일 설치 아트월 안 함	주방과 마주보게 햇빛이 많이들어 오게 간접조명 충분하게	마루설치	TV크게
	주방 식당	별도 식탁 설치 상부장 없이 상일 크게 상부장 대신 키큰장 설치 현관에서 안 보이는 곳에	거실에 아일랜드식탁 콘센트 충분하게 설치 다용도실 설치 여럿이 작업할 수 있을 크기		여닫는 천창
			컴퓨터책상 설치		
	안방	동쪽에 설치해 줄것	심대 안 놓을 것임 화장대 별도 설치		
	침실	책상, 심대가 들어가게	콘센트 충분하게	심대설치 인터넷 연결	심대설치 방 크게
	화장실	샤워부스 해줄 것	너무 차지 않게 설치 비데 설치		
	옥상 다락	옥상에 바비큐 시설 전기, 수도 연결 서재가 가능한 다락으로	다락이 덥지 않게 주의 빨래건조대 설치 빗물배수 철저에 시공	줄넘기 할수 있게 옥상원 밧으로 사용	강아지 키우기

건축주 요구사항을 기록한 사례

특별한 형식이 있는 것은 아니고, 건축주가 자기의 생각과 가족들의 요구사항을 최대한 정리하여 적어보는 것이 중요하다. 상가주택을 짓고자 했던 내 초심이 기록된 이 요구사항은 설계와 공사가 진행됨에 따라 나침반 역할을 하게 된다. 이것을 무시하고 중간 중간에 내용을 수시로 변경하게 될 경우 결과물은 대개 실패하게 될 확률이 높다.

규모보다도 오히려 이러한 요인들이 확보되었는지의 여부에 따라 이사 횟수와 공실 발생이 결정된다. 그에 따라 가격이 형성되며, 결국 사업성의 결과로 이어진다.

면적을 꽉 채우지 말자. 조금 작게 설계를 하더라도 건축물에 숨통을 터주자. 그로 인하여 사용자들의 쾌적한 환경이 확보되고, 유지관리 비용이 줄어든다면 오히려 사업성이 높아질 것이다. 그것이 건축주를 위하는 길이다.

중요한 법규와 대지의 이해

상가주택은 규모가 작은 편임에도 불구하고 주택과 상가, 임대주택과 주인세대주택 등 용도가 복잡하기 때문에 법규 적용이 까다로운 편이다. 기본적으로는 '건축법'을 근간으로 '국토의 계획 및 이용에 관한 법률'이나 그에 따르는 '시도 조례'의 법적 규정을 적용하여 설계를 하게된다. 장애인 관련 법률이나 주차장법, 소방법 등의 내용을 적용받는 경우도 있으며, 신도시의 지구단위계획지침 등 각종 '~지침'이나 건축구주기준과 같은 각종 '~기준'에 의한 내용을 적용하여 설계를 하게 된다.

일반 건축주의 경우에는 이런 부분까지 굳이 이해를 할 필요는 없다. 오히려 '건축법'과 '국토의 계획 및 이용에 관한 법률'에 등장하는 대지면적, 바닥면적, 건축면적, 연면적, 건폐율, 용적률, 주차대수, 간단한 행정절차 정도까지만 이해를 하면 사업성을 판단하는 데는 충분하다.

설계자는 법규의 내용을 정확하게 숙지하고 설계를 하게 된다. 이 과정에서 건축주의 요구사항과 대지의 조건, 법규의 내용이 상충되는 경우가 발생하게 된다. 얼마나 설계자가 시간을 투입하고, 고민을 하느냐에 따라 이런 부분을 해결한 결과물의 품질이 결정되는데, 이는 설계 비용과도 직결된다.

온라인 포털에 주소만 입력하면 땅의 주변 모양을 '로드뷰'나 '스카이뷰'로 볼 수 있다 보니 요즈음에는 부쩍 부지를 직접 보지 않고도 설계를 하는 설계자들이 늘어나는 것 같다. 법규를 제대로 적용하기 위해서는 정확한 현장 파악이 필수다. 바람, 빛, 대지의 높낮이와 경사, 주변 건물들의 상황 등을 확인하지 않고 설계를 한다는 자체가 있을 수 없는 일이다. 그럼에도 부지를 보지도 않고 설계를 하는 사례가 늘어나고 있는 것은 설계비 덤핑이 만들어낸 부작용이다.

내가 짓고자 하는 상가주택이 이 잘못된 관행의 희생양이 되지 않도록 하려면 설계비와 설계 시간에 대한 건축주의 안목이 필요하다. 설계가 잘 진행되기 위해서는 건축주는 주요 법규에 대한 이해가 필요하고, 건축사는 대지에 대한 충분한 확인이 필수조건이다.

땅에 대한 자료 수집

설계를 제약하는 것 중 하나가 땅의 형상이다. 여기에는 대지의 폭과 넓이, 기울기가 기본이다. 기울기로는 전후, 혹은 좌우의 높이 차, 전면도로의 폭이나 경사, 대지의 향, 대지 주변 땅과 산들의 크기와 높이 등이 포함된다.

그러나 정말로 중요한 것은 대지의 내부, 즉 땅속이다. 성토나 절토를 하였는지, 속에 암반이 있는 것은 아닌지, 지하수위의 높이는 어떻게 형성되고 있는지, 땅의 성질은 건조한지 아니면 무른지 등이다. 이러한 내용을 판단하기 위해서 '지반조사'를 실시한다. 건축주가 미리 해서 설계자에게 넘겨주든지, 아니면 설계자에게 비용을 주어서 대행하게 하는 것이 일반적이다. 이러한 땅의 속성에 따라 지하를 팔지, 기초를 어떤 기초로 해야 할지, 몇 층까지 올릴 수 있는지, 지하층 방수를 어떤 방식으로 해야 하는지 등의 설계 방향이 설정되므로 아주 중요한 자료다.

이런 부분을 간과하였을 경우에는 건물을 잘 지었다 하더라도 건물의 한쪽이 가라앉는 부동침하가 발생할 수 있고, 침하로 인한 균열 등 감당하기 어려운 일이 벌어진다. 건축물이 많이 기울면 최악의 경우에는 사용해 보지도 못하고 철거를 하는 경우도 있으며, 사용을 하더라도 구조보강 등을 위해서 천문학적인 비용이 지불되기도 한다. 무슨 일이든 기초가 중요한데 건축도 예외는 아니다. 비용 좀 아끼려고 하다가 돌이킬 수 없는 낭패를 볼 수 있다. 반드시 지질조사를 하고 그에 맞는 설계를 하도록 하자. 몇 번을 강조하여도 지나치지 않다.

또 하나 중요한 절차가 경계측량이다. 신도시는 그런 일이 거의 없지만 구도심에서는 실제 담장과 지적도 상의 경계가 다른 경우가 비일비재하다. 경계분쟁은 소송으로 가는 사례가 많은 것을 보더라도 해결방법이 매우 어렵다. 땅을 사거나 공사를 시작할 때 반드시 측량을 하여 경계를 확인하고, 문제가 생겼을 경우에는 건물을 짓기 전에 미리 해결하는 게 현명한 방법이다.

땅에 대한 자료는 최대한 확보하여 설계자에게 주자. 무슨 자료가 필요한지 잘 모르겠으면 설계자에게 물어보자. 그래야 설계가 제대로 진행될 수 있고, 건축주가 손해를 보는 일이 줄어든다. 도배가 마음에 안 들면 뜯고 새로 하면 되고, 주방가구가 마음에 안 들어도 교체하면 된다. 심지어 콘크리트 골조에 문제가 생겨도 요즈음은 구조보강 기술이 발달되어 해결할 수 있다. 그러나 땅에 대한 판단에 문제가 생기면, 그것은 돈으로도 해결하기 어려운 치명적인 실수가 된다.

계획설계에서 평면과 동선, 내·외부 공간의 틀이 결정된다

기본 중의 기본, 배치계획

계획설계에서 가장 중요한 것은 배치계획이다. 배치계획이란 주변 지형 등의 환경과 건축물과의 관계를 설정하는 일이라고 할 수 있다. 산과 하천 같은 고정된 주변 경관은 물론, 햇빛과 바람 같이 변화하는 자연환경도 고려해야 한다. 도로와 출입구의 관계를 설정하는 일, 이웃집 등 주변 인공 경관과의 관계를 어떻게 할까 고민하는 일도 모두 배치계획에 해당된다.

건물의 외부 형태나 내부 평면의 구성에 비해 이 배치계획을 소홀히 생각하는 경우가 많은데, 집을 짓는데 있어 가장 중요한 포인트는 오히려 배치계획이라 할 수 있다. 배치계획이 결정되면 그 집의 좋고 나쁨은 이미 판가름 난 상태라고 볼 정도로 선조들도 터잡기와 배치를 중요시했다. 상가주택에서도 부지에 대한 건물의 위치를 잡는 일은 중요한 내용이다. 건물의 배치계획이 잘못되면 내부 평면 계획이 아무리 잘되어도 반쪽짜리 기능밖에 못하는 경우가 많다.

상가와 주택의 출입 동선을 어떻게 잡을 것인가, 부지의 경사를 어떻게 활용할 것인가, 향과 조망을 어디로 잡을 것인가, 건물을 높일 것인가 아니면 낮게 해서 편안하게 할 것인가에 대한 고민 또한 이 단계에서 진행된다. 외부공간을 어떻게 활용할 것인가는 물론 향후 증축 계획 및 리모델링에 대한 예측과 대비 등도 여기에 포함된다.

개략적인 평면 형태와 규모 결정

계획설계에서는 위와 같은 배치도의 내용들을 정리하여 반영하면서, 각 층별 평면 구상을 동시에 같이 진행하게 된다. 평면은 기본설계에 가서 구체화할 것이므로 층별 용도의 결정, 개략적인 실들의 위치 선정과 면적 확인, 법규 규정과의 합치 여부 등을 확인하는 정도로 진행한다.

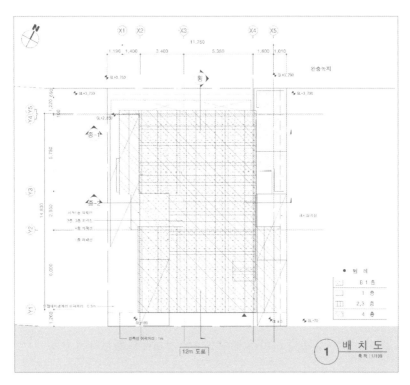

상가주택의 배치도
대지경계선, 도로경계선, 부지의 방위, 일조권사선제한, 대지안의 공지, 대지레벨, 주차구획, 출입구 위치, 조경, 각 층별 영역, 도로에서의 이격거리, 외부 배관의 경로 등이 표현된다. 단순해 보이는 도면 한 장이지만, 배치도는 평면도 등 기본설계 도면과 계속 비교 검토를 하면서 결정하게 된다.

따라서 계획설계에서의 평면 계획은 내부 주요 실의 구획 정도라고 보면 된다. 배치가 바뀌면 그에 따라 평면이 달라지기 때문에 이 단계에서의 평면은 상세하게 접근하기가 어렵다. 배치도와 평면도는 기본설계가 끝날 때까지 서로 피드백을 반복하면서 진행하는 것이 일반적이다.

배치도와 평면도에 대한 작업 진행과정은 거의 동시에 진행된다. 그림은 배치를 잡으면서 머리는 평면을 고려하고, 손으로는 평면을 다듬으면서 머릿속으로는 배치도를 생각하기 때문이다. 경험이 많을수록 손과 머리가 동시에 반응을 하며 작업한다. 따라서 계획설계에서는 출입구와 동선 처리, 내부와 외부의 경계 짓기와 처리, 조망에 대한 고려, 그리고 주변 환경과의 관계 등 덩어리들에 대한 고려가 더 중요하다고 볼 수 있다.

오른쪽 그림에서 보듯이 평면을 구성할 수 있는 방법은 다양하다. 대개는 2~3층 임대세대인 투룸들은 면적이 좀 작아서 아쉽다. 반면에 3층 주인세대들은 4인 기준으로 잡았을 때, 면적이 너무 큰 경우가 많다. 주인세대를 좀 줄여도 다락이 있기 때문에 사용에 불편이 없다.

또 주인세대를 임대로 돌릴 경우에도 크다고 임대료가 계속 올라가는 것도 아니다. 지역마다 상가주택 최상층인 주인세대의 임대료가 거의 정해져 있다고 한다. 이 금액보다 높아지게 되면 차라리 아파트로 임대 들어가는 것을 선호하기 때문이다. 대개 아이들이 다락에서 뛰어도 아래층과 분쟁이 없는 상황을 원하는 사람같이, 개인적인 선호도가 있는 사람들이 주인세대 임차를 선호한다.

주인세대를 약간 줄이고 임대세대를 키울 수 있다면 사업성과 경쟁력을 동시에 확보할 수 있다. 대개의 상가주택들이 천편일률적으로 기본 타입으로 설계되고 있어 매우 아쉽다. 일반적인 방법을 그대로 따르지 말고 다양하게 구성하여 경쟁력을 확보하여 보자.

타입별 다양한 평면 구성

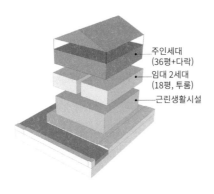

주인세대
(36평+다락)
임대 2세대
(18평, 투룸)
근린생활시설

기본 타입

일반적인 상가주택의 구성이다.
1층에는 상가, 2층에는 투룸 2세대,
3층과 다락은 주인세대가 거주하는
타입이다. 임대세대가 2층과 3층 두 개
층인 경우도 많다.

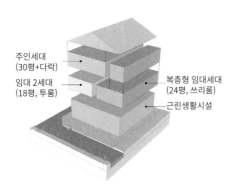

주인세대
(30평+다락)
임대 2세대
(18평, 투룸)

복층형 임대세대
(24평, 쓰리룸)
근린생활시설

일부 복층형 임대

주인세대를 조금 줄이는 대신 면적이
작은 임대세대 중 하나를 복층형으로
하여 쓰리룸으로 꾸미는 타입이다.
복층형 임대 세대는 매우 귀해서 임대에
경쟁력이 있다. 대개 서재나 수험생
공부방, 취미실로 사용된다.

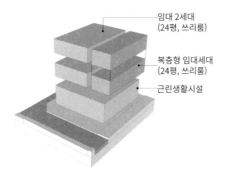

임대 2세대
(24평, 쓰리룸)

복층형 임대세대
(24평, 쓰리룸)
근린생활시설

복층형 임대

임대를 목적으로 지은 상가주택이다.
상가주택에서 최상층의 임대료는
대개 쓰리룸과 비슷하다. 따라서 '투룸
2세대+쓰리룸 1세대'의 일반적인 구성이
아니라 '쓰리룸 3세대'로 구성하여
수익률을 높였다.
공사비는 추가되는 대신 임대료를 높여
받을 수 없는 최상층 다락은 과감하게
없앴다. 복층형 임대세대의 인기가 높다.

동선을 결정하는 출입구

상가주택을 볼 때마다 아쉬운 점이 있다. 상가 전면 폭을 최대한 확보하기 위하여 주택의 얼굴인 출입구를 측면이나 후면의 보이지도 않는 구석에 배치하는 설계이다. 죄인도 아닌데, 주인세대를 포함한 최소한 3~5세대의 주택거주자가 매일 후미진 이곳을 통해 들락거리는 것이다.

주택에 관한 대표적인 풍수이론인 '양택삼요陽宅三要'에서는 주택에서 가장 중요한 세 가지를 '문門, 주主, 조灶'라고 하였다. 즉 출입문과 주인침실(혹은 거실), 그리고 주방을 주거공간 중에서도 중요한 곳으로 주목해서 본 것이다. 그중에서도 특히 문을 가장 중요하게 생각했다. 여기에 비추어 보면 현대건축에서 이런 후미진 곳에 주출입구를 두는 처리방식은 과거에는 상상할 수도 없는 일이다.

상가 전면 폭의 물리적인 길이보다는 상가의 인지도를 높일 수 있는 방법을 디자인으로 보완하면 주택의 출입구를 앞으로 옮겨올 수 있다. 이렇게 하여 3~5세대의 주택거주자들의 환경과 이미지를 개선하여 주면 이주율이 떨어지고, 공실률이 낮아지니 수익률도 올라간다. 사업성 측면에서도 상가만 중요한 것이 아니라, 주택도 중요하다. 건축주의 입장에서 보더라도 상가의 전면 폭이 좀 줄어든다고 치더라도 손해가 아닌 셈이다.

이 출입구를 결정할 때도 상상력이 필요하다. 1층에 어떤 업종의 상가가 임대를 들어오느냐와 연결지을 수 있다. 내 건물의 디자인이 잘 되어 있고 경쟁력을 가지고 있으면 조용하고 깨끗한 업종으로 세입자를 골라 받을 수 있다. 커피숍이나 꽃가게, 동물병원, 사무실, 옷가게, 제과점 등이다. 이런 경우에는 출입구도 쾌적하다.

그러나 경쟁력이 없어서 임대 자체가 급해지면 세입자를 골라 받을 수가 없다. 냄새가 많이 나거나 지저분해지기 쉬운 업종, 밤늦게까지 영업해야 하는 업종도 마다하지 않고 세를 주게 된다. 이럴 경우 출입구가 지저분하거나 어수선한 것은 물론 시끄럽기까지 하다. 이 출입구를 매일 들락거려야 하는 주택 세입자들에게도 당연히 부정적인 영향을 미친다. 이래저래 설계가 관건이다.

가끔 1층을 근린생활시설로 사용승인 받은 후, 임대가 잘 안될 때 원룸으로 개조한 경우를 본다. 대개는 무면허시공업자들이 이렇게 많이 하는데, 이럴 경우 원룸의 출입구를 외부에서 바로 들어가게 만든다. 조금이라도 크게, 많이 만들기 위해서 복도를 없애는 편법이다. 이럴 경우 도로에서 현관문을 열면 바로 방 내부가 완전히 노출되어 세입자가 심리적으로 매우 불안해한다. 특히 여성세입자일 경우 더 그렇다. 당연히 공실률도 높고 이주율도 높다.

원룸이나 투룸 등의 임대주택은 상가와 달라서 주현관을 통하여 안으로 들어간 후 복도에서 개별 현관을 통하여 진입해야 거주자들이 심리적으로 안심이 된다. 이러한 출입방식에 대해서는 평면계획 뿐 아니라 배치 단계에서도 중요하게 고민해야 할 대목이다.

내부와 외부, 그리고 경계 공간

아파트가 주거의 대명사가 된 현대에 와서 주거공간이라고 하면 당연히 내부공간이라고 생각한다. 그러나 한옥을 연상해 보면 주거공간은 내부공간 뿐 아니라 마당이라는 외부공간도 있고, 대청마루와 같은 내부공간과 외부공간의 중간적인 성격을 가진 곳도 있다. 규모가 큰 한옥은 마당도 안마당, 바깥마당, 사랑마당, 행랑마당, 뒷마당 등 다양하게 만들어지며, 각각의 위치에 맞도록 활용된다.

한옥의 내부공간은 방에 국한되지 않는다. 겨울에는 물론 방에서 주로 활동한다. 그러나 봄·가을에는 대청마루까지가 내부공간처럼 활용되고, 여름에는 마당까지 내부공간으로 확장되어 사용한다. 이러한 공간의 확장은 계절에 따른 인체의 활동 사이클과도 맞아떨어져서인지 요즘에는 한옥에 대한 인기가 하늘 높은 줄 모른다. 한옥은 20여 평의 작은 전용면적으로도, 이렇게 공간의 활용이 다이나믹하고 변화가 많아서 좁다는 느낌 없이 생활에 활기를 준다. 시야가 통째로 열리는 대청과 빗물을 직접 맞을 수 있는 마당을 가지고 있기 때문인데, 이 대청과 마당이 계절에 따라서 내부공간처럼 사용된다.

상가주택을 설계하면서 번듯한 마당을 갖기란 사실상 불가능하다. 그러나 옥상과 발코니를 적극적으로 활용하면 다양한 외부공간을 만들 수 있다. 옥상을 적극적으로 잘 활용하면 텃밭이나 바비큐 파티장, 운동시설, 정원 등으로 활용할 수 있다. 무조건 공사비가 상승하는 다락방을

광교 상가주택의 4층 마당
주방과 거실 사이에 위치한 이 지붕이 트여진 마당은 4.2×3m의 작은 크기지만 여름에는 아이들의 물놀이장으로, 봄가을에는 바비큐장으로, 겨울에는 눈이 쌓이는 운치 있는 외부공간으로 다양하게 즐긴다.

만들어 불필요한 면적을 넓히기 보다는 품위 있고 다양하게 활용하는 방법을 찾아보자.

발코니 또한 1.5m 폭의 획일적인 활용에서 벗어나 마당처럼 활용해 보자. 1.8m 이상이면 4인용 테이블을 놓을 수 있으며, 2.1m 이상이면 도시인의 로망인 바비큐 파티 등 옥외 활동을 할 수 있다. 구체적인 평면계획을 들어가기 전에 내·외부공간의 배분을 구상해보자.

조망, 어디를 볼 것인가?

동양과 서양의 가치 기준에는 차이 나는 분야가 많이 있다. 장단점이라기보다는 문화의 차이에서 오는 특성이라고 이해하면 좋겠다. 동아시아를 동양이라 하고, 유럽을 서양이라고 지칭했을 때 건축도 예외는 아니다. 동양건축과 서양건축은 배치 개념이나 바라보는 관점 등에서 많은 차이를 보인다. 그 중 하나는, 서양건축은 외부에서 건축물을 바라보는 경관을 중요하게 고려한 반면, 동양건축은 안에서 밖을 내다보는 관점을 중요하게 고려하여 건물을 지었다는 점이다.

우리의 전통건축에서는 건축물을 배지할 때, 건물에서 외부를 바라보는 관점을 매우 중요하게 생각했다. 안대案對로 삼는 안산案山이나 조산朝山의 방향, 물이 들어오는 득수得水와 나가는 수구水口 등과 연관된 풍수 가치들이 우리의 생활과 밀접하게 연결되어 있었다. 그러나 건축에 대한 우리의 교육 시스템과 커리큘럼은 서양식건축에 대한 내용이 주를 이루고 있다. 과거 동양의 가치관과는 많이 달라진 교육을 받고 있다. 현대건축을 하면서 모형을 만들고, 3D프로그램을 활용하여 외형을 검토하고 비례를 따지는 경우는 많다. 그러나 아쉽게도 안산을 고려하고, 주산主山과 조산을 따지며 건축물의 좌향坐向을 중요한 가치로 놓고 설계에 반영하는 경우는 찾아보기 힘들다.

가만히 생각해보자. 내가 밖에서 우리 집을 바라보는 시간이 많은가? 아니면 우리 집에서 밖을 바라보는 시간이 많은가? 전원형 상가주택의 경우에는 말할 것도 없지만, 신도시나 도심지 상가주택이라 하더라도 설계를 할 때 한 번쯤 꼭 짚어보자. 이곳에 창을 내면 옆집의 거실과 마주본다든가, 여기 창은 옆집의 화장실과 바로 보이는 위치일 수 있다든지 하는 것이다. 대개는 시공을 하면서 이런 일이 발생하여 민원이 생기거나, 부랴부랴 창의 위치를 수정하기도 한다. 안산과 주산은 그만두고라도 창을 통해 무엇이 보이고, 어디를 볼 수 있는지를 확인해 보자. 신도시나 도심지 주택이라도 건물과 건물 사이로 틈이 열려 있어 시각을 확보할 수 있는 여지가 분명 있을 것이다.

주변 환경의 고려

요즘 주택에서는 패시브하우스Passive House나 제로에너지하우스Zero Energy House가 관심의 대상이 되고 있다. 그러나 실제로 이보다 더 중요한 것은 버나큘러하우스Vernacular House라고도 불리는 토속건축이다.

전기와 화석연료가 없을 때부터 사람들은 추위와 더위로부터 스스로를 보호해야 했고 물과 불, 태풍의 공포로부터 벗어나고자 했다. 그리고 냉·난방에 드는 에너지를 극도로 절약해야 했다. 이 과정에서 자연발생적으로 탄생하고 정착한 토속건축은 수천 년을 이어 오면서 그 지역 자연환경의 원리에 순응하고, 그 원리를 활용할 줄 아는 지혜를 터득하면서 건축에 응용되었다.

토속건축은 수많은 시간 동안 이러한 노하우가 축적되어 온 지혜의 산물로, 현대에 와서는 에너지 절감에 가장 적합한 친환경 건축방식으로 여겨지고 있다. 제내로 토속건축의 원리가 숙지된 디자인만으로도 현대의 에너지 문제에 많은 도움을 줄 수 있다. 전통 방식을 반영하여 설계를 하고 시공을 할 경우, 건축물에서 사용하는 에너지의 60%까지를 절감할 수 있다고 한다.

토속건축에서 활용하는 구체적인 방법으로는 창의 크기 조절, 바람의 방향 활용, 태양의 입사각 반영, 온도 차이에 의한 바람의 이동, 높이와 온도 차이에 의한 물의 이동, 지붕의 경사각, 재료, 건축물의 높이, 건축물의 형태와 색채 등등 수없이 많다. 이런 것들에 대한 고려와 반영은 계획설계 단계에서부터 검토해야 하는 내용들이다. 구체적인 내용은 에너지 관련 분야에서 한 번 더 짚어보자.

형태와 자재,
에너지소비량을
결정짓는 기본 설계

07

계획설계가 숲을 보는 단계라고 하면, 기본설계는 각각의 나무를 보는 단계로 생각하면 된다. 산에는 수많은 종류의 나무와 초화류 草花類가 있듯이 기본설계에서 고려하여야 할 요소들도 그 종류가 많다. 평면과 단면·입면은 물론이고 내장재와 외장재, 에너지 관련 시스템도 결정해야 한다. 기본설계에서 고려해야 하는 이런 기능과 디자인 요소들도 획일적인 사고보다는 유연하고 융통성 있게 대처하는 것이 좋다. 숲속의 나무들이 각각의 특성을 유지하면서도 자연스럽게 조화를 이루면서 살아가듯이, 기본설계도 각각의 특성을 최대한 살리되 전체의 관점에서 보았을 때 얼마나 자연스럽게 서로 조화를 이루게 하느냐가 중요하다. 이것저것 모두 집어넣으려고 하는 욕심은 금물이다. 설계의 방향이 자주 바뀌는 것 역시 바람직하지 않다. 그러나 기본설계는 전단계인 계획설계와 뒤에 오는 실시설계를 계속 피드백하면서 수정하고 보완할 때 좋은 결과물이 나온다. 설계에서의 수정을 두려워하지 말자.

평면도는 현대인의
생활방식을 반영한다

프로그램을 확정한다

실제 지어진 건물을 보면 쉬워 보이지만, 상가주택은 규모는 작아도 기능이 복합되어 있는 건축이기 때문에 누구나 쉽게 풀 수 있는 설계는 아니다. 상가주택은 상가라고 불리는 근린생활시설과 다가구주택으로 구성되는 임대주택, 그리고 주인세대가 거주하는 단독주택이 결합되어 있는 소규모 주상복합건물이다.

근린생활시설은 그 종류가 많아서, 한 건물에 수십 년 동안 거쳐 갈 수많은 세입자들의 기능을 모두 수용하기란 매우 어렵다. 다가구주택 또한 거쳐 가는 세입자들의 생활 패턴이나 가족구성, 그리고 연령별 차이가 천차만별이다. 이들의 요구사항을 모두 수용하기가 어려운 만큼 주인세대라고 쉬운 것은 아니다. 아내와 남편의 요구사항이 서로 다르고, 부모와 자녀, 그리고 남성과 여성의 요구사항이 서로 다르다.

그럼 어떻게 해야 할까? 우선 프로그램, 즉 내가 원하는 건물에 입주할 용도의 확정이 우선이다. 설령 중간에 변경이 되는 경우가 있다고 하더라도 방향을 설정하고 중요도를 파악하여 우선순위를 설정해야 한다. 내 생각과 유사한 곳을 다녀보고 들어가서 머물러 보고, 하나씩 정리하여 보는 과정이 필요하다. 알아서 해 주는 설계자는 없다는 것만 명심하면 된다.

상가의 경우 어떤 종류의 상가를 원하는지, 그것이 시장의 요구와 부합할 수 있는지 판단해야 한다. 음식 냄새가 끊임없이 나고 깨끗하지는 않지만, 수요가 많은 식당으로 임대를 줄 것인가, 아니면 커피전문점 등으로 한정지을 것인가, 그것도 아니면 깨끗하기만 하면 어느 용도든 상관없다든가, 임대만 된다면 뭐가 들어와도 괜찮다든가 등등.

1층에 어떤 상가가 들어오느냐는 위에 사는 주택의 거주자와도 연관이 되는 문제이므로 신중하게 고민을 해야 하는 중요한 문제다. 그리고 건물의 외관디자인이나 평면 형태와도 관계가 있다. 용도를 너무 넓게 잡기 보다는 원하는 상가의 폭을 좁혀 잡되 그 기능에 특화된 설계가 바람직하다.

상가에서 고려해 봐야 할 또 다른 하나는 규모다. 1층 전체를 하나의 상가로 임대할 것인가, 경우에 따라서 2~3개로 나누어 임대할 수도 있도록 할 것인가에 대한 판단도 중요하다.

나누어 임대를 하려면 수도와 전기, 그리고 도시가스 계량기가 별도로 설치되어야 한다. 하나로 설계를 해 놓았는데 여러 개로 분리하여 임대를 주는 상황이 생기면, 사용과 관리가 여간 불편한 것이 아니다. 가급적이면 여러 개를 설치해 놓는 것이 유리하다. 전체를 임대 줄 경우 하나만 사용하면 되고, 여러 개로 임대를 줄 경우에는 각각 사용하면 되기 때문이다.

임대주택의 경우에는 무엇을 고려해야 할까? 대부분의 세입자들은 자기 소유가 아니므로 외부보다는 내부를 중요하게 생각한다. 외관 이미지보다는 채광과 통풍이 원활하면서도 단열이 잘 되어 있어서 유지관리비가 덜 드는 것을 선호한다. 주택의 규모가 작으므로 평면의 구성이 잘 짜져 있으면서도 사용에 편리한 구조면 더 좋다. 그리고 대개 한 층에 두 세대가 같이 사용하므로 그들 간의 프라이버시가 확보되는 설계라면 최상이라고 볼 수 있다.

사소한 문제로 여길지 몰라도 1층 출입구에 턱이 생기지 않도록 설계를 하여 유모차나 휠체어가 드나들기에 편리하게 한다든지, 엘리베이터를 설치하여 노약자가 사용하기에 편리하게 하는 등의 배려도 필요하다. 이삿짐 나르기에 편리하게 해 주는 배려도 잊지 말자.

주인세대의 경우에는 구성원마다 원하는 특색이 있으므로 그 특색에 맞도록 몇 가지 방향을 설정해 놓고 계획을 세우면 좋다.

상가주택의 1층 평면도
전면도로에서 주택과 1층 상가, 그리고 지하층 상가의 출입이 모두 이루어지도록 처리하였다. 이때 주차 때문에 1층 상가의 위치가 후퇴되므로 인지도를 높일 수 있는 조치가 필요하다.

상가주택의 2, 3층 평면도
임대세대의 경우 계단을 중심으로 서로 분리하였다. 이럴 경우 외벽의 길이가 길어져 공사비 상승 요인이 되지만, 두 세대의 환기와 채광 조건이 좋아진다. 서로 떨어져 있다는 심리적 편안함은 물론 세대간 소음 전달이 적어지고, 시각적인 프라이버시가 확보된다.

상가주택의 4층 평면도
주인세대의 경우 거실과 주방 사이에 작은 마당을 설치하여 다용도로 사용될 수 있도록 하고, 시각적으로 주방과 거실이 건너다보이는 경관을 의도하여 집이 넓어 보일 수 있도록 처리하였다.

　　기본설계에서는 동선과 크기, 그리고 형태가 정해져야 한다. 예를 들면, 각 방들 간의 밀접도에 따라 연결 동선은 어떻게 할 것이며, 그에 따라 각 방들의 배치를 어떻게 잡을 것인가? 요구하는 내부 방들은 어느 정도 크기이며 필요한 기능은 무엇인가? 시원한 느낌이 나도록 높게 할 것인가, 아니면 낮게 하여 아늑하고 편안하게 할 것인가? 평면상으로는 원형이나 사각형, 또는 직사각형 중 어떤 형태로 만들 것인가? 입체적으로도 사각형, 사다리꼴, 모임지붕 모양의 오각형, 다락과 같은 경우의 삼각형 등에서 어느 모양을 선택할 것인가 하는 식이다.

풍요로움을 추구한다

신도시형 상가주택의 2, 3층 임대주택 등 소규모 주택을 계획하는 경우라면 통로나 불필요한 공용 공간이 짧거나 없을수록 좋다. 반면에 전원형 상가주택의 주인세대처럼 어느 정도 규모에 여유가 있는 경우라면 거실과 식당, 식당과 주방 등을 일방통행으로 다니게 하지는 말자. 단순하고 무미건조한 동선보다는 마당이 보이는 통로나, 내 집에서 창을 건너 내 집의 다른 모습이 보이는 장소를 만든다면 공간이 훨씬 풍부해질 수 있다. 그런 장치를 통하여 주변을 바라다 볼 수도 있고, 상하에 개구부가 있다면 아래위층이 서로 보이게 할 수도 있다. 다양한 시야와 공간을 갖춘 동선을 만들어 보자.

　　배치도에서 이야기했던 내부 공간, 마당이나 옥상과 같은 외부 공간, 발코니나 중정 같은 경계 공간을 적극 활용한 디자인도 평면을 다양하게 사용할 수 있고 공간을 풍부하게 해 주는 방법이다. 내외부가 부드럽게 연결되고 아래위층에서 모두 바라볼 수 있는 아주 작은 온실을 둘 수 있다면 항상 즐거운 마음이 들도록 해 줄 것이다. 온실의 여건이 어렵다면 방과 방이 서로 건너다보이는 중정(가운데 작은 마당)이나 데크를 적극적으로 활용하면 좋은 분위기와 쓰임을 제공할 수 있다. 그러한 것들이 자신의 취미나 사회생활과 조화를 이루어 자기만의 이미지로 표현된다면 더 만족스럽고 편안한 생활이 될 것이다.

상가의 경우 테라스가 인기다. 상가주택 뿐 아니라 일반 상가들에서도 테라스가 필수 아이템으로 인식된다. 유럽을 여행하다 보면 노천카페나 테이블이 밖에 나와 있는 맥주집을 정말 많이 볼 수 있다. 유럽 사람들 뿐 아니라, 우리나라 사람들도 밖에 나와서 차나 맥주 마시는 분위기를 아주 좋아하는 것 같다. 일산 킨텍스에 있는 '라 테라스', 광교에 있는 '에일린의 뜰' 등은 테라스가 특화되어 있는 상가들이다. 판교에서 테라스를 주제로 성공한 주상복합상가 '아비뉴프랑'은 광교와 배곧신도시에서도 인기다. 이외에도 테라스를 주제로 하고 있는 크고 작은 상가들이 수없이 많이 생겨나고 있다.

테라스는 실내 공간이 외부로 이어져 동선이 편리하고, 탁 트인 느낌이 나서 외부 수요를 끌어들이기도 한다. 야외 풍경을 감상할 수 있다거나, 전망까지 좋다면 더할 나위 없다. 상가주택의 경우 대부분 1층에 있기 때문에 처음부터 외부와 연결할 수 있는 테라스를 효과적으로 활용할 계획을 잘 세워 보자.

광교 '에일린의 뜰' 테라스
상가 내부보다 외부의 테라스를 선호하는 고객들이 더 많다. 특히 여기처럼 위에 지붕이 있는 구조일 경우에는 더 그렇다.

용적률이나 건폐율에 포함되지 않는 테라스를 잘 계획한다면 전용 면적을 넓히는 효과가 있어 평면의 활용도가 높아진다. 외부에 방문객들이 노출되어 있는 분위기는 나도 한 번 들어가 보고 싶다는 욕구를 불러 일으켜 방문객의 유입을 증가시켜 주기도 한다. 이는 곧 주변보다 경쟁력 있는 임대료를 확보하거나 공실률을 줄여주는 데에도 중요한 역할을 하게 된다.

평면구성은 생활의 변화를 따라간다

주택의 평면에서는 거실과 주방의 중요도가 커지는 추세다. 같은 면적이라면 가급적 방의 크기보다는 거실의 면적을 더 크게 갖고 싶어 한다. 자기 집안의 분위기나 생활습관을 함께 고려해야겠지만, 가족이 항상 모일 수 있는 거실은 가급적 크게 잡아보자. 위치로도 집안의 중심에 올수 있도록 배치하여, 거실 중심의 생활이 잘 반영된 공간 구성을 많은 사람들이 선호한다.

식당도 식사만 하는 곳이라는 생각 보다는 온가족이 한꺼번에 모일수 있는 대표적인 공간으로 자리 잡아가고 있다. 가족이 모두 모일 수 있는 아침이나 주말 시간에 가급적 즐거운 식사와 편안한 대화 등 즐겁고 유쾌한 분위기가 되도록 향과 위치를 설정해 보자. 아파트에서는 주방과 식당이 방과 방 사이에 위치하여 통로의 역할을 겸하거나, 거실에 밀려서 채광이 충분하지 못한 경우가 많다. 내 집을 설계할 때는 이러한 주방의 위치를 벗어나서 동남쪽 밝은 곳에, 또는 아침햇살이 환한 곳에 배치해 보자. 데크를 통하여 외부로 바로 나갈 수 있는 주방을 계획하면 가끔 야외에서 식사할 수 있는 멋도 누릴 수 있다.

이제는 전업주부의 시대가 아니라, 맞벌이의 시대다. 바쁜 현대인의 라이프스타일에 맞춰 가사 분담이 효율적인 공간 구성을 필요로 한다. 가사노동의 절감 차원에서 가능한 모든 집안의 설비를 주방으로 모아 그 집의 사령실처럼 꾸미는 것도 현대 주택 디자인의 추세로 보인다. 전자레인지, 식기 세척기 등은 말할 것도 없고 인터폰과 전화, 주방용 라디오와 TV, 보일러 온도조절기, 드럼 세탁기, 중앙 집중식 청소설비 등도 주방에 배치하여 한 발짝이라도 가사 노동력을 아끼려 고려하고 있다.

건축주 중에는 상가주택을 설계하면서 아파트 평면과 유사한 평면을 원하는 경우가 종종 있다. 아파트 생활에 너무 익숙해져버린 결과이다. 아파트가 꼭 나쁘다는 말은 아니다. 다만 더 다양한, 더 좋은 공간에 대한 경험 부족으로 거주자들의 안목이 좁게 형성되어 있는 사실이 안타까울 뿐이다.

1%의 차이가 명품을 만든다

평면을 거실, 방, 부엌, 화장실 등으로 풀어가다 보면 가장 많이 놓치는 곳이 수납공간이다. 욕심껏 방들을 배치하고 나면 항상 수납공간이 부족한데, 실생활에서 수납공간을 그저 창고의 개념으로만 봐서는 안 된다. 주부의 가사노동 경감이라는 측면도 고려해야 한다. 구석구석 쓸모있게 배려된 수납공간이 있을 때 집안정리, 청소, 빨래 개기, 물건 찾고 넣기, 안 쓰는 물건 치워두기 등의 수고를 많이 줄일 수 있다. 항상 집안에서 생활하는 주부뿐 아니라 맞벌이를 하는 부부에게 가사노동이라는 과중한 부담을 한결 덜어준다.

몇 가지 더 고려한다면 모든 사람이 출입하는 현관은, 단순하고 깨끗하게 하겠다든지, 아니면 귀가길의 가족이 편안히 느낄 수 있도록 따뜻하게 처리하겠다든지 하는 개념 설정이 설계에 반영된다면 더 좋겠다. 기능이나 구조에 영향을 주지 않고도 한껏 멋을 부릴 수 있는 계단도 하부를 수납공간으로 쓴다든지, 책꽂이로 병용한다든지, 화분을 놓을 수 있도록 한다든지, 걸터앉아 책을 본다든지 하는 복합개념의 공간을 설정하여 적극적으로 적용해 볼 만하다. 나아가 계단 난간이나 조명, 계단 벽면을 통한 그림 장식 등도 작은 고민으로 큰 효과를 낼 수 있는, 매력 있는 포인트 공간이 될 수 있다.

평면계획에는 생활뿐 아니라 철학과 시대 상황이 반영된다. 추후 분가나 자녀의 성장, 노년 등을 고려하여 구조벽을 최소화하고 가변형으로 벽을 설계하여 융통성 있게 평면을 재구성할 수 있도록 계획하는 것도 잊지 말자. 급변하는 사회의 흐름이 '홈 스위트 홈'에서 '24시간 활동지'로 바뀔 가능성도 크다. 나나 가족이 재택근무를 한다면 주거의 모든 개념이 재편되는 시기가 올 것이다.

유명한 맛집에 가보아도 대단한 뭔가가 있는 경우는 드물다. 결국 특이한 한두 가지 메뉴나 서비스, 분위기나 스토리가 전부인 경우가 많다. 아주 특별한 설계도 흔치 않다. 앞서 언급한 요소들이 꼼꼼하게 반영된 설계가 명품설계인 것이다. 건축사는 누구나 다 전문가다. 그 틈에서 남과 다른 1%를 더 만들어낼 수 있느냐가 설계 능력을 가른다. 남다른 1%를 더 만들 수 있다면 건축주에게는 집짓기가 십년 늙는 일이 아니라 무척 행복한 일, 가슴 두근거리는 일이 될 것이다.

단면도는 공간이 풍성한지
검증하는 도면이다

좋은 집은 단면이 예쁘다

단면도란 건물을 수직으로 잘랐다고 가정했을 때 그 잘린 면을 그린 도면이다. 노자老子는 『도덕경道德經』에서 '세상 사람들은 쓰임새 없는 쓰임새는 알지만 쓰임새 있는 쓰임새는 모른다'고 말하였다. 이 말은, 수레바퀴가 쓰임새가 있다는 것은 알지만 정작 그 쓰임은 바퀴가 아니라 바퀴중심의 빈 구멍에 있다는 것은 모르고, 그릇이 쓰임새가 있다는 것은 알지만 그 쓰임새는 그릇이 아니라 그릇이 만들어 내는 빈 공간에 있다는 것은 모른다는 뜻이다. 또한 집과, 창문을 뚫고 만든 방의 쓰임새는 알지만 실제로는 그 구조물이 아니라 그 안의 텅 빈 공간이 쓰임새가 있다는 사실을 모른다는 가르침이다. 기원전에 살았던 사람의 통찰력이 그저 감탄스러울 뿐이다.

우리가 그토록 열심히 짓는 집에서도 중요한 대상은 눈에 보이는 집 자체의 구조물보다는 그 구조물로 인하여 만들어지는 공간이다. 그 공간의 생김새를 가장 잘 판단할 수 있는 것이 단면도다. 따라서 구조물은 공간을 감싸기 위해 존재한다는 명제를 항상 염두에 두고 단면을 계획하여야 한다.

단면계획에 있어서 가장 중요하게 고려해야 할 것은 '연결·흐름·차단'이다. 단면도를 통하여 오픈된 공간을 활용한 상하 공간의 연결이나, 주방과 거실, 방과 방 등 수평 기능의 연결과 차단이 연구되고, 또 결정된다. 이뿐 아니라 외부로 향한 조망과 집 내부에서 내부로 향하는 시야의 연결과 차단이 결정된다. 공기의 순환과 흐름에 대한 고려, 소리의 연결과 차단 여부도 판단하게 된다. 내부 마감 재료의 연결을 통한 이미지의 연결 등도 단면 설계를 하는 데 있어서 중요한 디자인 개념이 된다.

내·외부가 부드럽게 연결되고 아래·위층에서 모두 바라볼 수 있는 곳, 방과 방이 서로 건너다보이는 중정이나 데크의 적극적인 도입, 풍요로운 평면을 위해서 필요한 이런 조치들도 사실은 단면도와 같이 검토되어야 제대로 만들어질 수 있다. 환기와 냉·난방을 위한 공기의 흐름에 대한 고려, 의사소통을 위한 소리의 연결이나 불필요한 소음의 차단 여부, 재료와 이미지의 판단도 단면도 검토로 결정될 수 있다. 그래서 '단면이 좋은 집 = 좋은 집'이라는 등식이 성립되는 것이다.

공간을 검증해 보는 단면도

일반 건축주들이 이차원으로 표현된 평면도를 보면서 그 평면이 구성할 삼차원의 공간을 이해하기는 쉬운 일이 아니다. 그 공간에서 동선이 어떻게 움직이고, 공기와 소리가 어떤 흐름을 보일지에 대한 이해는 설계를 일로 삼는 건축사들에게도 어렵다. 그래서 건축사들도 모형을 만들어 보고 싶어 하고, 투시도를 그려보는 것이다.

솔직히, 건축사들 중에 단면 개념이 제대로 반영된 설계를 할 수 있는 사람은 그리 많지는 않다고 짐작이 된다. 우선은 설계자의 능력 문제일 수도 있다. 그러나 너무 촉박한 시간과 현실적으로 너무 싼 설계비 때문에 제대로 된 단면까지 고민할 시간을 확보하지 못하는 경우가 더 많다. 건축사사무소 운영에도 시간과 비용이라는 경제 논리에서 자유로울 수가 없기 때문이다.

우리는 공사비에 비하면 작은 금액인 설계비에 왜 그리 인색할까? 우리 집에 직접 붙이는 재료의 비용은 아깝지 않아도, 컴퓨터에 있는 도면 몇 장 뽑아내는 일로 보이는 설계비는 아까운 것이 사람들의 일반적인 심리인가? 눈에 보이지는 않지만 몇 장의 도면 속에는 수많은 고뇌와 수십 년간의 경험이 응축되어 표현된다는 사실을 사람들은 이해하지 못하고 있는 듯하다. 누군가가 피카소에게 "종이 한 장인 그림의 가격이 왜 그리 비싸냐?"고 묻자, 피카소는 "나는 이 한 장의 그림을 그리기 위하여 수십 년 동안 연습을 해왔다. 그래서 비싼 것이다"하고 답했다 한다.

우리사회가 눈에 보이지는 않지만 중요한 가치를 인정하지 않는 것은, 세계에서 유례없는 경제성장의 속도를 사회가 따라가지 못하여 각 분야에서 생기는 부작용 중 하나라고 이야기들을 한다. 만족스럽지는 않지만, 갈수록 경제적 성장 속도와 문화의 성장 속도 사이의 격차가 많이 좁혀지고 있다는 느낌이 들기는 한다.

가만히 생각해 보면 요즈음에는 설계의 중요성을 이야기하는 건축주들이 많아졌다. 상가주택 설계에 대한 성과품이 물질적으로는 하잘 것 없는 도면 한 권으로 표현되어도 그 가치에 걸맞은 대가를 기꺼이 지불하려는 건축주들이 늘어나고 있다는 데에서 그런 흐름을 느낀다. 최소한 공사비의 5% 정도를 설계비에 투자하여 보자. 건축사협회에서 정한 설계요율에는 못 미치지만, 어느 정도 원하는 결과물을 만들어 낼 수 있을 것이다. 시간을 가지고 모형도 만들어 보고, 투시도도 그려보고, 확인에 확인을 거듭해 보자. 그러면 투자비보다 수 십 배의 큰 가치로 돌아올 것이다.

단면은 풍성하게 만들어 보자

집의 내부 단면은 바닥과 벽, 천장으로 구획된다. 이때 각 실에서 상하를 느끼는 기준인 천장 높이는 일반적인 아파트를 기준으로 하였을 때 침실은 2.3m, 좁은 욕실은 2.1m, 넓은 거실은 2.4m 등으로 면적에 따라 조정이 된다. 이와 같이 바닥면적과 적절한 비례를 갖도록 천장높이를 설정하는 것이 일반적인 방법이지만, 때로는 의도적으로 이런 비례보다 더 높거나 또는 낮게 계획하기도 한다. 그럼으로써 그 내부 공간을 풍부하게 하거나, 편안하게 만드는 등 의도하는 느낌의 공간이 되도록 한다. 낮은 공간과 높은 공간을 연결 배치하여 그 느낌을 극대화시키기도 하고, 한 개의 층을 오픈시킴으로써 상하의 공간이 겹치도록 계획하기도 한다.

천장이 낮은 곳은 차분해질 수 있는 공간이며 편안하고 정적인 공간이다. 그와 대비되는 높은 천장은 심리적으로 고양감을 느낄 수 있도록 해 주는 공간이며, 동적인 공간이다. 이런 심리적인 느낌을 참고하여 다양한 높이를 그 각각의 기능과 위치에 맞게 제공한다. 이런 유형의 공간이 적절히 배치된 주택의 경우 자신의 삶과 철학을 반영하는 삶의 처소로서 그 기능이 더욱 빛나게 된다. 이렇게 방마다 세밀하게 조절되지 않고 전체가 무조건 높게 시공된 집을 만날 때, 우리는 졸부의 느낌이 난다고 이야기하기도 한다.

단면 높이를 높게 할 것인가 낮게 할 것인가 하는 것은 열손실과 냉·난방 비용과도 관련이 될 뿐 아니라 건물의 높낮이에도 영향을 미쳐 공사비에도 영향을 주게 된다. 상·하부 층을 오픈시킬 경우에는 공간상의 장점이 있는 반면에 그 공간을 통하여 겨울에는 따뜻한 공기가 위로 빠져나가 아래층이 춥고, 여름에는 더운 공기가 상부로 몰려 상부가 더워지는 등의 단점이 발생할 수 있다. 상·하부를 오픈하면 소리가 차단되지 않아 시끄러울 수도 있으며, 시각적인 프라이버시가 침해될 수도 있다. 그러므로 단면도를 통하여 발생할 수 있는 장단점을 비교해 보고, 공간의 성격이나 개념을 정확히 설정하고, 사는 사람들의 취향도 반영하여 계획하는 것이 좋다.

오픈 부위의 경우 모양내기 보다는 높이와 넓이, 빛의 유입 방법 등을 명확히 검토하고, 공기나 냄새·소리 등의 이동까지 상상해 볼 필요가 있다. 무조건 바닥을 뚫을 것이 아니라 무엇을 위한 오픈인가를 한 번 더 생각한 후 우선순위를 결정하는 것이 좋다. 그렇게 설계해야 만들어 놓고 후회하는 일이 생기지 않는다.

외부 단면의 경우 높이 차이의 결정이 중요하다. 도로와 현관의 높이 차이는 빗물처리, 집에 들어서는 느낌 등을 고려하여 결정한다. 그리고 정원과 거실의 높이를 맞추면 공간감과 시각적으로는 좋지만 벌레의 침입과 빗물의 유입은 없을 것인가 등을 동시에 고민해야 한다. 그저 어

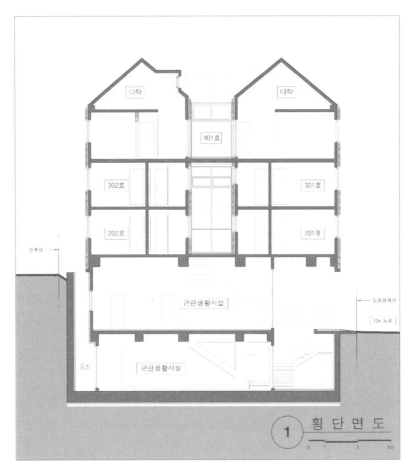

상가주택의 단면도
지하층과 1층 상가는 후면에 드라이에어리어(DA), 전면에 선큰을 두어 결로를 방지하고 환기와 채광을 확
보하였다. 2~3층 임대세대는 계단을 중심으로 세대를 서로 분리하여 설치하였고, 주인세대는 전원주택의
분위기가 나도록 다락을 오픈하였다. 좌우측 거실과 주방 사이에 있는 것이 작은 마당으로 상부가 오픈되
어 있다.

느 잡지에서 본 사진이 마음에 든다고 그대로 따라하는 것은 금물이다.
그 사진 속의 장소와 우리나라의 자연환경, 즉 여름과 겨울의 기온 차이,
사계절, 습도, 바람, 강수량 등은 큰 차이가 있을 수도 있기 때문이다.

지하실은 여름에는 시원하고 겨울에는 따뜻한 장점이 있는 반면, 습
하고 환기가 안 된다. 이런 지하에는 햇빛이 들어올 수 있는 썬큰가든을

두어 채광이 되고, 환기가 되게 함으로써 그 단점을 극복하여 훌륭한 공간으로 활용이 가능하다. 반면에 지하의 배수를 어떻게 할 것인가가 고민해야 할 부분이다.

밤에도 별을 볼 수 있는 천창을 두면 특히 채광이 부족한 집일 경우 효과적일 거라는 상상과 그 상상들이 이루어졌을 경우의 느낌을 정확히 표현할 수만 있다면 아주 좋은 설계가 될 것이다. 그러나 여름에 내리쬐는 직사광선과 열손실을 어떻게 막을 것인가, 어떻게 결로와 누수가 발생하지 않도록 할 것인가 하는 문제가 처리되지 않는다면 기쁨은 잠시고, 오랜 기간 유지관리의 어려움을 겪게 될 수 있다. 설계를 하면서 이런 고민과 상상을 해보자. 즐겁지 않겠는가?

입면 디자인에서 개인 취향과
공공성을 같이 본다

입면의 또 다른 성격, 공공성

건축에는 다른 예술과 다른 점이 있다. 바로 공공성이다. 버스터미널, 시청사나 동사무소, 기차역 등 사람들이 사용할 수밖에 없는 기능의 건축은 말할 것도 없고 병원이나 문화회관 등도 누구나 사용할 수 있는, 불특정 다수를 위한 공공기능을 가지고 있다. 그러나 이러한 불특정 다수가 항상 사용하는 공공건축물이 아닌, 개인 소유의 상가주택도 공공성을 가지고 있다고 한다면 어떻게 생각하는가?

소유권 등의 권리를 나누고, 재산세 등의 의무를 공동으로 가지지는 않지만 건축물의 이미지 즉, 외부 모양은 누구나 보고 즐거워할 수 있는 대상이다. 상가주택을 주어진 법규의 테두리 안에서 건축주의 의지와 바람대로 지을 수 있지만, 바라보는 것까지 마음대로 제지할 수는 없다. 또 임대차계약이야 조정이 된다고 하더라도 불특정 다수의 고객이 상가에 드나드는 것을 내 마음대로 제지할 수도 없다. 그래서 특정 다수가 계약하여 입주할 수 있는 임대주택까지도 당연히 공공성을 가지고 있다고 봐야 한다.

상가주택을 다수의 사람들이 사용하지만, 불특정 다수가 가장 많이 공유하는 것은 외부 형태, 즉 입면이다. 그래서 평면이나 단면보다는 외부에 노출되는 입면이 집의 품격과 아름다움을 판단하는 기준이 되는 경우가 많다. 입면의 외부 형태와 컬러, 재료 등을 선택할 때는 이러한 속성도 염두에 두어야 한다.

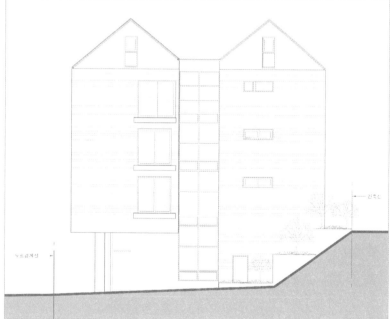

상가주택의 입면도와 실제 보이는 이미지

입면도는 사실 사람의 눈으로 볼 수 있는 그림은 아니다. 평면으로 그려진 입면도는 실제 사람의 눈높이에서 보면 투시도 효과에 의해 어디에서 보아도 위 사진처럼 입체적으로 보인다. 2차원 도면에 열심히 그려도 실제에서는 전혀 다르게 보일 수 있는 것이다. 또한 옆 건물이 들어서면 고민했던 부분이 가려지기도 하고, 도로 이외에서는 보이지 않기도 한다. 입면계획을 할 때는 이런 상황을 예측할 수 있어야 하고, 변화될 수 있는 현장상황을 반영할 수 있어야 한다.

좋은 입면 디자인이란?

입면 디자인이 잘 된 집이란 어떤 집인가? 또한 입면 계획은 어떻게 해야 하는가? 편의상 세 가지로 구분해서 판단해 본다면, 첫째, 주변 경관 및 환경과의 조화. 둘째, 집 자체의 균형과 비례. 셋째, 부위별 적정한 자재의 선택이나 색상의 조화, 전체와 조화를 이루는 디테일의 처리 등으로 나누어 볼 수 있다.

첫 번째로, 주변 및 환경과의 조화라는 관점에서 보면 우선 좋은 풍경을 제공해 주는 집이라면 좋다. 도심이면 도심인 대로, 전원이면 전원인 대로, 주변의 경관이나 자연환경에 거슬리지 않게 짓는 게 바람직하다. 의도적으로 주변의 경관을 주도하기 위하여 색채나 형태에 개성을 부여할 수는 있겠지만 이 경우에도 도가 지나쳐 너무 튀는 것은 좋아 보이지 않는다.

간혹 앞면만 잔뜩 치장을 하고 측면과 뒷면은 잘 보이지 않는다 하여 얼버무려 놓은, 왠지 어설픈 디자인을 마주치곤 한다. 내 집의 뒷면은 뒷집의 전면 풍경이 된다는 점을 명심하자. 갈수록 고층화가 되면서 높은 곳에서 내려다보는 기회가 많아진다는 사항까지 배려할 수 있다면 더할 나위 없이 좋은 입면이라 하겠다. 주변과 어울리면서도 개성이 있다면 최고의 입면 디자인이라고 생각해도 될 것이다.

둘째, 집 자체의 균형과 비례다. 집의 입면 요소로는 크게 벽과 창, 지붕 등을 들 수 있는데, 작게는 처마나 개구부, 캐노피 등이 추가된다. 그 각각의 크기와 형태가 각각의 고유기능 뿐 아니라 외부에 나타났을 때 얼마나 안정되고 적정한 통일감을 형성하는가, 얼마나 보기에 좋은가를 기준으로 판단하면 된다. 집의 입면은 무궁무진하게 많을 수 있으며 형태 또한 다양하다. 그 많은 건축의 표현법을 무조건 많이 사용한다고 좋은 건물이 되는 것은 아니다. 오히려 절제되고 단순하게 처리되었을 때, 적절히 조화롭게 사용하였을 때 좋은 입면이 되는 경우가 많다.

이러한 낮 동안의 느낌을 고려할 때 꼭 짚어봐야 할 것이 밤의 풍경, 즉 야경이다. 태양 아래서의 입면보다 인공조명 아래서의 야경은 설계자나 건축주의 의도를 반영하기가 좋다. 노련한 건축사들은 이러한 부분까지 고려하여 디자인을 한다. 가성비, 즉 투입되는 비용에 비해 효과가 좋기 때문이다. 낮에 보이는 입면과 더불어 야경도 같이 고려해 보면 한 단계 높은 디자인, 재미있는 구상이 될 수 있다.

셋째, 부위별 자재의 선택과 디테일이다. 부위별 자재의 선택은 집 전체의 이미지와 맞아야 함은 물론이고 내구성, 유지관리의 편리함도 고루 갖추어야 한다. 그리고 무엇보다도 가격이 중요하다. 자신이 투입할 수 있는 공사비를 감안하여 결정하여야 하는데 공사비가 넉넉하지 못할 경우에는 모두 저렴하게 비슷한 수준으로 하되, 현관·창호·외벽들 중 일부를 선택하여 다른 곳 보다 고급스럽게 강조를 하는 방법도 하나의 대안이 될 수 있다.

디테일은 세부 마감 처리를 의미하는데 전체 이미지에 어울리되, 고유의 기능이 잘 이루어지도록 하는 것이 좋다. 전체 형태나 이미지와는 서로 어울리지 않는데도, 고가의 재료를 사용하는 경우가 있다. 이러한 경우가 투입한 공사비에 비하여 효과는 반감되는 사례다. 돈을 들이고도 좋지 못한 소리를 듣게 된다. 고급주택이면 고급주택다운 품격으로 처리해야 하는 방법이 있고, 경제적으로 지어야 하는 집도 그 나름대로 품위를 갖출 수 있어야 한다. 안목을 갖추지 못하면 얻기 어려운 것으로, 안목에 대한 판가름은 대개 입면에서 결정된다.

입면에서 더 고려해야 할 것들

입면 계획을 할 때 쉽게 넘어간 부분들이 나중에 치명적으로 다가오는 경우가 있다. 담장과 대문처럼 외부에 추가되는 것들이 있는가 하면, 도시가스 배관이나 홈통, 환기구, 에어콘 실외기 등 건물에 붙는 것들도 있다. 이러한 요소들은, 어렵사리 만들어 놓은 예쁜 모양을 해치는 듯하여 입면도를 그릴 때는 표현하지 않는 경우가 많다. 그러나 실제로는 무척 중요한 기능을 한다. 어쩔 수 없이 나중에 입면에 그려 넣거나, 도면에 없어서 현장에서 알아서 설치를 하게 되면 그야말로 입면에 덕지덕지 붙는 상황이 발생하고 만다.

멋지게 만들어 놓은 입면을 망칠 것 같아 그리고 싶지 않더라도, 나중에 실제로 설치될 수밖에 없는 설비나 장치들은 과감하게 그려 넣자. 이들도 중요한 입면 요소들이다. 기본설계에서 이들을 고려하지 않으면 실시설계나 시공단계에서는 이미 다른 많은 설비들이 자리를 차지해버려서 어디다 두어야 할 지 갈피를 못 잡게 된다. 결국 집의 외관은 엉망이 된다. 억지로 설치한 홈통 등은 두고두고 하자의 원인이 되고, 관리하는 데 큰 불편을 초래할 수 있다.

상가주택의 포인트를 사업성과 경제성, 디자인과 경쟁력이라는 네 가지로 분류하여 이야기 했지만, 사실 상가주택은 위 내용들을 모두 갖추어야 한다. 이 네 가지 항목은 별개의 것 사안이 아니라 아주 긴밀하게 서로 연관되어 있다고 누누이 강조했다.

그러나 사업성을 따지다 보면 디자인이 밀리고, 경쟁력을 갖추려 하다 보면 경제성이 밀리는 상황이 발생할 수 있다. 따라서 건축주의 현실적인 사정과 함께 땅이 위치한 지역, 지형 등 자연환경을 제대로 파악할 수 있어야 한다. 그리고 주변의 디자인 수준 등 인문환경 등을 종합적으로 고려하여 우선순위를 정해 나가야 한다.

모든 일에 선택과 집중이 필요하듯이 상가주택도 그 땅이 처한 환경에서, 건축주가 가지고 있는 생각의 폭과 경제력에 따라서, 선택과 집중을 해야 한다. 여기에서 건축주의 건축물에 대한 안목과 가치관, 미래 가치에 대한 판단력이 중요하게 작용하게 된다. 설계자인 건축사의 조언도 중요하다. 내가 원하는 추상적인 그림들을 경쟁력이 있도록 구체화 시켜주는 역할을 하기 때문이다.

상가주택을 왜 지으려고 하는지 자신을 잘 돌아보라. 미리미리 상가주택에 대한 안목을 키우고, 능력 있는 건축사를 적정한 대가를 주고 적극적으로 활용하라.

시공 사례 4 내포신도시 상가주택

대지위치 충남 홍성군 홍북읍 신경리 | **지역지구** 일반주거지역, 지구단위계획구역 | **대지면적** 263.10㎡ | **건물 규모** 지상 3층 | **건축면적** 157.84㎡(건폐율 59.99%) | **용적률 산정면적** 394.14㎡(용적률 149.81%) | **연면적** 393.26㎡ | **주차대수** 5대 | **외장재** 스터코 | **지붕재** 우레탄도막방수

외장재와 내장재의 선택,
내구성과 취향이 판단 기준이다

멀리 봐야 하는 외장재

외장재를 결정하는 데 가장 중요하게 여겨지는 것은 '개인의 선호도'다. 재료에 대한 전문적인 지식이 없는 건축주들은 주변에 지어진 건물을 보았을 때 좋다고 느껴졌던 제품을 선택하는 경우가 대부분이다. 그러나 외장재의 선택에서 모양과 컬러도 중요하지만 내구성과 유지관리에 대한 판단을 중요하게 여기라고 권한다. 한 번 지어진 건물의 외장재는 변경하기가 매우 어려우며, 유지관리가 어려운 재료를 선택할 경우 끊임없이 비용이 발생한다. 따라서 내구성에 대한 재료의 성질과 유지관리에 대한 특성에 대해서는 설계자로부터 충분히 설명을 듣고 외장재를 선택하도록 하자.

우리나라의 경우는 사계절이 뚜렷하며 1년 중에서도 가장 더운 날과 가장 추운 날의 기온이 무려 50도 이상 차이가 난다. 기온의 차이가 크면 계절에 따라 재료의 길이와 두께 등에 물리적인 변화, 즉 수축팽창이 많이 일어난다. 서로 다른 재료가 만나는 곳이나 이음매 부분에서 재료끼리 서로 다른 수축팽창으로 인하여 갈라지거나 떨어지는 현상이 생긴다. 이런 현상이 발생하면 빗물이나 공기를 차단해야 하는 외장재로서의 성능을 발휘하지 못한다. 디자인이라는 명분으로, 다양한 종류의 외장재를 건물에 얼룩덜룩 입히지 말기를 권하는 이유다.

온도 뿐 아니라 환경 또한 다양하다. 한여름에는 집중호우가 오니 비에 강한 재료를 사용해야 하며, 한겨울에는 폭설이 내리므로 눈에도 강해야 한다. 장마가 지나면 비바람이 몰아치는 강력한 태풍에도 약해서는 안 된다. 외장재는 이렇게 달라지는 다양한 환경에 이겨낼 수 있는 재료여야 한다.

외장재는 한 번 설치하면 바꾸기가 어렵다. 외장재를 바꾸는 리모델링공사가 이루어지게 되면 비용이 많이 발생한다. 따라서 우리나라의 환경, 즉 심한 기온 차이와 비, 바람, 눈에 견딜 수 있는 재료를 선정하는 것이 중요하다. 색이 변하면 칠을 주기적으로 해 주어야 하고, 빗물 등이 흘러내려 외벽에 얼룩이 지면 청소를 자주 해주어야 한다. 그만큼 유지관리 비용이 만만치 않다. 처음 집을 지을 때는 의욕에 넘쳐 청소를 자주 할 수 있을 것 같지만, 현대인의 바쁜 생활패턴으로 볼 때, 그게 그리 쉬운 일이 아니다. 한 번 잘못 지은 건물은 수정하거나 관리하는데 많은 비용이 들어간다는 사실을 꼭 명심하자.

주요 외장재와 특색

건축에 사용되는 재료는 '재료학'이라는 독립된 학과목으로 다룰 정도로 범위가 넓다. 자세히 알아보자면 한이 없고, 건축주의 입장에서는 그럴 필요도 없다. 전문가를 활용하면 되는 것이다. 전문 용어가 많아 다소 어렵게 느껴질 수 있지만, 일반적으로 많이 사용되고 있는 재료에 대해서 간단히 개념을 잡을 수 있을 정도로만 알아보자.

벽돌 벽돌은 재료를 쌓아서 마감하는 종류로 붉은벽돌, 전벽돌, 시멘트벽돌, 고압벽돌, 시멘트블록 등이 있다. 붉은벽돌은 점토벽돌, 적벽돌이라고도 부르며 흙의 종류와 벽돌을 굽는 온도에 따라 강도와 색상이 다르다. 다양한 형태와 색으로 디자인이 가능하다. 시간이 지나 일부 오염이 되어도 입면 분위기가 좋아 유지관리가 편리하고 공사비가 저렴한 편이다. 국산 벽돌이 주류를 이루고 있는데, 과거에는 호주산 벽돌도 쓰였으나 요즈음은 중국산 청고벽돌과 파벽돌이 사용되기도 한다.

돌　먼 과거에는 돌도 벽돌처럼 쌓아서 사용하였지만, 요즈음에는 얇게 판재로 켜서 외벽에 붙이는 방식으로 사용된다. 외장재로는 화강석이 주류를 이루고, 현무암, 사암砂巖(샌드스톤), 석회암石灰巖(라임스톤) 등도 사용된다. 외장용 타일을 크게 만들어 석재와 같은 공법으로 시공하는 경우도 있고, 천연석이 아닌 인조대리석 등을 사용하기도 한다. 시공 후의 이미지는 깨끗하고 좋으나, 줄눈 등을 잘못 처리하면 오염이 되어 지저분해지는 경우가 있으므로 관리가 필요하다. 내장재로는 대리석과 인조대리석이 주로 사용된다.

금속　아연이나 구리 등으로 이루어졌거나, 대기 중에서 녹이 생기지 않는 아연 등의 재료를 코팅(도금)한 강판으로 만들어진 재료다. 징크ZINC, 동판(황동, 청동), 컬러강판, 내후성강판, 골함석 등으로 대기 중에 노출되었을 경우 산화 피막이 생기면 오랜 기간 동안 변하지 않는 속성을 이용하여 건축물의 외장 재료로 사용한다. 가공성이 좋아 건축형태를 표현하기에는 좋으나 대개 시공비가 비싸다.

유리와 창틀　건축물을 가볍게 보이게 하거나 투명함을 표현하기에는 유리만한 재료가 없다. 그러나 빛과 열의 투과와 손실이 많아서 에너지 면에서는 효율이 떨어지기 때문에 잘 사용해야 한다. 건축에서 사용하는 평평한 유리를 판유리라 하는데, 판유리에는 투명유리, 컬러유리, 로이유리 등이 있고, 두께는 2~15㎜까지 다양하다. 유리가 두 겹으로 되어 있는 것을 복층유리라 하는데 '유리+공간+유리'로 되어 있다. 16㎜ 복층유리를 예로 들면 '유리5+공간6+유리5'로 이루어지고 두꺼워질수록 가운데 공간이 넓어진다. 전체 두께가 16, 18, 22, 24㎜로 된 복층유리 제품들이 사용된다. 이 유리에 은을 코팅한 것이 로이유리인데 유리와 공간의 조합에 따라 22~50㎜까지 복층유리와 삼중유리로 다양하게 나온다.

창틀의 경우에는 알루미늄과 플라스틱이 주를 이룬다. 알루미늄 창틀은 보기에는 좋으나 열전도가 잘되므로 반드시 중간에 단열층이 있는 단열바를 사용하는 것이 좋다. 플라스틱으로 된 창틀은 알루미늄에 비해 가격이 저렴하고 단열 성능 및 차음 성능은 좋지만 외부에서 보았을 때 모양이 투박하다.

나무 흙, 돌과 함께 인류가 가장 오랫동안 사용해 온 건축 자재다. 특히 동아시아에서는 나무를 주된 건축자재로 사용하였다. 그러나 과거에는 구조재로 사용하는 대신 지붕을 씌워서 빗물이 직접 닿지 않도록 사용하였다면, 현대건축에서는 목조주택의 경우에만 구조재로 사용될 뿐 대부분 외벽의 치장재로 많이 사용한다. 따라서 햇빛과 비바람에 노출되며, 이에 따른 변색·뒤틀림·부패 등이 발생하므로 주기적으로 오일스테인 도장을 하는 등 관리를 잘 해 주어야 한다. 바닥재로는 썩지 않도록 처리를 한 목재를 통칭하는 방부목이 주로 쓰인다. 외벽재로는 멀바우·이페·방킬라이 등 재질이 단단한 활엽수가 주종을 이루고, 톱밥에 플라스틱 재질의 수지를 섞어서 만든 합성목도 나온다. 수종에 따라 가격 차이가 크다.

콘크리트 콘크리트로 최종 마감면을 만드는 방식으로 주로 '노출콘크리트'라고 이야기 한다. 어떤 거푸집을 사용하느냐에 따라 나타나는 문양이 다르다. 일부 건축사들은 이 콘크리트의 단순한 조형성 때문에 선호하는 경우도 있다. 노출콘크리트는 일본에서 많이 사용되었다. 우리나라는 일본과 달리 기온의 차이가 심하므로 단열을 어지간히 꼼꼼히 하지 않으면 결로가 발생하기 쉽다. 보기에 단순하고 재료도 간단하지만, 많은 경험과 기술력을 가지고 시공을 해야 한다. 비용도 만만치 않게 들어가므로 외부 형태만 보고 선택을 했다가 자칫 실망할 수도 있다. 결로가 발생하거나 냉·난방 비용이 증가하는 등 유지관리에 애를 먹는 경우도 많다.

패널, 보드류 제품의 종류가 아주 많다. 얇은 2매의 알루미늄 판 사이에 고밀도의 폴리에틸렌 소재를 결합시킨 구조의 알루미늄 복합패널이 가장 일반적이다. 컬러강판 사이에 우레탄이나 글라스울, 스티로폼을 넣어서 만든 샌드위치패널, 베이스패널로 대변되는 성형시멘트패널 등도 많이 사용된다. 알루미늄이나 폴리에틸렌 등에 어떤 소재를 추가하여 고압으로 압축하였는가에 따라 재료의 특성이 결정된다. 비교적 최근에 개발된 테라코타패널이나 고밀도목재패널, NT패널 등도 많이 사용된다. 현재도 활발하게 개발되는 분야의 자재들이다.

외단열시스템 건물의 외벽에 단열재를 접착제로 붙이고, 유리섬유 메쉬를 미장으로 입힌 후 실리콘계로 된 여러 종류의 탄성이 좋은 외부 마감재를 뿜칠하거나 미장 마감하는 방식이다. 시공방법은 동일하지만 최종마감 재료의 종류에 따라, 그리고 제품을 개발한 회사에 따라 스터코, 스터코플렉스, 드라이비트, 스톤코트, 테라코트 등으로 불린다. 이 재료로 공사를 할 경우에는 접착제로 벽에 붙인 단열재가 통째로 떨어지는 사례가 종종 발생하므로 반드시 '화스너'라 불리는 연결철물로 벽에 단단히 고정시키는 것이 매우 중요하다. 또한 대부분 밝게 처리하고, 벽돌이나 돌처럼 자재가 분할되어 있지 않고 넓은 단일면으로 되어 있어서 오염에 약하므로 물이 직접 흘러내리지 않도록 후레싱을 설치하는 것이 중요하다.

사이딩 건물의 외벽을 판재 형태의 판으로 마감하는 것을 말하는데, 재료에 따라 비닐사이딩, 시멘트사이딩, 목재사이딩, 플라스틱사이딩, 세라믹사이딩으로 불린다. 폭 10~30㎝ 폭의 판을 겹쳐서 시공하므로 겹치는 방향에 따라 수평, 수직, 경사의 선이 생긴다. 비교적 저렴하다는 장점이 있는 반면, 디자인이 가볍고 내구성이 떨어진다.

지붕재 일반적으로 지붕재는 외장재로 생각을 하지 않는 경우가 많지만, 여름에는 비가 많이 내리고 겨울에는 눈이 내리는 우리의 환경에서 지붕재는 매우 중요한 외장재다. 전통건축에서는 경사 지붕에 기와를 얹었고, 현대에 와서는 징크나 리얼징크(컬러강판), 금속기와, 스페니쉬

기와, 아스팔트싱글 등을 많이 사용한다. 비와 바람, 햇빛에 강해야 하고 외장재와 색과 모양이 잘 어울리는지 판단해보는 것이 중요하다. 디자인 때문에 평지붕을 선호하는 경우가 있는데, 우리의 환경에서는 빗물의 원활한 처리와 추위·더위에 대한 완충 역할을 해주는 경사지붕이 유리하다.

건축주의 취향이 중요한 내장재

외장재는 외벽과 창호공사, 지붕공사, 잡철공사에 사용되는 자재를 말한다. 공사의 종류에 따라 자재의 가짓수도 다르다. 외벽용 자재는 다양한 반면, 창호와 지붕의 자재는 종류조차 많지 않다. 반면 내장재는 외장재보다 공사의 종류도 많고 자재의 가짓수도 많은 것이 특징이다.

상가주택의 외부재료
상가주택의 외부 재료는 단순한 것이 좋다. 여러 가지 재료가 복잡하게 사용되면 하자요인이 증가한다. 단순한 외관은 하자요인을 줄여줄 뿐 아니라 건물이 커 보이는 장점도 있다. 또 단순해도 지붕, 창틀, 배관, 난간 등이 덧붙여지면 어쩔 수 없이 복잡해진다.

내장재는 공사가 마무리되었을 때 눈에 보이지 않는 부분과 눈에 잘 보이는 부분, 두 가지로 나누어 볼 수 있다. 눈에 보이지 않는 부분으로는 시멘트몰탈을 발라서 콘크리트 벽을 매끄럽게 히는 미장공사, 벽과 천장에 석고보드를 치는 수장공사, 물이 새지 않도록 하는 방수공사, 콘센트와 전등을 설치하기 위한 전기공사, 전화와 인터넷 등을 사용하기 위한 통신공사, 화재에 대비한 소방공사, 수도 급수와 냉온수 사용, 배수 등의 시설을 하는 기계설비공사, 보일러를 설치하는 난방공사 등이 있다. 이들 공정은 겉으로 잘 드러나지 않을 뿐 아니라 기능적으로 완성도만 높으면 되기 때문에 기능 이외에 건축주가 크게 관여할 부분이 많지 않다.

주택 내부사진
바닥과 벽을 밝게 처리한 사례. 벽과 천장은 공간을 형성할 뿐이고, 가구와 그림 등 소품의 배경으로 존재하게 하겠다는 개념을 가지고 디자인 되었다. 벽이 복잡하면 나중에 가구가 설치되었을 때는 어지러울 정도로 더 복잡해진다.

그러나 화장실과 계단, 발코니 등의 타일공사, 벽과 천장에 하는 도배공사, 전등을 설치하는 조명공사, 주방가구를 비롯한 수납을 위한 가구공사, 페인트 등의 도장공사, 계단 난간 등의 잡철공사, 방문 등의 문짝을 설치하는 목공사, 세면대와 변기 등과 수도꼭지와 샤워기 등을 설치하는 도기 및 수전공사, 에어컨을 설치하는 냉방공사 등은 최종적으로 눈에 보이고, 수시로 사용해야 하는 대상으로 건축주들의 관심이 많은 것들이다.

외장재도 그렇지만, 내장재를 결정하는 데는 개인의 선호도가 더 많이 작용한다. 주의해야 할 점은 디자인의 방향을 정하는 것이다. 작은 실내 공간에 모든 디자인을 다 집어넣을 수는 없다. 사용자의 취향에 따라 어떤 스타일로 할 건지, 아니면 집을 짓는 목적에 따라 어떤 기능으로 실내를 구성할지를 결정하는 게 바람직하다. 실내 디자인에 사용되는 재료들은 외부재료와 달리 교체하기가 쉽거나, 경우에 따라서는 도배나 바닥재, 주방가구처럼 주기적으로 교체하는 것이 일반적이다. 따라서 실내재료들은 내구성보다는 유지관리와 교체가 편리한 자재가 좋다.

제발, 누구 말도 듣지 말라

재료는 선호도가 천차만별이다. 따라서 디자인은 물론이고 색채와 질감, 크기와 비례까지도 무엇이 정답이라고 할 수 없다. 주방가구를 예로 들어 보자. 누구는 에넥스 제품이 좋다고 하며, 누구는 한샘 제품이 좋다고 한다. 누구는 원목 제품이 최고라고 하는데, 누구는 주방가구는 소모품이므로 사제품으로 만들어서 사용하라고 한다. 간혹 외국 제품을 선택하는 경우도 있다.

이들은 자신이 사용해 본 제품을 이야기하는 경우가 대부분이다. 수많은 회사의 제품들을 모두 사용해 보았을 리도 없고, 각각의 제품에 대한 디자인 특성이나 효율성에 대한 전문성을 갖추고 있을 리도 만무하다. 어쩌면 자신이 사용해 보지 못해서, 사용하고 싶은 제품이 최고라고 이야기하고 있는지도 모른다. 이런 다양한 요구에 모두 맞출 수 있는 것은 아무것도 없다. 각각의 제품마다 특성이 있기 때문에 그에 맞게 사용하면 그만이다. 특성을 잘 모르겠거든 전문가와 상의하라.

우리는 집을 지을 때 많은 사람들의 조언을 구한다. 재료와 제품을 선택할 때도 마찬가지고, 심지어 집을 살 때도 많은 사람들이 보고, 그들이 좋다고 하는 집을 사려고 한다. 많은 사람들의 조언을 구하는 것은 좋은 일이다. 실수를 줄여주고, 판단의 정확성을 높여준다. 그러나 누구의 말을 듣느냐가 중요하다. 집을 몇 번 지어 본 사람, 집을 여러 번 사고 판 사람, 집에 대하여 아는 체하는 사람, 심지어는 옆집 사람이나 친한 친구에게 조언을 구한다는 것이 문제다.

집 짓는 일에 관여하는 사람, 예를 들면 미장이나 방수, 조적공사를 하는 등 전문공사업에 종사하는 사람에게 내 집에 대한 조언을 구하는 것도 문제다. 열에 하나는 좋은 이야기를 해줄 수 있겠지만, 대개는 조언이 너무 단편적이어서 내가 원하는 집을 짓는데 도움이 되지 않는다. 개중에는 무언가 흠집을 지적해 주어야 자신의 역할을 했다고 생각하는 사람도 있다. 이런 사람들과 상의해서는 전혀 이득이 없다. 오히려 정확한 판단을 하지 못하여 손해가 되기 십상이다.

판단하기에 자신이 없다면 비용이 들더라도 정확한 조언을 해 줄 전문가에게 자문을 구하는 게 상책이다. 설계자와 시공자가 제대로 하고 있는지, 혹시 바가지를 쓰거나 속는 것은 아닌지 궁금하거나 의심이 된다면 새로운 조언자를 구하자. 방법으로는 설계자와 시공자를 감독할 수 있는 다른 건축사를 감리자로 선임하는 것이다.

이 경우에도 안타까운 점은 건축주들이 감리자나 감독으로, 국가에서 인정한 건축사보다 정규 교육을 받지 못한 채 현장에서 오랫동안 일한 사람을 선택한다는 현실이다. 아는 사람을 소개받았다는 이유에서다. 몸으로 체득한 기술과 사소한 비용절감도 중요하겠지만, 더 중요한 것은 건축주가 원하는 집으로서의 전반적인 방향과 가치를 확보할 수 있는가가 아닐까?

좋은 설계자와 감리자, 그리고 시공자를 찾는 데에 최선의 노력을 하고 그들과 상의하자. 그들 세 명이면 충분하다. 그 외의 사람들의 자문과 조언은 혼선만 가져올 뿐이다. 좋은 집을 짓기 위한 정답은 '제발, 누구의 말도 듣지 마라'이다.

미래건축물은
제로에너지하우스로 간다

토속건축으로의 회귀

얼마 전까지만 해도 건축물에서 에너지는 그리 중요하게 고려되는 분야가 아니었다. 그러나 1972년 스톡홀름에서 개최된 국제연합인간환경회의 이후, 세계 사회의 한편에서는 지구의 환경과 에너지에 대한 걱정과 논의가 시작되었다. 1987년 세계환경발전위원회에서 브른트란트는 '우리들의 공동의 미래'라는 보고서를 통해 지속가능한 발전을 추구해야 한다고 주장했다. 수차례의 국제회의를 거치면서 급기야 2012년 리우데자네이루에서 20년 만에 다시 열린 '유엔지속가능발전회의'에서는 2015년 이후 국제사회가 추구해야 할 지속가능한 발전 목표를 경제, 환경뿐만 아니라 사회가 균형있게 성장하는 포괄적이고 총체적인 성장으로 설정하는 등 사회 전반으로 확대하였다.

이제는 에너지와 환경을 필두로 '지속가능한 발전을 어떻게 할 것인가?'가 화두가 되었다. 지구 전체 천연자원의 약 40%, 에너지의 약 48%, 물의 약 9%를 사용하는 건축계는 그 논란의 중심에 서게 되었다. 에너지는 이제 건축물의 가치를 결정하는 첫 번째 요소가 되었다. 이것은 설계를 할 때 에너지가 중요한 고려 요소가 되었다는 점을 의미한다는 뜻이다.

지금처럼 건축에서 사용할 수 있는 재료가 풍부하지 않던 과거에는 가까운 지역에서 흔히 구할 수 있는 재료로 건물을 지었다. 이런 건축을 토속건축이라 한다. 단열재도 없었고 냉·난방기구도 없던 시절, 토속건축에서는 건물의 배치에서부터 자연채광, 자연환기 등 자연현상을 적극적으로 활용하여 냉난방을 대체하였고, 유지관리비를 줄였다.

인간들의 지혜가 점점 쌓이면서 각 지역마다 환경에 맞도록 비용이 가장 적게 들지만 가장 쾌적하게 살 수 있는 집들을 지었다. 열대지방은 더위에 견딜 수 있게, 추운 곳은 추위에 적합하게 지었다. 모래가 많은 지역은 모래를 주재료로, 돌이 많은 곳은 돌을 사용하여 건물을 지었다. 우리의 선조들은 우리 주변에 가장 구하기 쉬운 나무를 주재료로 지었으며, 여름을 대비한 마루와 겨울을 견딜 수 있는 온돌을 설치하였다. 세계의 어디에서도 사례를 찾아보기 힘든, 냉난방을 겸하는 독특한 방식으로 지은 것이다.

우리의 토속건축에서 현대건축 설계에 반영할 수 있는 노하우로는 무엇이 있을까? '남향으로 배치하여 냉난방 비용을 절감한다', '남쪽에는 활엽수를 식재하여 여름에는 그늘을 만들어 복사열을 차단하고, 낙엽이 진 겨울에는 햇빛을 받아들이게 한다', '북쪽은 반대로 상록수를 심어 북서풍을 차단한다', '차양이나 지붕을 설치하여 여름의 태양열로 인한 더위를 절감한다' 등을 예로 들 수 있다.

이뿐 아니라 태양열을 30% 흡수하는 흰색과 90% 흡수하는 검정색 등 색채도 고려 대상이다. 단순한 외관과 배수, 환기, 통풍을 감안하는 방법 등은 일일이 거론하기 어려울 정도로 많다. 이외에도 현대에는 빗물활용, 옥상녹화, LED조명장치, 이중창시스템 등을 반영하는 방식들이 추가로 연구되기도 한다.

이렇게 화석연료가 아닌, 태양·바람·조경 등 자연을 이용하는 방식은 인간의 지혜가 수천 년 간 누적되어 온 것들로, 현대 건축에서도 매우 요긴한 사항들이다. 그러나 서구 건축을 기준으로 교육을 받는 우리의 현대 건축 교육에서 이러한 부분이 배제되어 있어서 아쉽다. 우리가 집을 지을 때 반드시 고민해야 하고 활용할 요소들로, 적극적인 반영을 고려해 보자.

패시브하우스 Passive House 의 등장

패시브하우스란 '수동적passive인 집'이라는 뜻으로, 능동적으로 에너지를 만들어 쓰는 액티브하우스active house에 대응하는 개념이다. '수동적'이라는 것은 단열재의 사용으로 실내와 실외의 공기를 차단하거나, 쓰고 남은 열을 열원으로 이용하여 에너지로 재활용하는 등 에너지를 생산하는 것보다는 차단하고 재활용하는 것에 주목적을 두기 때문에 붙여진 이름이다. 일반 건축물에 비해 적은 에너지의 사용으로 냉난방이 가능하도록 지어지는 건축방식으로 이해하면 쉽다.

구체적으로 알아보면 건물의 외피, 즉 바닥과 지붕, 외벽 등을 30cm가 넘는 엄청난 두께의 단열재로 감싸고, 유리창은 가스가 들어간 3중유리로 만들어 내부와 외부의 열을 최대한 차단한다. 겨울에는 석유, 석탄, 천연가스 등 화석연료나 전기 등을 사용하지 않고 태양과 전자제품에서 나오는 열, 사람의 몸에서 나오는 온기 등을 이용해 난방을 한다. 이것은 집안의 열이 밖으로 빠져나가지 못하게 막고, 냉기는 들어오지 못하도록 철저히 차단하는 방법으로 가능하다.

우리나라는 최근 몇 년간 단열재에 관한 건축법이 수차례 개정되었다. 2001년 정확한 단열재 규정이 정해진 후, 2011년 규정이 강화되었는데 2년 후인 2013년, 그리고 2년 후인 2015년에 또 보강되었다. 최근에는 2018년 9월에 또 강화되었는데, 그 기준이 앞으로 신축되는 모든 주택은 패시브하우스가 되어야 한다고 봐도 될 정도다. 더하여 정부는 향후 제로에너지하우스급으로 단열규정을 강화할 것이라고 한다. 법규가 이렇게 자주 강화가 되는 것을 보면 에너지에 대한 상황이 얼마나 다급하게 돌아가고 있는지를 알 수가 있다.

액티브하우스 Active House 로의 발전

패시브하우스가 에너지 낭비를 최소화하는 데 집중한다면, 태양열과 지열 등 천연에너지를 이용하여 냉난방과 온수 등을 해결하는 집을 액티브하우스라고 한다. 에너지를 자급자족하는 형태이며, 화석연료처럼 사용 후 환경오염을 일으키지 않아 친환경건축물로 불린다. 태양광, 태양열 및 지열, 풍력 등 자연에 상존하는 천연에너지를 활용한 신재생에너지 설비를 갖춰 주택에 필요한 에너지를 자체 생산해 내는 것을 목표로 한다. 토속건축에서는 천연에너지의 원리를 활용했지만, 액티브하우스에서는 설비를 갖추어 신재생에너지를 만들어 낸다는 점에서 차이가 있다. 제로에너지하우스로 가는 과정이라고 보면 된다.

결론은 제로에너지하우스 Zero Energy House

패시브하우스와 액티브하우스를 복합적으로 활용하여 화석연료의 사용에 따른 탄소발생량을 제로에 가깝게 줄이는 주거를 제로에너지하우스, 즉 에너지자립주택이라 정의한다. 사실 제로에너지하우스는 하나의 방법으로 이루어지지는 않는다. 일반적으로 건물의 향이나 배치, 형태와 색 등으로 규정되는 토속건축의 실현으로 에너지의 60%를 절감할 수 있는 설계를 하고, 패시브하우스의 실현으로 28%를 절감할 수 있다고 한다. 그리고 태양열, 태양광, 지열, 풍력, 바이오에너지 등을 활용하는 신재생에너지 활용기술, 즉 액티브하우스 기술로 12%를 절감하여 총 100%를 절감한다. 100%를 절감하니 투입되는 화석에너지는 0%인 제로에너지하우스가 완성된다.

그중 패시브하우스 28%를 구체적으로 보면 단열재의 밀도와 두께를 증가시키는 고단열, 3중 유리나 로이유리 등의 고효율 창호를 사용하여 20%를 절감한다. 각종 설비 시스템들의 효율 향상과 고효율 전열교환 등 시스템 향상 기술로 8%를 절감한다. 에너지 소비를 최대한 절감하고, 소비된 에너지를 회수하는 방법들이다.

중요한 점은 이 제로에너지하우스 개념의 실현이 먼 데 있지 않다는 것이다. 유럽연합은 2019년부터 제로에너지건물 건축을 의무화할 계획이다. 이미 영국은 2016년부터 모든 신축주택의 제로에너지 의무화, 독일은 2015년부터 패시브하우스 수준의 건물 의무화를 약속했다. 프랑스는 2020년부터 에너지플러스 건물 공급은 물론 제로에너지주택 100만 호 공급을 목표로 하고 있고, 에너지소비가 가장 큰 미국도 2025년부터 제로에너지주택을 보급하겠다고 선언한 상황이다.

우리나라도 2018년부터 주택 신축 시 패시브하우스 수준이 되도록 기준을 강화하였다. 2025년부터는 제로에너지하우스 수준으로 기준을 의무화할 계획이라고 하니 에너지 절감은 우리에게 주어진, 거스를 수 없는 과제이다. 여기에 더하여 건축물 에너지 인증제가 시행되어 이제는 에너지 절감 등급에 따라 건축물의 가격이 결정될 날이 코앞으로 다가왔다. 언제부터인가, 우리 주변에 있는 가전제품을 보면 대부분 에너지등급이 표시되어 있는 표가 붙어 있는 것을 볼 수 있다. 에너지 사용 효율에 대한 표시로 사용 시 발생하는 유지비와 관련이 되므로, 제품을 구매하는 데 큰 영향을 미치고 있다.

제로에너지하우스를 구성하는 단계별 에너지요소

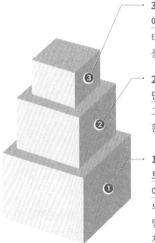

3단계 : 액티브 하우스(Active House)
에너지의 12%를 신재생에너지로 자체 생산
태양광 발전설비, 태양열 난방/급탕, 히트펌프 냉난방,
풍력발전설비, 지열, 바이오메스

2단계 : 패시브 하우스(Passive House)
단열로 에너지의 20%, 설비시스템의 효율 향상으로 8% 절감
고단열, 열교의 차단, 고기밀, 3중 유리의 사용, 폐열회수
환기장치, 전동 외부 블라인드(EVB), 효율적인 조명

1단계 : 버나큘러 하우스(Vernacular House)
토속건축의 원리와 디자인으로 건물이 사용하는
에너지의 60% 절감
부지의 위치 선정, 건물의 배치 계획, 조경과 식재, 배수 시스템, 형태와 색상 고려, 외부 소재 선정, 외부 차양 설치, 햇빛의 차단과 공급, 창문 방향과 크기, 바람 길의 고려

건축물에도 이렇게 가전제품처럼 에너지등급이 매겨진다면 어떨까? 먼 미래 세대들의 이야기 같지만 그렇지 않다. 벌써 우리 주변의 건축물에도 시행되고 있다. 연면적 3,000㎡ 이상인 공공건축물은 건축물에너지효율등급인증을 의무적으로 받아야 하며, 냉방 또는 난방면적의 합계가 500㎡인 건축물은 인증을 유도하고 있다. 머지않아 상가주택과 같은 소형 건축물에도 의무적으로 시행이 되리라 예상한다. 그러면 건축물관리대장에 등급이 찍혀서 나오게 된다. 60㎡ 이하, 85㎡ 이하 등 국민주택규모 주택에 세제 혜택을 주듯이, 이 에너지 등급을 맞춘 건축물에도 세제 혜택이 주어질 것이다. 또한 건축물은 신축 후 철거할 때까지 사용하면서 들어가는 비용이 신축 비용의 4배에 이른다고 한다. 건축물 에너지등급은 날로 상승하는 에너지 비용과 세제 혜택으로 인해 건축물의 가격을 결정하는 가장 결정적인 요인이 될 것이다.

에너지 관련 건축 인증
이제는 건축에도 에너지소비효율 등급이 의무화되었다. 단독주택으로는 국내 최초로 녹색건축 인증과 건축물에너지효율등급 인증을 동시에 획득한 고양시 해바람주택.

실시설계가 잘 되어야
건축물의 가치가 오른다

08

건축물의 구조나 토목공사는 건물이 완성된 후에는 보이지 않지만, 잘못될 경우 공사 중단은 물론 천문학적인 비용을 지불해야 하는 경우가 발생하기 때문에 신중하게 설계하여야 한다. 전기와 기계설비 등은 인체의 신경이나 혈관과 같아서 차지하는 비용이나 시설규모에 비해서 중요도가 훨씬 가중된다. 설비공사가 잘못된 건물에서 산다는 것은 심혈관계 환자가 겪는 고통과 다를 바가 없다. 여기에 방수와 결로, 단열공사가 미비하여 그 성능이 확보되지 않으면 건물을 사용하는 수 십 년간 불편과 고통을 겪게 된다.

상가주택을 설계하다보면, 건축허가 도면에서 작성한 내용 이외에도 중요한 부분이 많이 있다. 대개 실시설계에서 다루는 부분들로 갈수록 중요도가 커지는 주방과 주방가구계획, 자칫 잘못하면 버려지는 공간이 될 수도 있는 계단과 통로, 가능하기만 하다면 귀퉁이로 밀어 버리고 싶은 현관과 신발장, 남는 자투리 공간에 설치하는 화장실과 다용도실, 가구와 수납공간, 그리고 개인의 취향을 반영한 취미공간에 대한 계획들이다. 건물 밖으로 눈을 돌려 보면 외벽과 창호 상세는 기본이고, 법적 기준만 간신히 충족시켜 놓는 조경과 외부 시설물들, 잘만 해놓으면 쓰임새가 많은 데크, 그리고 건물의 마무리에 해당하는 담장과 대문디자인 등이 실시설계에서 다루어야 할 부분들이다.

지반과 구조가 튼튼해야 한다

두려워해야 하는 땅, 토목설계

토목설계는 일반적으로 지하층을 배치할 때 하게 된다. 지하층을 팔 경우 주변의 흙이 무너지거나 움직이는 것을 방지하기 위해서 H형강으로 된 철골구조물을 설치하는데, 이것을 '가시설'이라고 한다. 가시설의 경우 간단한 사항은 건축사가 도면을 그릴 수도 있지만, 대개는 토목기술사가 건물에 가해지는 토압을 계산하여 흙을 막는 방법과 흙을 파내는 방법 등 시공 방법을 결정한다. 지하층의 깊이에 따라 가시설이 받는 토압(지하수가 있을 경우에는 수압을 포함하여)을 계산하여 가시설로 사용되는 H형강과 부속 철물의 간격과 크기도 결정한다. 가시설의 종류는 무척 많지만 소형건물에서 일반적으로 사용하는 가시설인 'H-Pile 토류판 공법'과 'CIP 공법'에 대하여 간단히 소개한다.

'H-Pile 토류판 공법'은 '오거Auger'라는 장비로 땅에 약 1m 간격의 구멍을 뚫은 후, 이곳에 H형강을 끼워 넣고 그 사이를 토류판이라 불리는 약 6㎝ 두께의 나무판을 끼워 넣어 흙을 막는 방법이다. 'CIP 공법'은 오거Auger로 땅에 구멍을 서로 맞닿게 뚫은 후 이곳에 철근으로 만든 망을 넣고 거기에 콘크리트를 부어 넣은 후 굳히면 콘크리트 말뚝이 되는데, 이 말뚝을 활용하여 흙을 막는 방법이다.

가장 큰 장단점을 보면, 토류판공법은 공기工期가 빠르고 공사비가 저렴한 반면, 토류판 뒤의 흙이 함몰되는 경우가 많다. 따라서 가까이에 건축물이나 도로 등이 없는 경우에 많이 사용한다. CIP 공법은 공기가 늦고 비용이 많이 드는 대신 흙막이 뒷면의 변형이 적어 건축물이 서로 인접해 있는 도심지에서 많이 사용한다.

흙막이도 안전이 최우선이다. 옆집이 바짝 붙어 있는 경우에는 비용과 공사기간이 늘어나더라도 상대적으로 안전한 CIP 공법이 유리하며, 지하수위가 높아서 물이 많이 나올 경우에는 CIP 공법에 추가하여 물막이 시설을 하는 방법이 좋다. 흙막이로 인하여 옆집의 흙이 함몰되는 경우는 말할 것도 없고, 물이 많이 빠지면 물과 같이 흙 알갱이도 같이 빠지는데, 이럴 경우에도 옆집의 지반이 꺼지거나 건축물이 가라앉는 등 치명적인 사고가 발생한다. 이런 상황이 실제 생기게 되면 공사를 진행하지 못할 뿐 아니라, 건축 분쟁은 물론 안전사고로 이어져 큰 비용이 발생할 수 있다.

구조설계는 건축물의 뼈대 만들기

구조설계는 외부에서 가해지는 여러 가지 힘에 대해 건축물이 버티는 힘을 계산하는 작업이다. 철근콘크리트 구조를 예로 들면, 건축물은 콘크리트와 건축 내·외부 마감재 등 자체 무게, 사람과 가구·책·차량 등 움직이는 것들의 무게인 이동하중, 주변의 흙이 건물에 가하는 토압 등을 견뎌내야 한다. 그 이외에도 바람의 영향을 계산하는 풍하중, 눈의 무게를 계산하는 적설하중, 그리고 우리에게 현실로 다가온 지진의 영향을 계산하는 지진하중 등에도 버틸 수 있어야 한다. 건축구조기술사는 외부에서 수평, 혹은 수직으로 가해지는 이들 하중과 힘을 계산하여 건축물이 이들에 견딜 수 있도록 철근의 굵기와 개수를 결정하고, 콘크리트의 강도와 두께를 결정한다. 갈수록 심해지는 이상 기온에 따른 집중호우와 폭설에 대한 영향도 심각하게 고려해야 한다. 이제 우리나라도 더 이상 지진에 대하여 안전한 곳이 아니므로, 지진에 대비한 내진설계도 정확하게 짚어 봐야 한다.

이러한 각종 무게와 힘에 대한 구조계산은, 땅이 버텨주어야 한다는 전제가 깔린다. 따라서 구조계산 못지않게 땅의 단단하기를 측정하는 것이 필수다. 땅이 버티는 힘, 즉 지내력을 알기 위해서는 반드시 지질조사를 하여 땅의 상태를 판단하는 과정이 정말 중요하다. 건물의 무게를 땅이 버틸 수 없다면 땅 속에 파일을 박거나, 기초를 보강해서라도 지지할 수 있도록 해 주어야 한다.

신도시를 조성하다 보면 부지를 성토하거나 절토하는 경우가 생긴다. 절토지역은 무방해도, 과거에 논이었던 곳을 성토한 부지를 분양 받았을 경우, 추가 비용이 들더라도 파일을 박거나 기초를 내려서 지하층을 파야 하는 경우가 생긴다. 이러한 판단은 정말 중요하므로 설계 시 절토·성토지역 여부를 설계자에게 다시 한 번 확인하도록 요구해야 한다. 이런 자료는 토지공사 등 땅을 분양한 사업 주체가 가지고 있으므로 그곳에 요구하여 자료를 받으면 된다.

지상의 구조물은 건축물이 완성된 후에도 보강이 가능하지만 땅 속은 보강이 거의 불가능하다. 보강할 수 있다고 하더라도 비용이 천문학적으로 들게 된다. 그렇다고 내버려둔다면 지상의 구조물은 그야말로 사상누각이다. 이렇게 제대로 다져지지 않은 땅들은 시간이 지나면 건물의 무게에 의하여 땅이 가라앉게 되는데 이를 '부동침하'라고 하며 건축물에 가장 안 좋은 상황이다. 건물 전체가 똑같이 가라앉으면 오히려 문제는 없다. 그러나 가라앉는 건물이 좌우 균형을 생각해 줄 리도 없고, 하나의 건물에서 지반의 상태가 서로 다르면 반드시 서로 다르게 가라앉게 되어 있다. 이럴 경우의 해법은 거의 없거나, 있더라도 비용이 아주 많이 들어가므로 설계단계는 물론 시공 단계에서도 처음부터 정확히 짚고 넘어가야 할 문제이다.

부동침하가 생기기 시작하면 여기 저기 벽에 금이 가고, 방수가 깨지고, 문틈이 벌어지고, 가구의 수평이 안 맞는 현상들이 발생하고 급기야는 철거를 해야 하는 상황이 발생할 수도 있다.

H-Pile 토류판 공법 ↑↑
H형강 사이에 토류판이라는 목재판을 끼워서 흙을 막으므로 토류판공법이라고 한다.

CIP 공법 ↑
CIP 말뚝을 만든 후 지지하는 철골부재를 대고 터파기 공사를 진행하고 있다.

복잡한 외벽은 섬세하게 처리하자

외벽단면으로 외벽 재료의 연결을 본다

건축물의 외벽은 여러 가지 재료가 사용되고, 수평으로는 골조와 개구부, 수직으로는 땅 속과 옥상 등 여러 상황과 재료들로 조합된다. 이런 것들을 한 번에 검토하고 고민해 보기 위한 도면이 건축물의 외벽단면이다.

이 외벽단면을 연구할 때 또 다른 중요한 내용이 있는데, 바로 재료와 재료의 연결 상태, 연결부위의 처리 방법이다. 연결부위를 얼마나 깔끔하게, 하자가 생기지 않도록 잘 처리하느냐를 연구하는 설계를 '디테일 설계'라고 한다. 실시설계는 대부분 이러한 재료와 재료, 형태와 재료의 관계에 대한 디테일 설계인 경우가 많다.

서로 다른 재료가 많을수록 디테일 설계가 많아지고 이 부분이 잘못 처리되면 하자가 발생할 수밖에 없다. 가급적 서로 다른 재료가 이상하게 만나는 부위를 만들지 않는 설계가 좋다. 어쩔 수 없이 만나는 부분이 발생하게 된다면 꼼꼼하게 검토를 해야 한다.

창호 설계는 에너지의 중심

건축물에서, 그중 외벽에 설치한 창호는 대단히 중요한 부위다. 외벽의 단열재와 창호는 건축물의 에너지와 밀접하게 연관되어 있다. 에너지를 제외하고도 창호를 통하여 환기와 채광을 해주고, 조망은 물론, 내외부로 통행을 하기도 한다. 이렇게 많은 기능과 용도를 가지고 있는 것이 창호다.

창호는 창틀과 유리, 그리고 방충망으로 구분된다. 창틀은 알루미늄과 플라스틱 창틀이 주종이다. 알루미늄은 열전달이 빨라서 단열에는 매우 취약한 자재이지만, 중간에 단열구간을 넣어서 열이 전달되지 않도록 한 '단열바'가 만들어진 후 많이 사용되고 있다. 여닫이 기능과 미닫이 기능, 그리고 약간만 열리는 환기 기능까지 가지고 있는 '시스템창호'가 개발되어 많이 사용되고 있다.

플라스틱 창호는 자재 자체가 열전달이 잘 안되어 일반창호로 많이 사용한다. 문짝을 이중으로 설치하는 이중창이 플라스틱 일반 창호로 가장 많이 사용되고 있고, 강도를 보강하여 만든 플라스틱 시스템 창호도 알루미늄 창호보다 가격이 저렴하여 많이 쓰인다. 알루미늄 보다 상대적으로 약한 플라스틱 창호는 프레임 속에 강재를 넣어서 구조적인 보강을 한다.

유리는 역사가 아주 오래된 건축 자재다. 평평하게 만들어진 판유리가 주종이었으나 근래에 들어와 유리와 유리 사이에 공기층을 만든 '복층유리', 유리면에 금속 코팅을 하여 자외선을 반사시키는 '로이유리' 등의 신제품들이 만들어졌다. 유리는 이미지가 가볍고 투명할 뿐 아니라, 외관을 아주 단순하게 처리하기가 쉬워서 설계자들이 많이 선호한다. 다만 유리를 통한 열손실이 커서 에너지 측면에서까지 유리한 자재는 아니다.

외부에 사용되는 창호는 이런 특성을 알고 컬러나 재료를 결정해야 한다. 비싸다고 좋은 것이 아니고, 싸다고 무조건 나쁜 것도 아니다. 일례로 시스템창호가 처음 나왔을 때는 일반 플라스틱 창호보다 단열이나 차음 등에서 성능이 더 좋았다. 그러나 플라스틱 창호가 성능을 개선시킨 지금은 단열과 차음 면에서는 플라스틱 창호가 가격에 비해 더 우수하다. 다만 시스템창호에 비해 플라스틱 이중창호는 창틀이 이중으로 되어 있어서 두껍고 투박해 보이는 시각적인 단점이 된다. 창호를 사용할 때는 이런 특성을 파악하여 선택하도록 한다.

보기 싫어도 그려 넣자, 홈통과 두겁석

건축물의 외관을 디자인하면서 설계자들이 가장 싫어하는 것이 홈통이다. 비례며 높낮이를 잘 맞추어 깔끔하게 디자인된 외벽에 홈통이 그려지는 순간 보기가 싫어진다고 생각하기 때문이다. 사실 홈통은 어떻게 그려 넣어도 예쁘지가 않다.

그러나 기능적으로는 홈통만큼 중요한 것도 드물다. 홈통은 지붕에서 내려오는 물을 받아주는 처마홈통과 이 처마홈통에 모인 물을 땅바닥으로 내려주는 선홈통이 있다. 갈수록 집중호우가 강해지는 우리나라 기후에서 이 홈통의 역할은 더 중요해지고 있다. 지금까지 괜찮았던 집에서 집중호우로 순간적인 폭우가 쏟아질 경우 처마에서 물이 넘치는 현상이 일어나기 때문이다.

홈통은 개수를 충분하게, 크기도 여유 있게 설계하자. 물이 한 번 넘치면, 보기에 예쁘게 하기 위하여 개수도 줄이고 크기도 줄인 수고가 모두 수포로 돌아간다. 반대로 예쁘지는 않더라도 어떤 폭우에도 물이 넘치지 않으면 모든 것이 다 용서된다. 모양이 별로 예쁘지 않다고 골조 속에 묻거나 건물 속으로 숨기는 경우도 종종 있는데, 권하고 싶지는 않다. 유지관리가 어렵고 문제가 생겼을 경우 처리가 아주 곤란하다.

가급적 단순하게

건축물의 외벽을 보면 작은 벽면에 여러 가지 재료를 사용한 경우가 있다. 형태와 어울리지도 않게 재료를 분리하여 사용한 건물, 그것도 사선으로 이리저리 표현한 건축물을 보면 어지럽다. 이렇게 해야 디자인을 했다고 생각하는 모양이다. 아니, 디자인의 수준이 떨어지면 떨어질수록 이 단순한 외부 형태를 과감하게 그대로 두는 것을 견디지 못하는 듯하다. 그러나 건축 이외의 다른 분야 디자인을 보더라도 잘된 디자인은 '단순하면서도 보기 좋다'는 공통점이 있다. 어지럽고 복잡한 것보다는 단순하게 처리한 디자인이 좋은 디자인이다.

건축물의 외부는 가급적 단순하게 설계하라고 권하고 싶다. 아무리 단순하게 설계를 해도 건축물의 외벽에는 한두 가지의 외벽재료, 유리와 창틀, 지붕과 홈통, 그리고 도시가스 배관 등 각종 자재들이 붙게 마련이다. 이것만 가지고도 충분히 어지럽고 복잡하다.

복잡하고 어지러운 디자인일수록 빨리 싫증이 난다. 어찌 보면 무덤덤하고 단순할수록 처음의 감흥은 적지만 오랫동안 싫증나지 않는다. 여기에 더하여 오랫동안 보면 볼수록 새록새록 좋아지는 디자인이라면 더할 나위 없다. 조선백자 같다고나 할까? 색도 형태도 아주 단순하고 투박한 이 도자기의 자연스러움은 볼수록 좋아진다고 한다. 그러나 건축에서 이런 디자인을 하려면 보통의 내공으로는 어렵다.

에너지 시대에는
단열과 방수가 중요하다

단열공사가 중요한 에너지 시대

상가주택에서 에너지와 직접적으로 연관되어 있는 것이 단열공사와 창
호공사이다. 단열재는 종류에 따라 열효율의 편차가 크고, 창호도 종류
에 따라 열손실의 정도에 차이가 많다. 여기에 구조체의 종류에 따라 차
이가 나기도 하는데 철근콘크리트구조와 목구조, 경량철골조와 조적조
등은 각각의 특성을 가지고 있는 만큼 단열에 대한 대처도 서로 다르다.

똑같은 콘크리트 구조체를 활용하여 집을 지었다 하더라도 디자인
에 따라 단열 방식이 달라진다. 예를 들어 구조체의 외부에 단열을 하는
외단열, 노출콘크리트처럼 내부에 단열을 하는 내단열, 구조체의 중간
에 단열을 하는 중단열 등이 그것이다. 이들 중 단열효과는 외단열이 가
장 좋다. 정부에서도 외단열을 유도하기 위하여 건축물 면적을 계산할
때 혜택을 주고 있다. 내단열을 할 경우는 전체 벽체 중심으로 면적을 계
산하는 것을, 외단열을 할 경우에는 단열재와 외부 재료를 제외한 구조
체 중심으로 계산하도록 하고 있다. 그만큼 동일한 면적이라도 안목치
수인 실제 면적이 커진다.

단열재들을 공식적으로는 비드법보호판, 압출법보호판, 글라스울,
우레탄이라고 부르는데, 일반인들은 이 용어가 어렵게 느껴진다. 쉽게
말하면 비드법보호판은 스티로폼이고, 압출법보호판은 일반적으로 볼
수 있는 아이소핑크다. 비드법보호판은 단열재를 구성하고 있는 알갱이
가 보이고, 압출법보호판은 알갱이가 없이 발포된 입체로 되어 있다. 글
라스울은 가장 쉽게 구분할 수 있는 제품으로, 말 그대로 유리섬유로 구

성되어 있다. 아이소핑크는 분홍색, 우레탄은 노란색으로 이루어져 있으니, 아이소핑크와 우레탄을 구분할 때는 색깔을 기준으로 삼으면 될 것이다.

가격은 스티로폼, 아이소핑크, 글라스울, 우레탄으로 갈수록 비싸고, 비드법보호판과 압출법보호판은 1호에서 2호, 3호로 갈수록 성능이 떨어진다. 요즈음에는 검정색 스티로폼도 나온다. 업자들은 간혹 기존의 흰색보다 검정색 스티로폼이 단열 효과가 좋다고 말하는데, 스티로폼은 같은 호수면 단열효과가 똑같다. 막상 고려하여야 할 중요한 차이는 스티로폼과 아이소핑크는 불이 닿으면 순식간에 타거나 녹아버려 불에 아주 약한 반면 글라스울이나 우레탄은 불에 타지 않는다는 점이다. 가급적 단열재만큼은 비용을 아끼지 말자.

단열재의 종류

스티로폼(비드법보호판)

아이소핑크(압출법보호판)

글라스울(유리섬유)

경질우레탄보드

단열공사가 중요한 또 다른 이유가 있다. 바로 단열공사가 결로와 직결되기 때문이다. 결로는 노출콘크리트구조의 집처럼 내단열을 하는 주택에서는 항상 골치거리다. 아파트도 문제인데 내단열을 하는데다가 북쪽 베란다처럼 단열이 아예 안 되어 있는 곳이 있기 때문이다. 이런 곳에서는 누수보다도 더 많은 결로수가 흘러내린다. 단열층이 끊어지지 않도록 단열을 잘 하면 결로의 확률도 훨씬 줄어든다.

냉·난방에 도움을 줄 수 있는 새로운 시설로는 열교환기(열회수환기장치)가 있다. 과거에는 규모가 큰 제품들만 출시되었는데, 요즘에는 주택용으로 쓰는 작은 것들이 나온다. 냉·난방시 에너지 효율을 걱정하여 밀폐시키게 되는데 이때 실내의 공기가 탁해진다. 열교환기는 탁해진 공기를 에너지 낭비가 적게 외부의 공기와 교체해주는 기능을 가지고 있다. 즉 나가는 공기에서 덥혀져 있거나 차가워진 온도를 들어오는 공기에다 전달해 주는 방식이다. 공기는 교환시키면서도 에너지는 보호할 수 있는 기능을 가지고 있는 제품이다. 가격도 많이 저렴해졌으므로 설치해 볼 만하다.

소형 열회수환기장치
20평 이하의 공간이나 리모델링 시 설치하기 좋은 벽부형 열교환기장치. 최근에는 소규모건축물에 적합한 소형 모델들이 많이 출시되고 있다.

방수와 결로

집을 다 지은 후 시공자는 물론 건축주를 가장 힘들게 하는 것은, 단열재 설치의 부족이나 시공 잘못으로 오는 단열 부족과 그에 수반되는 결로 가 그 첫 번째고, 방수시공이 잘못되어 발생하는 누수가 두 번째일 것이 다. 원인을 정확히 알고 대처하지 않으면 시공자가 무던히 애를 쓰는데 도 문제가 계속 발생하는데, 원리를 모를 경우 처리하기 어려운 시공의 속성 때문이기도 하다.

아무리 디자인을 열심히 하고 성심껏 잘 지어도 결로나 누수가 발 생하는 순간, 그 건물은 '잘못 지은 집'이 되어 버리는 게 현실이다. 이를 방지하기 위해서는 설계단계에서부터 디테일의 처리가 잘 되어 있어야 하고, 시공단계에서는 시공자와 감리자가 충분한 경험과 노하우를 가지 고 있어야 한다.

방수 역시 단열이나 결로와 마찬가지로 원리에 대한 지식과 충분한 경험이 없으면 처리하기가 어려운 부분이다. 이러한 어려움을 반영하듯 방수재료들도 많이 개발되고 있는 추세다. 당연한 이야기지만 방수 작 업은 기본적으로 원인이 제공되는 쪽에 해야 한다. 지붕이나 외벽, 지하 실 벽체 등은 빗물이 들어오는 외부에, 화장실이나 다용도실 등은 물을 사용하는 내부에 방수층을 두는 것이 원칙이다. 그러나 시공이 잘못되 었다든지, 공사가 어려워 이와 반대로 방수를 하게 되는 경우가 있는데, 성능도 잘 나오지 않고 시공도 어려우니 처음에 시공할 때 잘 할 수 있도 록 설계단계에서부터 꼼꼼하게 반영되어야 한다.

또하나 중요한 것은 시간이 지나고 건축물이 미세하게 움직임이 생 기면 방수층이 깨질 수도 있다는 점이다. 이럴 경우 누수된 물이 거주자 의 생활에 치명적인 피해를 주지 않도록, 물을 유도하는 길인 트렌치나 배수구 등을 만들어 두는 것이 좋다. 번거롭더라도 이런 조치를 해 둘 경 우 비용 절감은 물론, 누수가 되었을 때 매우 도움이 된다.

기계설비는 혈관,
전기설비는 신경조직과 같다

기계설비와 급·배수 설계

집을 사람에 비유해 본다면 뼈는 철근콘크리트 등의 골조라 할 수 있고 살은 건축물의 내·외부 마감이라고 볼 수 있다. 그리고 각종 몸 속 장기와 혈관은 기계설비, 신경조직은 전기 설비라 할 수 있는데, 기계설비와 전기설비를 합하여 일반적으로 건축설비라 일컫는다.

건축설비는 일반적으로 전기·기계·통신·소방 설계로 세분할 수 있는데, 세부적으로 들어가면 각각의 분야마다 기술사들이 있다. 건축사는 이들에게 비용을 지불하고 기술 협력을 받는다. 건축사는 이들 전문가들의 협력을 받되 건축물의 개념과 성격, 규모에 따라 건축물에 맞도록 전체 내용을 조율하며 설계를 진행하게 된다.

설비에 관련된 부분들은 확인에 확인을 거듭해도 지나치지 않다. 집을 지어본 사람에게 물어보면 살면서 느끼게 되는 가장 불편한 점들이 대부분 설비 분야에 집중되어 있음을 알 수 있다. 대부분 전기, 기계설비 도면은 건축 도면과 별도로 그려지지만, 중요한 설비사항들을 건축도면에 건축과 같이 표현해 보는 것도 좋다. 그럼으로써 모든 설비를 한 눈에 알아볼 수도 있고 건축과의 연관 관계를 파악하기가 쉬우며 공사 진행 중 검토에도 편리하다.

기계설비는 대부분 물을 다루는 시설들인데 크게 수돗물을 받아들이는 급수, 하수와 오수를 설계하는 배수설계가 있다. 냉·난방, 소방, 환기, 도시가스 등의 설계도 기계설비에서 한다. 급수에는 수도(냉수)와 온수, 난방수가 있으며, 배수에는 우수(빗물), 잡배수(부엌, 세면장, 욕실, 발코니 등의 생활하수), 오수(대·소변기)등이 있다. 또한 환기설비는 화장실과 주방, 창고 등의 환기를 위한 휀이나 공조배관을 설치하는 설비들이다.

물이 필요한 곳은 부엌, 세면장, 욕실, 샤워실, 화장실, 세탁실, 보일 러실, 정원, 차고, 작업실, 온실, 발코니 등이 있을 수 있다. 이러한 요소 를 우리 집에 만들 것인가 말 것인가에서부터, 만들면 어디에 만들 것인 가, 온수를 쓸 것인가 일반 수돗물만 쓸 것인가의 구분도 기본적으로 고 려할 사항이다.

물을 사용하는 곳이 실내인가 실외인가에 따른 동파에 대한 대책도 필요하다. 온수를 사용할 경우 배관재의 신축이 발생한다. 이로 인한 하 자에 대비하여 배관재의 검토도 중요한 결정 사항이다. 물론 전문가에 게 의뢰하고 '알아서 잘 해주겠지' 하고 맡겨버릴 수도 있지만 설비기구 를 사용하는 건축주의 사소한 습관이나 생각, 원하는 것까지 가장 잘 아 는 사람은 건축주 본인뿐이라는 사실을 명심할 필요가 있다. 따라서 검 토 차원에서라도 배수 계획은 잘 되었는지, 배관의 크기는 여유가 있으 며 배관재의 강도는 튼튼하고 내구성은 충분한지에 대해서도 설계자와 협의가 필요하다.

냉·난방 설계

냉·난방은 기계설비에 속하는 시설이다. 냉방은 주로 전기를 사용하는 에어콘이, 난방은 기름이나 도시가스, LPG를 사용하는 보일러가 주류 를 이룬다. 요즘에는 지열과 태양열을 이용한 냉·난방 방식도 에너지 절 약을 위한 친환경 설계방식으로 그 중요성과 사용도 면에서 점차 커지 고 있다.

세계에서도 그 유사 사례를 찾기 어려운 우리만의 장점 중 하나가 온돌 난방이다. 공기만 데우는 대부분의 난방시스템에 비해 온돌은 바 닥을 데우기 때문에 상부가 오픈되어 있을 경우 더욱 유리하며, 같은 바 닥 중에서도 아랫목과 윗목의 온도 차이에 의한 대류 현상으로 건강에도 유익한 것으로 알려져 있다. 그러나 현대 주택들은 바닥 난방을 고르게 하기 때문에 대류에 의한 효과는 반감되고 있다. 그럼에도 불구하고 그 쾌적성이나 비용을 감안하면 바닥 난방 방식의 우수성은 자부심을 가질 만하다.

난방배관 파이프는 중간에 연결을 하여 시공하게 되면 반드시 하자가 발생한다. 사용하다 남은 배관은 과감하게 제외하자. 그리고 집의 규모에 비해 조금 여유 있는 용량의 보일러를 선택하면 온수 사용 등이 원활하여 좋다. 보일러의 성능은 전통적으로 '어떤 기능은 어디 제품이 좋고, 어느 기능은 어느 회사 제품이 좋다'는 식의 성능 차이가 있었지만 요즈음처럼 인공지능이 대세로 자리잡아가는 과정에서는 큰 의미가 없다고 생각한다. 보일러의 성능에 신경 쓰기보다는, 난방시 집 내부가 데워지기까지 시간이 걸리는 것을 보완하기 위하여 내벽에 10㎜ 정도라도 단열을 해 주는 것이 좋다. 그렇지 않을 경우 도배지 속에 있는 차가운 콘크리트가 열을 계속 빼앗아 가기 때문에 벽이 다 데워지기까지 실내가 따뜻해지지 않는다.

냉방을 위해 필요하지만 보기에는 썩 좋아 보이지 않는 것이 에어컨이다. 보기 좋게 디자인하였다 하더라도 공간을 어설프게 차지하기 때문에 경우에 따라서는 필요악이 되기도 한다. 에어콘을 수납가구와 같이 일체가 되도록 짜거나, 가능하면 조금 비싸더라도 보이지 않게 설치하는 천장형을 처음부터 고려해 보자. 천장의 높이를 충분히 확보하여 천장 속에 매입하는 것이 가장 좋다. 그리고 냉난방을 겸하는 제품들이 있는데, 주택에서는 권장하고 싶지 않은 제품이다.

전기와 조명 설계

전기는 한전에서 인입을 받아 계량기를 설치하는데, 계량기는 주택에서 사용하는 주거용과 상가에서 사용하는 일반용이 구분된다. 상가의 개수와 주거의 개수에 맞게 각각 설치해야 관리가 편리하다. 전기설비에는 전열(콘센트), 전등(조명), 통신(전화, 인터넷, TV), 홈오토(인터폰, 방범 시스템), 소방(화재경보기, 가스 감지기) 등이 있다. 또한 주방기구나 조명기기 이외에도 대변기나 세면대·수도꼭지·샤워기 같은 위생기구, 전화기나 TV·컴퓨터 등의 통신기기마다 각종 센서 등 전기 기구들이 부착되게 된다.

    설계 단계에서는 형광등, LED조명 등 조명기구의 개수와 위치를 포함하여 스위치의 위치와 방식을 설계하는 조명 설계, 콘센트 등의 위치와 용량을 설계하는 전열 설계, 인터폰의 위치와 CCTV 개수와 위치 등에 대한 설계를 한다. 이런 과정을 거쳐 전등과 전열뿐 아니라, 냉난방 기계 장비의 종류가 결정되면 그 장비의 용량을 계산하여 총 전기 사용량을 결정한다. 요즘에는 태양광을 이용한 전기의 생산에도 관심이 높아지고 있다.

조명과 천장 디자인
직접조명과 간접조명을 같이 설치한 사례. 일반적으로 이중천장을 사각의 우물천장으로 처리하는데, 이보다는 일자형이나 T자형 등으로 처리하고 간접조명을 추가하면 내부 분위기를 다양하게 표현할 수 있다.

밤에는 반드시 필요하지만 밝은 낮이 되면 거추장스러워지는 것이 조명 기구다. 조명 기구는 가능한 한 눈에 띄지 않는 것을 선택하거나 집안 분위기를 파악하여 조명 기구 자체의 모양보다는 전체 집안의 분위기와 어울리는 것을 선택한다.

그렇지 않다면 건축화 조명이라 하여 조명기구를 보이지 않도록 천장이나 벽에 매입하는 간접 조명을 하는 방법도 있다. 그러나 외국이나 호텔 등에서 많이 사용하는 이 간접조명이 우리 성격에는 잘 맞지 않는 것 같다. 우리나라 사람들은 대개 간접조명을 답답하다고 하여 별로 좋아하지 않고, 밝은 직접조명을 선호하는 편이다. 따라서 직접조명과 간접조명을 혼용해 보는 것도 방법이다.

홈오토메이션과 소방 설계

홈오토메이션Home Automation과 소방분야는 현대 주거에서 그 중요도가 갈수록 더해지고 있다. 상가주택에서 홈오토메이션으로는 전화, 인터넷, TV, 인터폰 등의 통신시설과 CCTV와 같은 방범 시스템을 아울러 말하고 있다. 그리고 소방 분야에서는 소화전이나 화재경보기, 가스 감지기, 소화기 정도가 설치 대상이다.

홈오토로 불리는 홈오토메이션 분야는 인공지능과 결합하여 개발자의 기술을 사용자가 따라가기 버거울 만큼 기술 개발이 급성장하고 있다. 인터넷 강국답게 그 속도가 갈수록 가속화되고 있다. 이제까지는 온도센서, 가스누설 감지센서, 침입 감지기 등을 사용하여 주택의 안전을 확보하는 방재·방범 시스템이 주된 기능이었다. 이제는 외부에서 가정에 있는 에어컨이나 보일러, 전기밥솥 등을 조작하는 각종 컨트롤 시스템이 실용화되어 보급되고 있다. 홈오토는 지금까지 개별로 조작되었던 기기를 홈네트워크 시스템으로 종합하여 이것들을 컴퓨터로 총괄함으로써 주거의 안전 확보와 쾌적한 생활환경의 실현을 이루고 있다. 여기에 더하여 고령자나 신체장애자, 환자 등에 대한 보조 기능과 에너지 절약은 물론 의료·행정 등 각종 서비스까지 실현해 나가는 추세다. 현재로서는 어디까지 확장될지 그 범위와 끝을 알 수가 없을 정도다. 이제 우리가 집에서 사는지 컴퓨터 속에서 사는지조차 혼동되는 상황이 올지도 모른다.

생활에서 직접 부딪히는
인테리어 디자인

디테일에 살고 디테일에 죽는 상가

상가는 주택과 달리, 역세권이라든지 아파트 출입구 정면이라든지 위치가 정해지면 그 가치도 따라서 결정되는 속성이 있다. 그러나 위치가 서로 비슷한 곳에 있다면 어떻게 설계하느냐에 따라 상가의 가치가 많이 달라지는 특성 또한 가지고 있다.

상가를 디자인할 때는 일반적으로 주차장을 뒤에 놓고 건물은 최대한 도로 쪽으로 내서 배치하려고 한다. 다른 가게들보다 인지가 잘될 것이라는 기대감 때문이다. 그러나 남들과 같게 해서는 돈을 못 버는 법이다. 돈을 벌려면 남이 하는 반대로 하라는 말도 있듯이 상가도 그렇다. 주차장을 앞에 두고 건물은 뒤로 밀어 배치하는 방법도 고려해 볼 만하다. 거주자들이 차를 가지고 출근하면 저녁시간까지 주차장은 텅텅 빈다. 업종에 따라 이 시간에 주차장을 테라스처럼 활용할 수도 있고, 넓지 않은 전면도로로 인해 답답한 시야를 주차장 폭만큼이나마 더 확보를 할 수 있다는 장점도 챙길 수 있다. 차량이 주차되어 있는 주말 같은 경우 전면이 가리는 것을 어떻게 극복할 수 있느냐가 관건이다.

주차장을 앞에 설치한다는 것은, 2층이 더 튀어 나와서 1층 상가가 항상 어두침침한 상황이 아니라, 건물 전체를 주차장 뒤로 밀 수 있는 형태를 말한다. 1층은 들어가고 2층만 튀어나오는 디자인은 카센터 등을 제외하고는 반드시 피해야 한다. 어쩔 수 없이 그런 구조를 택해야 한다면, 조명을 밝게 설치한다거나 튀어 나온 2층을 독특하게 처리하여 눈에 띄게 디자인하는 식으로라도 인지도가 떨어지는 1층 상가에 대한 대

244

1층 전면이 후퇴되어 있는 경우 ↑
1층 상가는 튀어나온 2층에 의해 그늘이 저서 항상 어둡고 답답해 보일 수 있으므로 신경을 써서 처리해야 한다.

계단이 있는 진입부 ←
약간 경사진 코너 땅인데 두 도로에서 모두 진입할 수 있는 곳에 출입구를 내다보니 계단이 많아졌다. 이 경우 두 도로에서 진입할 수 있다는 장점보다 계단으로 인한 단점이 크게 작용한다.

안을 마련해야 한다.

상가에서 가장 유의해야 할 것은 진입부분의 처리다. 대개의 도로들은 눈에 보일만큼 심하든 그렇지 않든 경사를 가지고 있다. 무심하게, 혹은 고민하지 않고 도로의 가장 높은 곳을 기준으로 1층 바닥높이를 잡으면 상가에 들어갈 때 2~3개의 계단을 만들어야 한다. 이 계단이 상가의 매출에는 치명적이라는 것이 통설이다. 계단이 있다는 것은 사람의 시각에서 보면 1층 매장이 높게 위치해 자칫 고압적으로 느껴져서 편안하지 않다. 더구나 계단 자체가 노약자나 휠체어·유모차를 사용하는 사람들에겐 한없이 불편한 것이다. 그래서 사람들은 본능적으로 들어가기 싫다고 느끼는 것인지도 모른다. 상가 출입구에는 되도록 계단을 만들지 말자. 대신 약간의 경사로 처리를 해서, 이용자들이 편리하게 사용할 수 있도록 해야 매출도 올라간다.

1층 상가 전면 창 디자인
위 사진은 기둥에 의해 외부가 나뉘어져 있어 전면이 좁아 보이는 반면, 아래 사진은 전면이 넓고 시원하게 보인다.

상가의 창은 크고 시원할수록 좋다. 시각적으로 내·외부의 소통이 잘 되기 때문이다. 여기에 단열까지 좋다면 더 바랄 게 없다. 상가주택은 1층에 기둥이 세워지는데, 이로써 창과 창이 나누어진다. 기둥을 조금만 뒤로 밀면 창이 기둥 바깥쪽으로 에워쌀 수 있어서 1층 외피 전체를 통창으로 할 수 있다. 시각적으로 시원하게 보일 수 있는 데다 안에 기둥이 있기 때문에 상가를 2~3개로 나누는 데도 문제가 없다. 이미 기둥으로 만들어진 상가라면 이를 장식적인 요소로 활용해 보는 것도 검토해 볼 만하다.

요즘 유행하는 폴딩도어를 설치하는 방법도 있다. 봄부터 가을까지는 창을 열어젖혀 공간을 확장하는 효과가 있지만, 겨울철 단열은 고민해봐야 한다. 성능이 낮은 폴딩도어는 단열에 취약해 겨울철 유지관리비가 많이 나올 수도 있다. 한 해만 생각하면 별 것 아닐 수 있지만, 해마다 누적되는 금액을 따지면, 생각보다 커지는 것이 유지관리비.

달라도 많이 달라야 하는 거실과 침실

거실과 침실은 같은 집 안에 있지만 여러 면에서 다르게 판단해야 하는 공간이다. 먼저 편안함에 대한 기준이다. 거실에는 대개 소파를 두게 되고, TV를 시청하거나 가족과 대화를 나누는 행위를 주로 한다. 방에서 주방이나 다른 방으로 향할 때 거쳐 가는 통로로 사용되기도 한다. 따라서 거실은 천장이 높은 편이 좋을 수 있다.

상가주택에서 다락을 만들게 되면 거실의 높이를 높게 확보할 수 없다. 이럴 때는 옥상 조경이나 마당 부위와 거실의 위치를 맞추면 거실 층고를 높일 수 있다. 다락에서 두세 계단을 올라가면 옥상 마당이 있는 것이다. 거실의 높이를 여유 있게 확보할 수 있어 우물천장 등을 만들 수도 있다. 다락과 옥상의 공간 구분도 가능해져 프라이버시를 확보할 수 있는 이점도 있다.

때로는 거실 상부의 슬라브 일부를 오픈하여 높은 천장을 만드는 방법도 있다. 아파트와 달리 전원주택과 같은 분위기를 낼 수 있고, 집안일을 하면서 다락에서 노는 아이들 소리를 아래층에서 들을 수 있어 육아에도 도움이 된다. 구성원의 나이와 취향에 따라 다양하게 만들어 보자.

안방을 비롯한 침실은 휴식공간이다. 이곳은 최대한 단정하게, 단순하게 디자인하기를 권한다. 층고의 여유가 있더라도 천장을 높게 하지 않는 편이 낫다. 개인적으로 느낌이 조금씩 다를 수 있지만, 침대를 사용

거실 전경 ←
다락 바닥의 1/3을 오픈했다. 다락을 아이들 놀이방으로 만들었는데 거실에서 올라가지 않아도 아이들이 노는 광경이 그려진다. 거실의 공간이 시원해진 것은 덤이다.

침실 전경 ↓
최대한 단순하게 디자인하였다. 붙박이장, 천장조명, 스탠드, 침대가 전부고, 단일 톤의 도배로 마감했다. 건축주가 아침 햇살을 좋아하여 창이 동쪽과 남쪽 두 곳에 설치되었다.

하지 않을 때는 천장 높이가 2.3m, 침대를 사용한다면 2.4m 정도가 적정치로 보인다. 좀 야트막하다는 느낌 정도가 좋을 것이다. 천장도 이중으로 된 우물천장보다는 평평하게 하는 것이 좋다. 간접조명이 필요하면 이중천장보다 스탠드를 사용하는 방법을 추천한다.

거실은 좀 역동적이거나 공간이 비정형적인 구조도 좋지만, 휴식이 주목적인 안방이나 침실은 최대한 정적으로 만들 필요가 있다. 형태도 정형이 좋다. 거실은 활기찬 것이 좋은 반면, 침실은 휴식을 위하여 아무런 감정의 변화를 불러일으키지 않는 단조로운 형태와 색채 계획을 하는 편이 낫다.

우리 선조들은 풍광이 좋아 감정의 변화가 생길만한 곳에는 집을 짓지 않았다. 그곳에는 정자를 지었다. 집은 최대한 편안한 곳에 나지막하게 지었고, 기분이 울적할 때는 풍광이 좋은 정자에 올라 시 한 수 지으면서 마음을 달랜 것이다. 경우에 따라서는 뜻이 맞는 동료를 불러 막걸리 한 잔 기울이기도 했을 것이다. 장소는 그런 것이다.

아파트를 비롯한 현대의 주거지들은 경관(여기에서의 경관은 풍수에서 이야기하는 형국과는 다른 개념이다)이 좋은 곳이 비싸고, 프리미엄까지 붙는다. 조망을 가린다고 소송도 불사한다. 집의 진정한 의미가 잘못 인식되는 것 같아 안타깝다. 집은 최대한 편안한 곳이 좋고, 경관이 좋은 곳은 가까이에 두고 가끔 즐기는 데 만족하자.

주택의 중심으로 진화하는 주방

부엌과 식당을 합하여 주방이라 통칭하였을 때 과거의 어둡고 냄새나는, 구석진 곳에 위치했던 주방과는 달리 현대의 주방은 가정생활과 주거공간의 중심이 되었다. 주부가 대부분의 시간을 보내는 곳이자, 바쁜 현대인에게 온가족이 모이는 유일한 장소로서의 상징성까지 가지고 있다. 현대의 주방은 밥을 준비하고 먹기 위한 단순한 부엌이나 식당 이상의 기능을 가진다. 주방은 거실, 세탁실, 어린이 놀이 공간 등의 용도를 포함하고 있으며, 다른 기능과의 연계도 고려해야 할 주거의 핵심 장소가 되었다. 집의 규모에 따라 다른 접근이 필요하겠지만, 과거처럼 주방의 기능을 완전히 분리시키는 것보다는 거실이나 가족실 등과 조화를 이루면서 거실의 연장선상에서 접근할 필요가 있다. 가족 전체가 이용하는 제2의 색다른 거실로 사용 개념을 확장시켜 보자.

주방의 형식에 대해서 알아보자. 우선 주방이 식당과 부엌으로 구분된 독립형이 있다. 이 경우에는 주택의 규모가 충분하거나 부엌의 번잡스러움을 다른 공간에 옮기고 싶지 않을 경우에 주로 선택한다. 주방의 동선은 많이 길어져도 부엌의 냄새와 소음이 식당에 영향을 주지 않으므로 쾌적한 식사시간을 가질 수 있다. 큰 평형의 단독주택들에서 사용하는 방식이다.

조리와 상차리기, 식사, 설거지 등의 작업을 능률적으로 하기 위해서는 부엌과 식당을 겸한 다이닝키친이 좋다. 다만, 이 방식은 주부가 편리하게 작업할 수는 있으나 부엌 주변이 항상 정돈되어 있어야 하는 부담감을 가질 수 있다. 대부분의 중소형 아파트와 다가구, 다세대주택에서 가장 많이 선호하는 방식이기도 하다.

거실과 식당, 부엌을 한곳으로 묶은 리빙키친은 공간을 절약하면서 융통성 있는 생활공간을 필요로 할 때 계획하게 된다. 이 방식은 주부가 가사작업을 하면서 가족과 어울릴 수도 있고 아이들의 행동을 지켜볼 수도 있다는 장점이 있다. 1인 단독 세대에서는 공간의 절약 차원에서 많이 사용된다. 요즈음 많이 지어지는 원룸은 말할 것도 없고, 도시형생활주택이나 소형오피스텔 등에서 사용되는 방식이다. 점차 소형주거로까지 확장되고 있는 개념이다.

다음으로 주방가구의 배치에 따른 부엌의 형태에 대해서 알아보자. 주방가구의 배치는 일자형, 병렬형, ㄴ자형, ㄷ자형, 아일랜드형 등으로 나눠진다.

일자형은 소형 주택으로 설계할 경우 간편하게 사용하기 좋으며 공간의 활용이 경제적이다. 급·배수와 가스 배관 등 설비 처리가 용이하지만 길이가 길어지면 작업 동선이 비능률적이다.

병렬형의 경우 조리대, 개수대, 가열대 등의 기본 주방설비 뒤에 수납 가구와 작업대 등이 평행으로 배치되는 형태인데 폐쇄적인 독립부엌에 적당하나, 통로가 좁을 경우 2인 이상의 작업이 불편하고, 넓을 경우 동선이 길어질 수 있다.

ㄴ자형은 개방형 주방에 적합하여 부엌과 식당을 겸한 다이닝키친의 경우에 많이 사용되는데, 동선이 짧아 주부들이 일반적으로 선호하는 경향이 있다.

ㄷ자형은 벽면을 따라 ㄷ자형으로 배치하는 방식과, ㄴ자형 배치에 ㄷ자로 만들어 간이 식탁 겸 작업대로 사용할 수 있는 카운터를 연결해 사용하는 방식이 있다. 리빙키친에 적합하며 동선이 효율적인 배치 형태다.

아일랜드형은 부엌 중앙에 싱크대, 조리대, 개수대 등의 설비를 해 놓고 이 주위를 돌아가면서 작업할 수 있도록 한 것으로 넓은 부엌의 경우 적합한 방법이다.

최근의 흐름을 보면 기본형에 약간의 변형이 주어지고 있다. 대부분 병렬형으로 기본 주방설비는 벽 쪽에 두되 평행으로 배치된 수납 가구와 작업대 등이 거실을 향해 오픈되도록 변형되기도 한다. ㄷ자형의 경우, 카운터를 연결하여 간이 식탁 겸 작업대를 설치하되 이 카운터가 거실을 향해 오픈되는 방식으로의 변형되는 경우도 있다. 이런 배치는 거실을 보면서 작업할 수 있거나, 집안 내부를 향해 시야가 열리기 때문에 답답하지 않아 매우 선호하는 형식이다. 갈수록 주거가 소형화되고 있고, 소형주거에 적합한 리빙키친이 늘어나고 있는 추세다. 전업주부가 줄어들고 주방 일에 대한 남녀공동 분담 개념이 커지는 흐름에 맞추어 주방의 형식과 주방가구의 배치에도 변화가 일어나고 있다.

주방은 요리 뿐 아니라 부자재의 저장 기능도 있으며 또한 다양한 조리기구와 식기류들도 보관해야 한다. 이에 따른 수납공간이 입체화되어 구석구석에 필요한데, 최근의 주방가구들은 이러한 수납이 용이하도록 세심히 만들어지고 있다. 또한 주방에는 작업 공간은 말할 것도 없고 재활용품 등을 잠시 모아 둔다든가 음식 쓰레기 등이 잠시 거쳐 가는 등의 여유 공간이 필요하다. 이러한 것들도 고려하여 주방의 형태 및 주방가구의 배치를 고려해야 한다.

주방의 재료를 선정할 때는 주방의 특성을 충분히 고려한다. 주거 공간 중에서 사용빈도가 가장 높고 때가 타기 쉬운 곳 또한 주방이다. 더구나 불과 물, 전기는 물론 도시가스까지 사용하므로 안전도 중요하다. 따라서 얼마나 청소가 용이한가, 얼마나 안전한가 하는 것이 주방 건축자재의 선정 요건이 될 수 있다.

주방의 바닥재는 물이나 기름, 열에 강하고 식기류 등이 떨어져서 깨져도 손상되지 않아야 한다. 장시간 서서 일을 하므로 탄력이 있는 재료라면 더욱 좋다. 이런 측면에서 보면 요즈음 바닥에 대형 타일이나 돌을 까는 사례는 그리 바람직해 보이지 않는다. 벽의 재료는 요리 중 튀는 것들이 스며들지 않아야 하고 청소 또한 용이해야 한다. 가스레인지 주변은 내화성이 있는 재료가 좋고, 개수대 주변에는 내수성 있는 벽재가 좋다. 천장의 경우에는 더러워지기 쉬우므로 보수나 청소가 쉬운 자재를 선택하고 충분한 내화성을 가진 재료를 사용하는 것이 좋다.

식당의 조명은 전체 조명을 하는 큰 등만 설치하기 보다는 전체 조명을 하고 필요한 곳에 부분 조명을 하여 요리를 할 때나 설거지를 할 때, 식탁에 그림자가 생기지 않도록 배치한다.

주방에서 요리를 하다보면 열이나 냄새, 연기, 수증기 등이 항상 발생하게 되는데, 이것을 실외로 배출시키는 것이 환기 시스템이다. 환기에는 휀을 사용하는 강제 환기와 자연 환기가 있다. 강제 환기는 레인지 후드를 일반적으로 사용하는데 대개 성능이 약하므로 자연 환기와 병행하는 것이 좋다.

병렬형 주방＋식당 디자인
거실은 별도로 두고, 주방과 식당이 같이 있는 방식. 개수대를 벽 쪽에 두지 않고 식탁쪽에 두었다. 주방과 식당의 연계가 좋고 주방 일을 가족과 같이 하기에 편리하다.

ㄷ자형 주방 + 식탁

주방과 식탁, 거실이 연결되어 있는 형식. 공간이 넓어 보이고, 가족과 주방 일을 하는 주부와의 소통이 원활하여 소형주거, 최신주거에서 선호하는 방식이다.

외부환경과 내부공간의 경계, 현관

건물의 주출입구로 들어와 엘리베이터나 계단을 통과하면 나타나는 곳
이 현관이다. 현대주택의 대부분을 차지하고 있는 아파트에서도 1층의
주출입구를 통과하여 엘리베이터를 타고 해당 층에서 내려야 현관이 나
타난다. 현관을 통과해야 비로소 완전한 실내 공간이 나타나므로 현관
은 물리적으로는 내·외부가 만나는 환경의 경계이면서 공과 사가 만나
는 공간의 전환점이다. 현관의 위치는 가장 출입이 자유롭고 실내의 각
기능들에 연계시키기 쉬운 곳으로 선정한다. 주차는 물론이고, 대지의
조건과 도로의 방향, 대문의 위치와 각 실의 배치 등을 종합적으로 판단
할 필요가 있다. 또한 겨울철의 찬바람이 들어오는 위치인지도 판단해
야 할 뿐 아니라, 외부에서 집의 내부가 훤히 들여다보이지 않도록 해야
하는 곳이다.

현관은 집의 크기에 어울리는 적정한 크기가 필요하며, 쾌적하고 적
당한 밝기를 확보할 수 있어야 한다. 신발·외투·우산 등을 신거나 입고
벗기에 편리하여야 하고 수납공간인 신발장도 넉넉하게 확보되어야 한
다. 벨과 인터폰의 위치, 각종 계량기 등의 위치도 고려해야 하며 무엇보
다도 방범상 안전한 시스템을 갖추어야 한다.

스트레스가 많은 현대인에게 출·퇴근이나 출입 시 현관의 분위기는
기분을 좌우할 수도 있다. 그만큼 좋은 위치를 선정하기 위해서 다른 실
들보다 우선하여 설계에 반영되어야 한다. 규모 또한 집의 크기에 맞도
록 고려하고, 정리와 수납이 편리하여 항상 깨끗하게 유지하기에 쉽도
록 하면 좋다.

계단과 복도로 차별화를 추구해보자

외부에서 들어왔을 때, 현관을 통과하여 목적하는 곳까지 가는 과정에
복도나 계단을 이용한다. 한동안 복도 등 공용공간을 최소화하는 것이

좋은 설계로 여겨졌으나 지금은 여유만 있으면 복도를 길게 두어 복도를 통과하면서 외부 경관을 감상한다든지, 내부 공간을 창 너머로 건너 다본다든지, 복도를 통해 채광이나 환기·전시 등을 하여 보다 풍부한 주택의 공간을 확보하려는 요구가 강하다. 그러다 보니 복도가 그 집의 분위기와 공간을 좌우하는 요소가 되기도 한다. 다만 주택의 규모와 개성에 맞는 복도의 크기와 형태, 조명 방법, 재료의 선택에 유의하자.

복도가 수평이동을 위한 공간이라면 수직이동을 위한 공간은 계단이다. 주택에서는 모든 기능이 수평적으로 구성되지만 계단은 유일하게 수직의 기능을 위한 시설이다. 수직으로 이동하기에 문제만 없다면 얼마든지 장식도 하고 다양하고 독특한 공간과 형태로 설계를 할 수 있는 곳 또한 계단이다. 다른 집과 차별화시킬 수 있는 우리 집만의 내부 분위기를 연출하기도 쉽고 재료 또한 다양하다. 대부분의 창이 정적인 상태를 제공한다면 수직으로 이동하는 과정의 계단에서 보는 조망은 항상 동적인 모습으로 다가온다. 다양하게 변화하는 풍경을 제공할 수 있는 곳인 만큼 계단의 창문 계획에서도 재미있는 연출이 되도록 적극적으로 시도해 보자.

계단은 상하의 공간이 트여 있어 항상 공기의 흐름이 있는 곳이다. 따뜻해진 공기는 위로, 차가워진 공기는 아래로 내려가는 대류현상이 발생한다. 따라서 냉·난방 시의 열손실을 고려해야 하는 곳이기도 하다. 그러나 이에 못지않게 환기에 중요한 역할을 하는 곳이기 때문에 공기의 흐름을 적극적으로 유도, 활용하면 시원한 내부 공간을 만들 수 있는 장소이기도 하다.

안전에 문제만 없다면 계단의 형태도 직선형, 곡선형, 회전형, 반환형, 접이형, 다리형, 매달기형 등 얼마든지 연출이 가능하다. 심지어 모든 기능과 형태가 다른 집과 유사하다 하더라도 계단에서 연출하는 공간감만으로도 독특한 우리집을 만들 수 있을 정도로 주택의 어느 곳보다도 연구와 실험정신의 수용이 가능한 곳이라 하겠다.

©이명희

개방형으로 디자인된 계단
계단실로 구성될 경우의 시각적 답답함을 해소하고, 공간을 넓어 보이게 한다.

해우소로서의 화장실

욕실이나 화장실은 주택의 공간들 중에서 가족의 건강과 가장 직결되는 곳 중 하나이며, 기능상 다른 곳보다 유달리 사적이고 폐쇄적인 성격이 짙은 곳이다. 잠이 덜 깬 눈을 비비며 하루를 시작하기 위한 준비가 이루어지는 곳이다. 땀과 먼지를 깨끗이 씻으며 육체에 쌓인 하루의 피로를 풀 때는 긴장된 정신과 신경까지도 이완되는 공간이다. 이처럼 휴식과 준비라는 상반된 두 가지의 행위가 동시에 일어나는 욕실은 갈수록 중요성이 강조되어 주택 안에서 그 크기와 개수가 증가되는 추세에 있다.

샤워실과 화장실을 통칭하여 '욕실'이라 할 때, 내 집에는 우선 어떤 형태의 욕실을 적용할 것인지 고민해 봐야 한다. 가장 일반적인 것이 변기와 세면대만 설치되어 있는 최소 규모의 순수한 화장실, 여기에 욕조가 추가로 설치되어 있는 욕실 겸 화장실이 있다. 요즈음에는 욕조보다는 샤워부스를 선호하는 경향이 강하다. 대규모 주택에서는 화장실의 기능에 욕조와 샤워부스를 별도로 넣고, 탈의를 할 수 있는 공간과 옷장 등 수납공간, 화장대 등이 설치되는 전실이 같이 붙어 있는 욕실을 만든다. 개인의 선호도에 따라 내부에 사우나 설비를 둔다든지, 시공 방법에 따라 배관만 연결하면 곧바로 사용이 가능한 조립식 욕실bath unit을 설치하는 경우도 있다.

욕실의 설계는 어느 곳보다도 세심한 치수상의 배려가 필요하다. 좁은 공간 안에서 다양한 동작이 이루어지므로 위생기구의 배치는 물론 형태 또한 인체 동작 공간의 궤적과 부드럽게 연결될 수 있어야 하기 때문이다. 세면대의 높이, 거울의 형태 및 위치, 욕조의 종류 또는 샤워부스의 크기, 비데 설치 여부도 판단해야 한다. 수납장의 위치, 비누받침과 수건걸이, 휴지설이 등도 적당한 위치에 배치되어 단정한 느낌이 나도록 하여야 한다. 일과가 시작되고 종료되는 곳으로서 깨끗함과 청결함, 하루의 피로를 풀기 위한 휴식 공간으로서의 기능적이고 합리적인 배려가 이루어지도록 해 보자.

욕실의 마감재로는 물과 습기에 강한, 내수성이 우수한 재료를 우선 선택하여야 한다. 바닥 및 벽에는 타일을 많이 사용하는데 타일의 컬러나 배색은 유행에 따라 어느 정도 변화는 있으나 일반적으로 부드럽고 밝은 계열로 하는 것이 무난하다. 너무 유행에 민감한 디자인을 선정하면 쉽게 지루해질 수 있으므로 가급적 단순한 디자인이 좋다.

어차피 타일 위에 도기, 세면대, 수납장, 거울 등 다른 컬러나 형태의 기구가 추가되므로 마감을 해놓고 보면 항상 복잡하게 느껴지는 공간이 욕실이다. 타일만 생각할 것이 아니라 모든 기구들이 부착된 후의 최종 상태를 예상해 봐야 한다.

욕실의 공간이 어느 정도 여유가 있을 경우, 샤워할 수 있는 공간만 강화 유리로 구획하여 물을 차단하고, 세면대가 있는 곳과 변기가 있는 곳은 바닥과 벽을 인접한 거실이나 안방과 똑같은 마감을 하는 것도 좋은 방법이다. 즉 대변기나 세면대를 사용할 때는 방이나 거실에서 그냥 들어가고, 샤워나 목욕을 할 때만 슬리퍼를 신도록 계획하는 방식을 말한다. 이렇게 하면서 화장실에 난방이 이루어지도록 하면 노약자의 사용에도 편리하고 청결하게 유지하기에도 좋다. 또 주택의 규모가 적어서 욕실에 세탁기를 배치하는 경우에는 세탁기 위치까지 거실과 같은 높이로 바닥 난방을 하게 되면 빨래할 때 슬리퍼를 갈아 신지 않아도 될 뿐 아니라 욕실의 난방도 이루어지므로 추운 화장실의 불편함에서도 벗어날 수 있다.

욕실에서는 항상 냄새가 나고 또 습기가 발생하므로 환기 시설에 신경을 써야 한다. 가능한 한 창문을 두어 자연 환기가 가능하도록 하는 것이 좋다. 상가주택의 경우에는 자연 환기 뿐 아니라 자연 채광까지 이루어질 수 있도록 계획할 수 있으므로 욕실은 그늘진 곳, 다른 기능을 배치하고 남는 공간에 설치하는 것이라는 선입견을 버리고 쾌적하고 상쾌한 공간이 되도록 해 보자. 남쪽으로 창이 난 화장실은 샤워를 하고 나와도 금방 말라서 쾌적하고 항상 뽀송뽀송하다. 이것이 정 어려울 경우 최후의 방법으로 휀을 설치하여 강제 배기를 시키도록 한다.

화장실 밖에 설치된 세면대
세면대를 밖에 설치하였다. 밖에서 간편하게 손을 씻을 수 있게 함으로써,
화장실을 융통성 있게 사용할 수 있는 방법으로 제안한 사례다.

가구와 수납공간을 잘 계획해야 생활이 편리하다

집을 짓고 생활을 하다보면 생활용품이나 소유하는 물건들이 늘어나기
마련이다. 수납에 대한 대책 역시 설계 단계에서부터 미리 고려되지 않
으면 깨끗하고 정돈된 공간을 확보할 수 없을 뿐 아니라 주부의 가사노
동도 그만큼 늘어날 수밖에 없다. 물건들을 분류하고 정리·보관하는 장

소를 마련하면 주거 생활에 양념과 같은 역할을 하게 될 것이다.

그 역할이 가구와 수납공간 계획에 달렸다. 수납공간을 계획할 때는 우선 보관하게 될 물건들을 예측하여 분류해 보고 물건의 크기와 형태, 사용 방법, 사용 시기, 사용 장소, 사용 횟수 등에 따라 보관 방법이나 보관 장소를 선택하여 결정해야 한다. 여기서는 건축설계의 입장에서 수납과 가구에 대해 개괄적으로 다루어 본다.

첫째, 설계 도면을 놓고 수납공간을 늘릴 수 있는 여지가 있는지 찾아보자. 지붕 밑 다락방도 좋고, 층고가 여유가 있으면 이층 침대를 두어 아이들 공간으로 활용할 수도 있다. 또한 자투리 코너 자리를 활용하여 계획해도 좋다.

둘째, 가구를 용도에 맞게 계획해 보자. 붙박이장을 짜 넣는다든지, 필요에 따라 분리하여 재배치할 수 있는 시스템 가구를 고려할 수도 있다. 통일된 크기의 박스를 배열하는 방법을 바꾸어 사용할 수 있도록 해본다든지, 조립식 DIY 가구를 적용할 수 있는 방법을 찾아본다든지 하는 계획도 적용해 볼 만하다.

셋째, 수납을 하기 위해서 물건을 들고 이동하는 것은 수납에 실패할 확률이 높다. 의류, 부엌용품, 욕실용품, 현관에서 쓰는 제품들은 각기 그 용품들이 사용되는 위치에 수납되도록 공간을 만들고, 가구를 배치해 보자.

넷째, 전문공간을 확보하자. 설계할 때부터 드레스룸를 확보하여 의류를 한 곳에 수납한다든지, 가전제품을 모아서 빌트인시킨다든지, 세탁기기를 모아서 세탁, 건조, 다림질까지의 작업이 한 곳에서 이루어지도록 함으로써 공간도 줄이고 동선도 단축시켜 보자.

다섯째, 선반이나 다기능 패널 등을 활용한 벽면 수납도 생각해 보자. 대개 수납공간은 집을 다 지은 후에 집에 들어가서 어디에 무엇을 둘까 고민하면서 결정하는 경우가 많다. 이런 경우 내부공간도 정돈되지 않고 수납도 계획한대로 되지 않을 확률이 높다. 이런 의미에서 보면 패널이나 선반 등은 권장할 사항이 못된다. 패널이나 선반은 집을 정리하는 최후의 방법으로 선택해야 한다. 벽면은 가급적 깨끗해야 집이 정리된 느낌이 난다. 벽면은 가족사진이나 그림, 액자 등만 깨끗하게 걸어두는 것을 권장한다.

수납과 아울러 고려할 대상으로 가구가 있다. 가구는 대부분 수납의 역할도 할 뿐더러 건물과 사람을 이어주는 매개체 역할도 한다. 실내공간을 그 목적에 맞게 잘 사용하기 위해서는 가구의 선택과 배치가 큰 역할을 한다. 각자의 생활 패턴이나 선호도에 따라 그에 맞는 가구를 선택하여 배치함으로써 편리하고 풍부한 공간이 완성된다. 더구나 독특한 가구나 개성 있는 공간을 원할 때는 그 가구에 맞추어 창이나 출입문 등

수납 아이디어가 반영된 공간
수납공간을 설치하고 문을 달아 바깥쪽에서 지저분한 내부가 보이지 않도록 처리했다.
내벽에는 스페이스월을 붙여서 수납을 편리하게 많이 할 수 있도록 디자인하였다.

의 위치도 결정될 수 있고 또 바뀔 수도 있다. 각 방에 놓을 가구의 리스트를 작성해 보고 도면상에 배치해 본 후 최종 평면을 통해 결정짓는 것이 좋다.

미리 계획하지 않으면 침대나 책상, 옷장 등이 들어가지 않는다든지 들어가긴 하더라도 배치하여 보니 창턱에 걸린다든지, 창의 일부가 가린다든지, 내부 동선이 흐트러진다든지 하는 경우가 실제로 입주할 때 비일비재하다. 이러한 문제점에 대한 고려가 부족하면 새 집에 대한 부푼 기대감이 사소한 곳에서 어긋나면서 실망스러울 수 있다. 가구에 대한 개념과 생활 패턴은 밀접한 관계가 있으므로 자기 자신과 가족이 어떤 패턴으로 생활하고 있는지, 앞으로는 어떤 패턴으로 생활하게 될지를 예측해본다.

일반적인 경향으로 볼 때 우리의 생활 패턴은 좌식과 입식으로 대변되는 동·서양의 생활방식이 혼재된 형태이다. 전통적인 우리의 방식 위에, 산업화가 진행되는 과정에서 서양의 문화가 들어오고, 생활이 복잡해지면서 생활 패턴 또한 동·서양이 뒤섞인 복잡한 방식으로 변해가고 있다. 앞으로의 가구는 또 다르게 진화할 것이다. 우리의 사회가 농경사회에서 산업화사회로 진화하고 이것이 다시 정보화되는, 즉 산업기반 사회에서 지식기반 사회로 변하고 있기 때문이다. 정보화 사회는 각 영역의 구분이 섬차 없어지고 사용 시스템은 통합되고 있다. 그러한 사회를 사는 사람들에게 맞는 가구 또한 새로운 개념으로 탄생될 것이다.

상가주택의 백미, 취미 공간

상가주택을 짓는 장점 중에는 내 가족의 생활 패턴과 취향을 맞춤으로 반영할 수 있다는 점도 빼놓을 수 없다. 상대적으로 아파트는 불특정 다수를 대상으로 설계하고 짓는다. 그만큼 일반적인 생활 패턴에 대해서는 보장 받을 수 있고 경제적인 면에서 환금성은 좋지만, 내 생활을 충분히 수용하기에는 어딘가 부족하고 미진하다.

이러한 느낌을 가장 많이 받는 곳이 취미실일 것이다. 취미실 중에 서재의 사용이나 개성 있는 주방의 설치는 기본이고, 음악을 좋아하는 사람에게는 음향시설이 갖추어진 오디오룸, 영화를 좋아하는 사람에게는 조명과 적절한 스크린이 갖추어진 비디오룸, 손님이 자주 찾는 집일 경우에는 미니 홈바가 희망 대상이다. 화초나 식물을 좋아하는 사람에게는 온실이나 옥상정원이, 운동을 좋아하는 사람에게는 운동실과 아울러 사우나실이 필요할 것이다. 이외에도 가구제작, 꽃꽂이 등 무언가 작업을 할 수 있는 공간과 작업공구를 보관할 수 있는 장소도 고려 대상이다. 이러한 취미실이 주택의 거실·주방·방 등 기존 기능과 적절히 조화를 이루어 배치될 때 상가주택이 갖는 매력이 한층 배가 된다.

그렇다면 이러한 취미실의 배치는 어떻게 하는 것이 적절한가? 우선 취미실의 공간적인 특성을 파악해야 한다. 오디오룸이나 비디오룸처럼 소리가 커서 주변 이웃에 피해가 갈 수 있는 반면, 온실이나 정원처럼 햇빛이 필수적인 경우도 있다. 또 모든 취미실을 다 설치하기는 현실적으로 어려움이 있다고 판단했을 때, 어떤 취미실을 설치할 것인가, 아니면 무엇을 더 우선하여 배치할 것인가도 결정해야 한다.

일반적으로 취미실은 지하나 다락방에 많이 배치한다. 오디오룸이나 비디오룸 같은 경우 지하에서는 소리를 마음껏 크게 해도 주변이나 이웃집에 피해를 줄 확률이 훨씬 줄어든다. 운동실 같은 경우에도 런닝머신 같은 기계의 진동이 아래층에 피해가 가므로 지하에 배치할 수 있으면 좋다. 다락에 설치하는 경우 주인세대가 완충 역할을 해 주어서 피해를 줄일 수 있다. 홈바의 경우 일반적으로 미니 주방과 같이 배치를 하는데 다락방과 같은 곳에 운치 있게 배치를 하기도 하고 넓게 사용하고 싶은 경우에는 지하에 두기도 한다.

부지가 넓을 경우에는 정원을 멋지게 가꾸면 좋겠지만, 도심지 상가주택의 경우에는 외부 공간이 부족하므로 1층보다는 온실이나 옥상정원을 만드는 게 여러가지로 수월하다. 온실의 경우에는 거실의 발코니나 주방 발코니와 연계시키면 관리가 쉽고 많은 가족들이 편하게 감상할 수 있어 효과가 좋다.

　　반면에 옥상정원의 경우에는 어느 정도 마당처럼 빈 공간을 두는 게 좋다. 가끔 파라솔이라도 하나 펼쳐놓고 차 한 잔 마시는 여유, 친구라도 오면 소풍 가서 삼겹살을 구워 먹는 것 같은 재미를 옥상 정원 한가운데서 누릴 수 있다. 이럴 때 내 집에 사는 의미와 가치를 진정으로 느낄 수 있지 않을까?

조경과 외부디자인이
분위기를 살린다

조경과 외부 공간

일반적으로 간과하고 있지만 상가주택의 품위를 확보하는 데는 외부 공간과 외부 시설물을 얼마만큼 적극적으로 활용하느냐가 중요한 관건이 된다. 내부 공간 못지않게 외부의 공간은 물론, 건물의 형태·재료·유기적 동선 등이 균형 있게 갖추어져야 비로소 제대로 완성된 주거라고 볼 수 있다. 그러기 위해서라도 외부 공간과 외부 시설물에 대한 디자인도 소홀히 해서는 안 된다.

아파트 등 고밀도 공동주택이 주종을 이루고 있고, 저층 주택이라 하여도 다세대주택이나 다가구주택이 대부분인 우리의 현대 도시에서는 주거의 개념이 내부 공간에 한정되어 있기가 십상이다. 더구나 현대의 바쁜 생활에 쫓기는 도시인들은 관리상의 편리함이나 방범 등의 용이함으로 고층의 공동주택을 선호하는 경향이 있는데, 주택의 개념을 내부공간만으로 한정짓는 것 같아서 아쉬움을 더해준다.

외부공간은 내부공간에서는 느낄 수 없는 색다른 매력이 있다. 정원이나 온실, 발코니나 데크, 옥상정원, 옥상마당, 담장 등의 활용은 조금만 부지런히 가꾼다면 편안한 보금자리로서의 역할은 물론, 건강을 챙길 수도 있고, 삭막하고 복잡한 현대 생활에서 스트레스 해소에도 큰 역할을 하게 된다.

정원은 외부 공간 중 대표적인 것이다. 앞뜰의 성격을 갖는 어프로치로서의 정원, 뒤뜰의 성격을 갖는 서비스 야드, 내부에서 바라보기 위한 정원, 데크 등 늘 이용하는 정원, 옥상 정원 등이 있다. 건물의 위치와 출입구의 위치, 대지와 건물의 비례 등에 맞추어 그 중 어떤 것들의 성격을 적용하여 정원을 가꿀 것인지 판단해서 선택하자. 상가주택의 경우 1층에 조성하는 법적 조경과 옥상정원, 데크의 설치 정도가 가능한 방법이지만 이것을 잘 활용하면 특색 있는 조경도 가능하다.

나무를 심는 방법으로는 북쪽과 서쪽은 키 큰 나무(교목)를 심어 겨울 바람을 막고, 동쪽과 남쪽은 키 작은 나무(관목)나 화초류를 심어 햇빛을 최대한 받을 수 있도록 하는 것이 좋다. 조경수의 기능으로 보아 전면에는 활엽수를 심어 여름에는 그늘을 만들어 주되, 겨울에는 햇빛을 가리지 않도록 하는 것이 좋다. 후면에는 바람을 막아주는 상록수가 여러모로 좋다. 다만 처음에 나무를 심을 때는 크지가 않아서 집 가까이에 심을 수 있으나 몇 년, 몇 십 년 후의 모습을 감안해야 한다. 많이 자라는 나무를 집 가까이에 심으면 나뭇잎이 지붕과 옥상에 떨어져 배수구를 막기도 하고 태풍 등이 올 때 나뭇가지 등이 바람에 찢겨 집을 훼손시키기도 하기 때문이다.

실내와 외부를 연결하는 성격의 공간으로 테라스나 발코니, 데크 등이 있다. 이러한 시설들은 일광욕을 즐길 수도 있고, 거실과 식당의 연장 기능으로 야외 식사는 물론, 차를 마신다든가 하는 용도로 사용할 수 있다. 시각적으로도 실내외를 연결하는 완충역할 또는 매개체 역할을 하는 곳으로 적극적으로 활용하기에 좋은 기능이다.

부가적으로 취향에 따라 화분을 놓을 것인지, 소형 분수나 수족관 등을 설치하는 수水공간을 연출할 것인지, 야외 식당으로 활용할 것인지도 고려할 수 있다. 공간의 성격이 결정되면 그에 따른 마감재를 결정하고 방수, 미끄럼 등에도 유의하도록 한다.

그 외에 지붕이 있는 복도 형식의 베란다나 외부로 돌출된 발코니 등에 대해서도 사례를 검토하고 적용 여부를 판단해 보자. 풍부한 내·외부 공간 구성과 공간의 다양하고 유기적인 사용이라는 차원에서도 바람직할 것이다.

옥상정원과 옥상마당은 건폐율을 최대한 활용할 수밖에 없는 상가주택 등 현대 도심지 주택에서 적극적으로 고려해 보면 좋을 외부 공간이다. 도심지 주택에서 건폐율 60%를 적용하고, 대지 안의 공지로 사방을 50㎝나 1m 띄우고, 법정 조경을 하고 나면 사실 활용할 외부 공간이라고는 거의 없다. 이럴 때 적극적으로 옥상 공간을 활용하면 좋은 효과를 볼 수 있다.

　　상가주택은 건물 주인이 대개 최상층에 살도록 설계되므로 1층 조경보다는 옥상조경이 여러 측면에서 유리하다. 방수 등의 재료나 공법이 많이 좋아졌으므로 추후의 하자 관리에 너무 신경 쓰는 것 보다는 옥상을 정원과 마당으로 적절히 활용하는 것을 권장할 만하다. 옥상은 상대적으로 전망이 좋아 파라솔 하나 펼치고 차 한 잔 마시기도 좋고, 간혹 바비큐 파티를 열면 특별한 분위기를 연출할 수 있다. 옥상정원에는 키 큰 나무를 심기에는 무리가 있지만 꽃나무나, 화초류를 심기에는 충분하다. 취향에 따라 고추, 배추, 토마토 등의 채소류를 심어 유기농으로 가꾸기에도 좋은 곳이다.

ⓒ주택저널

데크를 활용한 사례 ←
1층 데크를 활용하여 파라솔과 간
이 식탁을 설치하고, 화분을 두어
다목적으로 활용할 수 있도록 하
였다.

옥상에 텃밭 화단을 설치한
상가주택 ↓
옥상은 주변에 벽돌을 쌓아서 채
소를 심는 텃밭과 화초류를 심는
화단 등 다목적으로 활용할 수 있
도록 구성하였다. 조경이 안전 난
간의 역할도 겸하고 있다.

집의 얼굴, 담장과 대문

다른 사람이 집을 방문하든, 아니면 외출을 하고 돌아오는 길이든 가장 먼저 접하게 되는 주택의 영역이 대문이다. 따라서 방문객에게는 첫인상을, 귀갓길에는 보금자리로서의 경계 역할을 담당하기도 한다. 안과 밖의 구별과 소유의 구분, 그리고 공적인 영역과 사적인 공간의 구분이 되는 곳이다.

또한 그 집에 대한 첫 이미지를 심어주는 곳이기도 하다. 가급적 번잡한 곳보다는 조용하고 아늑한 곳을 선택하여 대문의 위치를 잡는 것이 좋다. 또한 앞집과 마주보고 있는 경우 그 집의 대문과 정면으로 보이도록 설치하는 배치는 반드시 피하도록 한다.

대문은 붙어 있는 담장과 연계하여 디자인되어야 한다. 담장은 무조건 높고 튼튼하게 하는 것보다는 주변의 환경을 반영하여 디자인되거나 이웃과의 대화가 가능하도록 설계하되 북서쪽은 상대적으로 높고 폐쇄적으로, 동남쪽은 낮고 개방적으로 쌓는다는 개념을 갖고 설계하면 별 무리는 없으리라고 본다.

높은 담장이 외부공간과의 단절을 불러온다고 판단하여 신도시나 지구단위계획으로 지정된 지역에서는 담장을 설치하지 못하게 하거나 내외부가 서로 보이는 투시형이 쓰이고 있다. 좋은 의도이기는 하나 생각하기에 따라 개성을 표현하기에는 아쉬움이 있는 부분이기도 하다.

전통 건축에서 담장은 폐쇄적이기만 한 것이 아니라, 현대인이 생각하는 것 이상으로 많은 역할을 해왔다. 건물의 영역 구분은 기본이고, 외부와 건물 사이의 공간을 마당이라는 적극적인 외부 공간이 되도록 만들었다. 담장이 있음으로써 전통 건축의 수많은 마당이 가능했다. 건물로 둘러싸인 안마당을 제외하면 사랑마당, 바깥마당, 행랑마당, 사당마당 등 전통건축의 훌륭한 외부공간이 모두 담장과 연관이 있다. 그만큼 담장은 전통건축에서는 많은 역할을 했다.

전통건축에서는 담장을 무조건 높게만 쌓지 않았다. 외부에서는 내부가 살짝 가려 보이지 않되 내부에서는 외부가 보이도록 계획되는 것이 일반적이었다. 내부가 외부보다 높거나 대청마루 등이 마당보다 높았기 때문에 가능한 경관이었다. 전원형 상가주택을 계획하는 경우라면 적극적으로 반영하고 연구해 보면, 좋은 외부 공간을 만드는 데 많은 도움이 될 것이라고 생각된다.

사업의 성패를
좌우하는
시공과 유지관리

시공자와 감리자 선택,
그리고 공사 계약하기

09

설계 도서를 받는 것으로 설계단계는 일단 마무리가 되고, 복수의 업체를 선정하여 견적을 받는 과정부터는 시공단계라고 보아도 된다. 견적을 받는 것은 견적 준비단계와 견적 받을 업체 선정, 견적 받고 비교·판단하기, 최종 건설업체 선정의 과정을 필요로 한다. 이러한 과정을 얼마나 잘 준비했느냐에 따라서 받을 수 있는 결과물의 품질도 달라진다.

상가주택을 포함한 모든 건축물을 지을 때, 건축주들이 가장 어려워하고 걱정하는 절차가 시공계약이다. 시공회사에서 견적금액으로 제시한 공사비는 적정한 것인지, 다른 집에 비해서 비싸게 짓는 것은 아닌지 걱정이 앞선다. 하자가 없도록 공사는 잘할 것인지, 자재들은 정품으로 사용할 것인지 등에 대해서도 불안하다. 이번 장에서는 견적을 잘 받을 수 있는 절차와 어떻게 하면 시공에 대한 걱정을 덜 수 있는지, 그리고 좋은 시공자를 선정할 수 있는 방법은 무엇인지 알아본다.

시공자 선택은 정말 중요하다

시공자마다 특성이 있다

건축시공자는 공사 종류와 규모별로 국가에서 발급하는 면허가 있다. 건축물의 전체 공사를 할 수 있는 면허를 '건설업'면허라고 한다. 과거에는 '종합건설업'면허라 했는데 지금은 명칭이 바뀌었다. 건축공사 중 각 부분 공사인 공종별 공사를 할 수 있는 면허는 '단종건설업'면허라고 했었는데, 지금은 '전문건설업'면허로 역시 명칭이 바뀌었다. 건설업면허는 이렇게 '건설업'과 '전문건설업' 두 종류인데 명칭이 변경되다 보니 과거의 명칭과 섞여서 네 종류로 혼동하는 것 같다. 건설업면허는 광역시청이나 도청에서 면허발급과 자격관리를 하고, 전문건설면허는 일반 시청이나 군·구청에서 한다.

　　과거에는 661㎡(약 200평)를 초과하는 주거용 건축물, 주거 이외의 일반건축물(주거와 일반건축물이 섞여 있는 상가주택 포함)의 경우에는 495㎡(약 150평)를 초과하는 경우 건설면허를 가지고 있는 업체에서 시공을 하도록 했다. 이 말은 거꾸로, 위 기준 면적 이하인 경우에는 건설업 면허가 없는 건축주가 직영공사로 처리할 수 있었다는 뜻이다. 여기에서 안전사고, 하자, 유지관리, 면허대여 등에 따른 여러 가지 문제점들이 발생했었다.

　　시공 품질의 향상과 공사현장의 안진 확보, 불법 건축물 근절 등을 위하여 개정된 건설산업기본법 제41조(건설공사 시공자의 제한) 1항2조에 의하면, 2018년 6월부터 200㎡(약 60평)를 초과하는 건축물은 건설면허를 가지고 있는 업체에서 공사를 하도록 법규기준이 강화되었다. 다가구주택이나 다세대주택, 연립주택이나 아파트 등 공동주택은 면적에 관계없이 건설업면허를 가진 업체만이 공사를 할 수 있도록 변경되었다. 200㎡(약 60평) 이하의 건축물이라고 하더라도 건축주 직영으로 시공을 할 경우에는 현장에 감독자를 상주시키도록 강화되었다.

이 법이 시행되기 이전까지의 상가주택 시공 방식은 건축주 직영공사와 개인사업자에 의한 공사, 그리고 일반건설업면허를 가진 시공회사가 하는 공사 등 세 가지로 구분할 수 있었다. 바뀐 법규에 의하면 이 시공 방식에도 변화가 불가피할 것이고, 그 변화에 따라 법규의 빈틈을 교묘하게 파고드는 불법적인 문제점 또한 나타나리라 예상된다. 그러나 아직 바뀐 법규에 대항하는 문제점들이 구체적으로 드러나지 않은 상태이므로 지금까지의 시공방식을 기준으로 다루어 본다.

첫째는 건축주 직영공사다. 건축주가 하도급업체인 전문건설업체 선정에서부터 각종 건축자재 선정까지 직접 하는 시스템이다. 그러나 실제로는 시공에 대한 경험이 있는 현장소장을 고용해서 공사를 진행하거나, 무면허업체가 시공하면서 이름만 건축주로 하는 경우가 많았다.

이럴 경우 건설회사의 이윤만큼 공사비용을 줄일 수 있고 부가가치세를 줄일 수 있는 장점이 있었다. 그러나 현장소장의 기술력이 검증되지 않으면 품질을 확보하기가 어렵고, 공사 후 유지관리와 하자보수를 건축주가 떠안아야 한다. 이제 개정된 법에 의하면 이 방식으로 시공은 불가능하다. 상가주택의 상부에 있는 주택이 '다가구주택'으로 다중이용시설이기 때문에 면적에 관계없이 건설업 면허를 가지고 있는 업체에서 시공을 해야 한다.

둘째는 건설업면허가 아닌 개인사업자를 가지고 있는 업체가 공사를 하는 경우다. 경우에 따라서는 건설업 면허는 없지만 사업자등록증상 업종에 건설업이라는 이름만 추가한 업체도 많았다. 일반인들이 건설면허를 가지고 있는 업체와, 사업자등록증 상에 건설업이라고 기재된 것의 차이를 모르기 때문에 사업자등록증만 가지고 건설면허를 가지고 있는 업체로 행세하는 경우도 있었다.

법이 바뀌기 전에는 건축물의 연면적을 495㎡(약 150평) 이하로 짓게 되면 법적으로 가능한 방식이었다. 개인사업자를 가지고 있다고 하여도 건축주가 부가세 발행을 안 하려고 하는 경우가 대부분이어서 계약은 개인사업자와 되어 있으나, 서류상으로는 건축주 직영공사로 처리하는 경우가 많았다.

건설업면허를 가지고 있는 업체에서 시공하는 경우보다 면허관리비 등이 필요 없기 때문에 공사비가 저렴한 반면, 품질을 담보하기가 어렵고 하자보수공사 등 사후조치가 미흡한 경우가 많다. 따라서 개인사업자를 가진 업체와 계약을 할 경우에는 현장 근처에 주소를 둔 업체를 선정하여 유지관리에 도움을 받기 쉽도록 하거나, 공사의 품질을 확보할 수 있도록 아는 사람의 소개를 받는 것도 좋다. 그러나 이 방식도 바뀐 법에 의하면 시공할 수 있는 방식이 아니다.

셋째는 건설업면허를 가지고 있는 업체가 시공을 하는 경우다. 일반적으로 건설회사라고 할 때는 건설업면허를 가지고 있는 업체를 말한다. 시공의 품질 확보나 하자보수 등에 있어서 세 가지 방법 중에서는 가장 안정적이지만, 회사의 관리비 등이 소요되어 시공비가 상대적으로 비쌀 수 있다.

그러나 하자보수보증서를 통한 하자보수를 법적으로 보장 받을 수 있고, 유지관리에 대한 도움도 받을 수 있다. 상가주택을 짓는 방법으로 이제는 이 방법만이 가능해졌지만, 현실적으로 만연해 있는 면허대여업체는 아닌지 철저히 확인해야 한다.

상가주택의 경우 당연히 건설업면허를 가지고 있는 업체를 선정하는 것이 좋다. 공사를 완료한 후에 가장 문제가 되는 것이 하자보수다. 그런데 건설업면허가 없는 개인업자의 경우나 면허를 빌려서 시공하는 업체의 경우 '나 몰라라' 하면 그 다음에는 내책이 없다. 적은 금액을 가지고 소송을 할 수도 없고, 동네에서 서로 아는 처지라고 하면 벙어리 냉가슴 앓듯 참는 수밖에 없다.

그러나 건설업면허를 가지고 있는 업체는 모두 '건설공제조합'에 가입되어 있다. 사용승인(준공) 후 하자가 발생했는데 시공회사에서 책임을 회피할 경우에는, 건설공제조합에 하자 보수 청구를 하면 그곳에서 정당한지 여부를 판단한 후 처리를 해 준다. 이후에 건설공제조합에서는 시공사에 공사비를 청구하고, 시공회사는 건설공제조합으로부터 보증증권 발급 등에 있어서 제재를 받는다. 관급 공사를 하는 시공회사의 경우 이 제재는 치명적이다. 건설업면허가 있는 시공사에서는 면허관리 때문에 하자에 대해 절대로 '나 몰라라' 할 수 없는 상황이다.

건설업면허를 가지고 있는 업체는 이렇게 시스템상 하자보수를 회피할 수 없지만, 같은 이유로 공사비가 개인 업체보다 조금 비쌀 수 있다. 그러나 기술 수준이나 장기적인 안목에서 보면 충분히 그 가치를 한다고 판단된다.

나에게 잘 맞는 시공자는?

누가 좋은 시공자인가? 건축주 입장에서 보면 다른 사람보다 시공 단가를 싸게 부르는 시공자를 선정하고 싶어진다. 그러나 남보다 싸게 짓기가 쉽지 않다. 설사 싸게 짓는다고 하여도 가성비의 차이는 크지 않다. 품질의 차이만큼 싼 것이다.

공사비가 다른 시공자보다 싼 현장일 경우 품질에서 건축주와 시공자는 처음부터 서로 다른 기준을 설정하고 있을 확률이 높다. 건축주는 싸지만 좋게 해주리라 기대한다. 반면 시공자는 시공을 잘 해주겠다고 겉으로는 철석같이 약속한다. 그러나 싼 만큼 품질을 낮추어 공사비에 맞추려 하는 게 당연하다. 이렇게 서로 다른 품질 기준은 분쟁의 근원이 될 수밖에 없다. 결국 시공자는 추가 공사비를 요구하고, 건축주는 속았다고 생각하는 것이다.

처음부터 과도한 요구를 하는 건축주, 폭리를 취하고자 하는 시공자는 거의 없다. 다만 공사 과정에서 과도한 요구인지도 모르면서 하는 건축주의 품질에 대한 불만, 시공자에 대한 적정한 대가의 미지급, 시공비에 미치지 못하는 시공자의 수준이 서로에게 불신을 가져오고 그 순간부터 분쟁은 시작되는 것이다. 잘 만들어진 설계 도면을 바탕으로, 건축주의 합리적인 요구와 시공사의 적정한 이윤 확보가 이루어지고, 그것을 설계자가 감리 단계에서 적극적으로 조율해 준다면 완성도 높은 집을 얻을 수 있다.

좋은 시공자는 많이 있다. 좋은 시공자란 지급받은 공사비에 부합하는 품질의 공사를 해 주고, 합리적으로 정해진 공사비를 유용하지 않으며, 자기 집 짓듯이 성심성의껏 공사를 하는 사람을 말한다. 그렇다면 좋은 시공자를 어떻게 만날 수 있을까?

첫째, 시공자가 가지고 있는 작품집이나 홈페이지, 웹상의 카페나 블로그를 참고하여 시공 수준과 시공자의 성향을 판단하는 기준은 설계자를 선정할 때와 동일하다. 이 방법을 활용할 경우 건물의 시공 수준에 맞는 업체를 선별하는 작업도 중요하다. 본인의 상가주택 시공 단가의 고저에 따라 시공 수준을 가늠해 볼 수 있다.

무조건 잘하는 업체만 찾다보면 공사비와 품질에서 서로 관점이 맞지 않아 분쟁의 소지가 생길 수 있다. 대형마트에서 판매할 옷을 만들면서, 백화점에 납품하는 옷을 만드는 업체를 선정할 경우 열에 아홉은 가격에서 바가지를 썼다고 생각할 여지가 있다는 말이다.

둘째로 설계자나 지인의 소개를 받는 것도 하나의 방법이다. 설계자는 상가주택을 자주 설계하므로 시공자를 많이 알고 있다. 그 시공자들 중에서 나에게 적합한 시공자를 소개해 달라고 해 보자. 아직까지도 우리 사회에서는 아는 사람의 소개가 중요한 역할을 하는 경우가 많다. 건물을 지어보았다거나 관련 업종에 종사하는 지인이 있다면 어느 정도 믿고 소개를 받을 만하다.

셋째는 내가 발품을 팔아서 업체를 찾는 방법이다. 신도시 주기지역에 보면 수많은 건물들이 있다. 이 건물들 중 맘에 드는 건물의 시공자를 찾아 본다. 그 건물의 건축주에게 물어볼 수도 있고, 그 건물의 건축물 관리대장을 발급받아 기록을 확인할 수도 있다. 만나서 이야기를 나누다 보면 성향을 파악할 수 있다. 가급적 설계자의 입장을 이해해 주는 업체가 좋고, 품질에 자부심을 갖는 진취적인 시공자라면 어느 정도 믿음이 간다. 상가주택 시공 경험이 많은 시공자도 고려해 볼 만하다.

넷째, 마음에 두고 있는 업체가 있다면, 시공자가 지은 건축물의 건축주를 만나 실제 진행된 과정에 대해서 이야기를 들어 보는 것도 확실한 방법이다. 건축주로부터 시공자에 대한 평을 객관적으로 들을 수 있다. 그러나 무조건 믿는 것보다는 서로의 입장 차이가 있으니 어느 정도 참고만 하는 정도가 적당하다.

상가주택 시공자 선정 요령

설계는 상가주택의 방향을 잡아 나가고, 가치를 만들어 나가는 데 있어 중요하다. 그렇지만 이에 못지않게 시공자 또한 현실적으로 중요하다. 아무리 설계를 잘해도 비만 오면 샌다든가, 결로와 곰팡이 때문에 고생을 하고, 건축물에 하자가 생긴다면 정말로 피곤한 일이다. 시공자를 선택할 때 일반적으로 참고하면 좋을 몇 가지 기준을 알아본다.

첫째, 품질이 어느 정도 확보되고, 신뢰할 수 있는 시공사라면 최고의 업체다. 품질은 어느 정도로 설계 도면에 충실한 결과물을 만들어 내느냐 하는 관점과 방수, 결로, 냉·난방 등 성능을 확보하는 시공을 할 수 있느냐가 기준이 될 수 있다. 성능을 제대로 확보하기 위해서는 그만큼 경험과 기술력이 뒷받침되어야 가능하다.

시공자에 대한 확신은 적정한 공사비의 집행과 품질의 확보가 가능한가 하는 데서 온다. 일한 것에 대한 적정한 이윤 외에는 모두 시공비로 투입을 해서 건축물의 품질을 확보해야 한다. 이것이 시공사가 갖추어야 할 신뢰다. 그러나 많은 시공자들이 적정한 이윤이 아닌 최대한의 이윤을 확보하려다 보니 분쟁이 일어나곤 한다. 이러한 불신과 걱정은 건축주로 하여금 아는 사람을 소개받으려고 하는 경향으로 나타난다.

둘째로는 디자인 개념을 이해할 수 있는 업체라면 더 좋다. 건축주와 설계자가 의도한 내용이 도면에 100% 표현되기는 어렵다. 따라서 시공자가 경험을 통하여 디자인에 관련된 시공 디테일을 보완하고, 재료에 대한 감각이 있다면 충분하다. 일반적으로 시공회사들은 자신들이 공사해 오던 방식대로, 가급적이면 비용이 덜 드는 편리한 방식을 고집하는 속성이 있다. 그래서 좋은 시공자란 똑같은 재료라 하더라도 자신들이 해오던 방식이 아닌, 최대한 설계자와 협의하여 설계자의 의도를 이해하고 시공하려는 의지가 있어야 한다. 이런 업체는 규모는 작더라도 공사에 대한 자부심을 가지고 있는 경우가 많다. 이러한 자부심은 곧 품질로 이어진다.

셋째로는 상가주택에 대한 경험이 풍부한 업체인지 확인한다. 상가주택은 규모는 작아도 성격이 서로 다른 주거기능과 상가기능이 합쳐진 복합건축물이다. 또한 주거도 임대용의 소형 주거와 건축주가 거주하는 대형 평수가 공존하며, 대형 평수라 하더라도 건축주가 주거하는 경우와 임대를 주는 경우 등 그 조합의 수가 매우 많은 복잡한 건축물이다. 가급적 시공자가 전문화되어 있다면 혹시 있을지도 모르는 설계의 문제점과 건축주의 부족한 점에 대하여 기술적인 보완이 가능하다. 경험 많은 시공사는 평생 건물을 한두 번 짓는 건축주에 비해 상가주택에 대한 현재 유행과 선호도에 대해 많이 알 것이다. 임대가 잘 나가는 주택은 어떤 형태의 주택인지에서부터 건축물을 편리하게 관리하기 위한 계량기의 방식은 어떤 것들이 있는지까지, 설계자나 건축주가 미처 생각하지 못한 조언이 가능하다.

넷째로는 가까운 거리에 있는 지역 업체를 선택하는 게 유리하다. 공사를 할 때는 모두 열심히 하지만, 사람이 하는 일이다 보니 공사 후 1년간은 시스템의 이런저런 조정 기간이 필요하고, 경우에 따라서는 하자가 발생할 수도 있다. 이때 시공사가 멀리 있게 되면 신속하고 편리하게 서비스를 받기가 어렵다. 특히 전기나 수도 등 급한 생활형 하자의 경우에는 세입자들의 불만을 초래할 수도 있기 때문이다.

다섯째, 공사비에 맞는 업체를 선정하자. 공사비에 따라 디테일이 달라지고, 이러한 디테일은 공사를 해 온 업체일수록 해결이 쉽다. 저가의 공사를 주로 해 본 업체가 고가의 공사를 수주하게 되면 열심히 해도 시행착오가 있기 마련이다. 또 고가의 공사를 주로 해온 시공사는 저가 업체만큼 공사비를 맞추지 못하여 공사비가 초과하게 된다. 두 가지 경우 모두 다 건축주와 시공자 간의 분쟁을 일으킬 확률이 높다. 결국 피해는 건축주에게 올 수 있기 때문에 가급적 공사비의 수준에 맞추어 업체를 선정하는 것이 바람직하다.

어떻게 하면 분쟁 없이 지을 수 있을까?

건축주와 설계자, 그리고 시공자는 불편한 동거를 하는 경우가 많다. 왜일까? 건축주들과 상담을 하다보면, 공통된 고민의 바탕에는 대부분 설계자와 시공자에 대한 불확실성 내지는 시공 과정에 대한 두려움이 있다. '바가지를 쓰지는 않는지?', '제대로 지어줄까?', '폭리를 취하지는 않을까?', '제대로 된 서비스를 받을 수 있을까?' 등등에 대한 근원적인 의구심을 가진다.

그래서 건축주는 이렇게 한다. 처음에 여기저기 설계사무소를 다니면서 '기본설계(가설계)'를 받는다. 그 중에서 하나 골라서 설계비를 가장 싸게 부른 설계사무소에 설계를 싸게 맡긴다. 그리고는 시공회사를 선택한다. 이때도 여기저기서 공사비 견적을 받아서 가장 싼 곳에 맡긴다. 그 대신 잘 지어달라는 말을 잊지 않는다. 그리고 공사가 시작되면 무조건 좋은 자재를 써 달라고 떼쓴다. 계약할 때는 잘 해 준다고 하지 않았느냐고 우긴다. 그러다가 뜻대로 잘 안되면 공사비를 안 주거나 늦춘다. 그러다 공사가 재개되고 시간은 좀 늦어졌지만 싸게 잘 지었다고 생각한다.

설계자는 어떠한가? 기본설계 의뢰가 오면 예전에 했던 것들을 짜집기하여 적당히 그려준다. '뭐 어때, 공짜로 해 주는데 이 정도도 잘해 주는 거지'라며 위안을 삼는다. 그리고 설계 계약을 하면, 설계를 더 잘할 수 있음에도 싼 설계비를 생각해 최선을 다하지 않는다. 물론 공사가 시작되어도 현장에 나갈 생각을 하지 않는다. '어차피 공사는 건축주와 시공자가 알아서 할 일인데, 내가 받은 설계비로 현장까지 신경 쓸 여유가 있나'라고 생각한다.

시공자 역시 생각한다. '누가 나를 인정해 주는 것도 아니고, 어차피 사기꾼 취급하는데 돈이라도 벌어서 나가야지. 이 현장에서 나는 최소 이윤은 남겨야 돼'라며 건축주가 잘 모르는 부분은 대충한다. 그리고 설계 도면이 엉성하다는 핑계로 자꾸 설계 변경을 요구한다. 공사비가 싸니 시공자는 남들이 세 번할 것을 두 번만 하고, 남들이 사흘에 끝낼 작업을 이틀에 끝낸다. 빨리 공사하는 것이 자랑이다. 건축주는 자재비는 알아볼 수 있어도 이런 인건비 투입에 대한 자세한 내용은 알 수가 없다. 결산을 해 보면 어디서 추가되었는지 들어갈 비용은 다 들어갔다. 시간이 지나면 제값 주고 꼼꼼하게 공사한 집과 이런 집은 내구성에서 차이가 나서 수명이 단축된다.

이런 악순환이 계속되고 있는 현장을 보면 마음이 아프다. 말할 것도 없이 좋은 건축은 좋은 건축주와 좋은 설계자, 그리고 좋은 시공자라는 삼박자가 잘 갖추어졌을 때 만들어진다.

좋은 건축주란 누구인가? 우선 건축에 대한 기본 소양이나 이해가 있어야 한다. 기본 소양이라 함은 디자인에 대한 판단 능력만을 말하는 것은 아니다. 자신이 원하는 건축물 수준의 이해, 그리고 자신이 지급한 비용만큼의 결과물에 대한 만족, 그리고 사람에 대한 믿음도 포함한다. 소양이 없으면, 비용 면에서는 시공자에게 자신이 지급한 비용보다 더 과다한 결과물을 요구하게 된다. 그리고 디자인 면에서는 설계자의 노력에도 불구하고 투입된 비용보다 훨씬 떨어지는 수준의 건축물을 얻게 된다. 설계자나 시공자의 노고를 고마워할 줄 알아야 하고, 그에 대한 정당한 대가를 지급하는 데 아까워하지 않아야 한다.

좋은 설계자란 누구인가? 건축주와 허심탄회하게 이야기하고, 건축주의 생활패턴이나 사고방식에 적합한 건물을 만들어 줄 수 있는 사람이어야 한다. 설계자는 삶에 대한 건전한 철학과 사고방식은 물론 디자인 능력이 부족해도 안 된다. 충분한 자료를 가지고, 건축주가 원하는 부분에 대한 더 나은 대안들을 제시해 줄 수 있어야 한다. 건축에 대해서

비전문가인 건축주가 좋은 결과물에 대한 이해를 할 수 있도록 도면은 물론 동영상이나 투시도, 모형 등으로 표현할 수 있어야 한다.

시공자의 기술적인 뒷받침 또한 중요하다. 시공자는 적정한 공사비를 제시하여 신뢰를 얻을 수 있어야 한다. 공사가 진행되는 과정에서 생길 수 있는 변수를 미리 건축주와 협의해서 비용과 일정을 오해 없이 해결해 나가야 한다. 가급적 공사 시작 전에 그러한 변수를 미리 체크해서 건축주와 이야기한 후 시작할 수 있다면 더 좋다. 또한 설계자가 미처 생각하지 못했던 부분이 있으면 상세 도면을 요구하는 등 서로 상의하여 좋은 건축이 될 수 있도록 하여야 한다.

목적이야 각자 차이가 있지만 좋은 건축주나 좋은 설계자, 좋은 시공자 모두 좋은 건축을 만들기 위해서 노력한다는 점에서는 일치한다. 그러기 위해서는 신의가 가장 중요하다. 신의는 적정한 대가의 지급과 받은 대가에 맞는 품질의 확보가 바탕이 되어야 형성될 수 있다. 건축주와 설계자, 시공자가 서로를 못 믿는 상황이 가장 치명적이다.

시공계약서는
최고의 커뮤니케이션 도구다

견적서는 준비한 만큼 제대로 받을 수 있다

견적 준비

견적은 그냥 나오지 않는다. 건축주가 많이 준비하면 준비할수록 시공자로부터 자세한, 좋은 견적을 받을 수 있다. 건축주가 준비할 것으로는 첫째로, 제대로 작성된 도면과 내역서가 있다. 누가 뭐라고 해도 노면이 잘 되어 있어야 제대로 된 견적을 받을 수 있다. 건축공사 표준계약서에 보면 계약서에서 가장 중요한 1순위가 시방서로 되어 있다. 그러나 규모가 작은 공사의 경우 건축주가 시공자와 상대하여 자신의 의지와 생각을 전달할 수 있는 방법은 시방서가 아니라 구체적인 모양으로 그려진

품 명	규 격	단위	수량	재료비		노무비		경비		합계		비고
				단가	금액	단가	금액	단가	금액	단가	금액	
010102 : 속h시												

공종별 내역서
각 공사의 종류별로 작성되는 내역서로 위 예시는 금속공사에 대한 내역서이다. 이 내역서들을 모아서 집계표를 만들고, 집계표에 간접비들을 더한 것이 원가계산서다.

도면을 제시하는 것이다. 따라서 도면을 1순위로 놓고 견적을 받는 것이
소규모 건물에서는 좀 더 현실적인 방법이라고 판단된다.

설계자의 납품 항목 중에 내역서 작성이 있었다면 설계자에게서 받
은 내역서를 근거로 하는 '공내역서(재료와 수량은 기록하되 시공금액을 삭제한 내역
서)'를 만들어 시공자에게 주면 견적에 도움이 된다. 그러나 이 공내역서
는 참고용으로만 해야지 계약의 기준으로 삼으면, 공내역서에 누락된
항목 때문에 계약 이후 분쟁을 일으킬 수도 있으므로 특히 유의하여야
한다.

공내역서는 견적에 참여한 시공회사의 견적서를 받았을 때 비교하
기에 편리한 일종의 형식이 되기도 한다. 회사마다 견적서를 작성하여
제출할 때 자재의 기입 위치나 분류가 제각각이면 견적서를 받은 후에
회사끼리 서로 비교가 되지 않아 총공사금액 이외에 공종별, 자재별로
공사금액이 비싼지 싼지를 구별하기 어렵다. 공내역서가 없다면 견적
순서와 내용을 구체적으로 정해주어야 나중에 여러 개의 견적서를 서로
비교해 볼 때 편리하다.

품 명	규 격	단위	수량	재 료 비		노 무 비		경 비		합 계		비 고
				단 가	금 액	단 가	금 액	단 가	금 액	단 가	금 액	

공내역서
공종별 내역서에서 각 재료들의 규격과 단위는 원래대로 두고 재료비, 노무비, 경비의 단가와 금액을 삭제
한 것을 공내역서라고 한다. 공내역서를 견적에 참여하는 업체들에게 주게 되면 내역서의 기준이 되므로,
각 업체들 간의 공사비 비교가 아주 수월하다.

두 번째로는 특기 시방서가 있다. 특기 시방서는 건설공사 표준시방서의 일반적인 내용에서 정하고 있지 않은 내용, 즉 시공상 특별히 건축주와 시공자가 정하여 약속하는 내용이다. 건축물에 반영하는 구체적인 재료와 성능, 이미지, 시공방법 등을 기록한 일종의 특약사항이다. 시공자에게 견적을 의뢰할 때는 그동안 설계 과정에서 설계자와 협의해 왔거나, 건축주가 원하는 이러한 특약사항이 있을 경우 반드시 기록하고 정리해서 견적에 참여하는 시공자에게 전달해야 나중에 다툼을 피할 수 있다.

세 번째로는 견적 조건을 결정해 주어야 한다. 견적조건은 시공자가 견적을 낼 때 순수공사비 이외에 참고하는 것으로 현장 여건, 공사기간, 견적의 범위, 계약금 조건, 공사비 지급 방식, 선급금 보증서, 하자이행 보증서, 지체상금율, 민원의 해결 주체, 돌발 상황 발생 시의 조치 등인데 이러한 조건들이 결정되어야 시공자가 공사비를 구체적으로 결정할 수 있다.

여기에 더하여 산재·고용보험료 산입 여부, 수도·전기·가스 등 각종 인입비 포함 여부, 추가 공사가 발생하였을 경우의 처리 방식까지 언급하여 결정한다면 더할 나위 없다. 공사를 하는 과정에 자재를 보면 볼수록 건축주의 요구는 항상 도면보다 더 높아지게 되어 있다. 또 생각지 못한 추가사항이 발생할 수도 있다. 계약서의 내역서에는 들어가지 않지만 이런 변수들을 감안하여 건축주는 총 공사비의 5% 정도를 예비비로 준비해 두는 것이 좋다.

견적 참여업체와의 신뢰 구축

견적 업체 선정은 앞에서 언급한 시공자 선정 방식을 따르면 된다. 대개 3~5개 정도의 업체를 선정하여 견적을 의뢰하며 이들에게서 온 공사비를 비교하여 시공회사를 최종 결정하게 된다.

견적을 의뢰할 업체는 건설업면허가 있는 업체를 선정하는 것이 좋다. 다른 회사의 건설면허를 빌려서 시공하는 업체가 있는데, 이런 시공업체는 건축주의 입장에서는 반드시 피해야 한다. 추후 세금, 하자관리,

공사비 지급 및 결재, 행정처리 등에 있어서 심각한 문제가 발생할 위험성을 항상 내포하고 있기 때문이다.

아무리 소형 건물이라고 해도 시공업체에서 견적 작업을 제대로 하려면 최소 1~2주일 이상 시간과 인력을 투입해야 하는 작업이다. 시공업체 입장에서는 공사를 수주하기 위한 투자를 하는 셈이다. 따라서 견적을 의뢰한 건축주가 단순히 공사비가 궁금해서 견적을 받는 사람이어서는 곤란하다. 또, 이미 시공회사를 선정해 놓고 그 회사의 공사비를 깎거나, 정해진 회사의 공사비가 싼지 아니면 비싼지를 판단해 보기 위해서 견적을 의뢰하는 경우도 없어야 한다.

공정하게 진행되지 않는다고 판단되거나, 열심히 해도 공사를 수주할 수 있을지 어떨지 모르겠다고 생각하는 순간, 제대로 된 견적서를 받기가 힘들어진다. 그런 견적서를 받게 되면 건축주에게는 공사비에 대한 혼란만 가중되어, 오히려 판단이 어려워진다.

공사금액 판단하기

이런 단계를 거치면 이제 견적서가 건축주의 손에 들어오게 된다. 그러면 이 견적서를 어떻게 판단해야 하는가?

첫째, 싼 공사비가 최선은 아니다. 건축공사는 자재비와 인건비 등의 직접공사비와 기타 경비로 이루어진다. 여기서 기타경비는 산재·고용보험료, 4대보험료, 인입비, 안전관리비, 부가세 등 공과금 성격의 비용과 본사 관리비, 이윤 등 건설회사에서 공사를 해 주고 가져가는 경비 등 뻔한 내용으로 이루어지기 때문에 별로 건드릴 항목이 없다. 결국 공사비를 줄이기 위해서는 자재비와 인건비를 조정해야 한다는 결론이 나온다. 그러나 모두들 아는 것처럼 요즈음은 인터넷 등의 활성화로 정보가 오픈되어 있어서, 자재비에서 남기려고 하는 시도는 공사를 포기하는 것과 같다. 결국 인건비 싸움인데, 이 부분이 건축주가 잘 모르는 분야다.

인건비는 품질과 직결된다. 10명이 3일 동안 칠해야 하는 페인트공사를 7명이 3일 동안 해서 마무리를 했다고 하자. 면적이 동일하므로 자

품 명	규 격	단위	수량	A사 금액	B사 금액	C사 금액	D사 금액	비 고
017/110 금속공사								
경량날갈이장철	M-BAR	M2		4,554,050	4,178,950	3,875,125	4,756,460	
AI 봉당선지(W형)	15*15*15*15*1.0mm	M		7,564,720	7,687,090	7,776,510	5,077,470	
도 에어판넬 0(◇사형)	120*150*1.2t. STL(+장 유)	M		887,660	882,740	775,412	913,540	
방/치/마스티 부-막끌리	7/9-150*250	M2		187,650	192,370	154,250	200,860	
ID 장놀인-판네보드	AL-1t=13mm	M		4,570	5,720	3,875	6,030	
줌-판드보드	AL-H=12mm(불투+"큰리인트)	M		1,200	940	1,090	1,150	
보코 네보가	버딩가스-W-300t.흑트+(고기타트)	M		4,970	4,440	4,250	5,260	
스널핸드리뷰/목코마으	125(내칙)+(5x6")5t(6/100,H-1,000	M		592,350	110,000	540,000	640,000	
스탈핸드바위/가를유	125(내칙)+RR12*5t-H-1,100	M		1,000,770	975,000	876,000	498,000	
후시장네산/남산상부	철제+목재/4,850	M		1,672,210	5,875,000	1,191,000	1,612,650	
스때갤리스사이-리/9가형절	W402*2000. D38.1+22.3*2t	거		158,450	347,780	277,650	368,450	
스형절공 / 3형	77-세금반-600*600*2.3t	가		471,110	345,680	287,550	917,890	
돈 산널반-수결치	AL-450*450mm	거소		211,650	206,280	200,170	110,800	
스때갤리스-채통분리대	네도-W05*H-70"-5t	M		185,610	200,160	147,560	191,980	
[합 계]				14,554,900	13,887,750	12,773,352	15,260,210	

업체 간 공사비 비교표

견적에 참가한 업체에게서 받은 공사비를 항목별로 정리한 것이다. 어느 공종, 어느 항목에서 견적에 참여한 업체의 가격이 높고 낮은지를 일목요연하게 판단할 수 있다.

재비가 줄지는 않는다. 그러나 인건비에서는 3명의 인건비를 3일치나 줄일 수 있는 것이다. 이 공사의 결과는 싸고 경제적인 것이 아니라, 싸지만 품질도 떨어지는 결과로 나타날 수 있다. 그럼에도 불구하고 이런 내막을 모르는 일반인들은 싼 공사비만을 찾는다. 건축은 가격을 깎으면 깎을수록 이득인 이미 만들어진 공산품이 아니다. 공사비를 받은 후에 만드는 '선발주 후시공' 산업이라는 것을 알아야 한다. 따라서 공사비와 현장의 품질이 밀접하게 연관되어 있다. 결국 적정한 공사비를 선정해야 건축주도 손해를 덜 본다. 그래서 업체가 견적서를 제출하면 중간 가격의 업체를 선택하는 것이 좋다는 말이 나오는 이유이기도 하다.

둘째, 들어온 견적서를 비교 검토한다. 업체에게 공내역서를 주었다면 그 공내역서의 순서대로 업체에서 제출한 가격을 비교해볼 수 있다. 대개 어떤 항목은 A업체가 저렴한데 어떤 항목은 B업체가 저렴한 경우가 많다. 업체마다 특기와 특성이 있기 때문이다. 그러나 한 업체에서 특정 항목이 현저히 낮을 때는 확인이 필요하다. 견적을 잘못 뽑았거나 금액을 제대로 입력하지 못했을 수 있기 때문이다.

공내역서를 주지 않았을 경우에는 어떻게 해야 나중에 비교해 보기가 좋을까? 이럴 경우 업체에게 견적을 의뢰할 때 내역서 작성 순서를 정해주는 것이 좋다. 설계비를 아끼려고 내역서를 작성하지 않은 경우가 대부분이지만, 그래도 설계사무소에 아쉬운 소리를 하거나 견적 전문 업체에서 유사한 용도와 크기의 건축물 내역서를 구해서 그 내역서의 순서에 의해 견적을 작성하게 하는 것도 하나의 방법이다.

셋째, 견적서 이외에 공정표와 시공회사의 자료 즉, 지명원(요즈음에는 홈페이지나 카페로 대신하는 경우도 많다), 시공능력 평가서, 신용평가등급 확인원 등도 같이 받는다. 물론 소형 건물의 경우 시공능력 평가서와 신용평가등급 확인원까지 요구하는 경우는 드물다. 그러나 건축현장은 현장소장뿐 아니라 시공회사 자체의 능력과 생각도 중요하기 때문에 같이 검토하는 게 낫다.

시공자 선정 노하우

위와 같은 방법으로 견적을 비교하여 보았다면, 내가 지으려고 하는 건물에 대하여 어느 정도 공사 금액이 적정한지 윤곽이 잡힐 것이다. 대개는 입찰에 참가한 업체 중에서 견적금액을 가지고 두 개 정도로 좁힌 후, 다음과 같은 내용들을 확인하여 최종 판단을 한다.

사무실 방문, 면허 확인

우선 해당 회사를 직접 방문해 보면 어떤 회사인지 알아보기가 쉽다. 회사의 분위기나 구성원의 나이, 사고방식, 상가건축의 적응력 등을 쉽게 판단할 수 있는, 의외의 수확을 얻을 수도 있다. 건설업은 사람이 직접 만들어야 하는 업종의 특성상, 재료의 개발과 발전이 있어도 사람의 힘과 기술에 의지해야 하는 기본 원칙에는 변함이 없다. 소규모 건설일수록 더욱 그렇다. 고리타분한 분위기이거나 한두 사람의 기술력에 의지하는 회사가 의외로 많은데, 현대사회와 같이 변화무쌍한 상황에서 그다지 바람직하지 않은 상황이다.

그 다음으로는 건설업면허 소지의 유무를 확인한다. 다른 회사의 면허를 대여하여 건설 회사를 운영하는 경우가 종종 있다. 건설 회사를 운영하려면 법적 조건과 유지관리가 까다롭기 때문에 대여료를 주고 면허를 빌려서 사용하는 것이다. 그러면서 일반적인 관행인 것처럼, 남들도 다 하는 아무것도 아닌 일처럼 이야기를 한다. 말도 안 되는 소리다. 법에서는 설계든 시공이든 면허 대여를 부실의 원인으로 보고 엄정히 대처하고 있다. 면허를 빌려준 회사와 빌린 회사, 그리고 중간에 소개한 사람까지 형사처벌 대상이다. 이러한 회사와 계약을 하게 되면 많은 문제가 잠재하게 되어 공사 과정은 물론 공사 완료 후의 하자이행, 세무 등에 있어서도 내내 불안한 상황을 초래하게 된다.

1년 매출 규모, 유사시설 시공실적, 신용 등급 등 서류 확인

그 회사의 외형적인 상태를 살펴볼 필요가 있다. 1년 매출 규모는 어떻게 되는지, 내 건물과 유사한 시설에 대한 경험은 있는지, 나아가 유사시설의 최종 성과물은 어떻게 나왔는지까지도 알아 보자. 그리고 대외적인 공신력인 신용 등급 등을 확인하는 것도 필요하다.

외형이 크고 번듯하다고 내 건물을 잘 지을 것이라고 생각해서는 안 된다. 오히려 회사의 규모가 클수록 공사비가 작은 일반 건물은 찬밥 신세일 경우가 많다. 따라서 회사 규모가 작더라도 그 회사에서 얼마나 내 건물에 대하여 열성과 기술력을 동원하여 시공에 임하느냐가 더 중요하다. 시공자 선정 시에는 이 열성과 기술력을 어떻게 알아낼 수 있느냐가 관건이며, 이 신용도 판단이 핵심이라 할 수 있다. 매출이나 신용 등급을 확인하는 것도 그것의 한 방편이다.

현장소장

소형 건물의 경우에는 회사의 노하우나 실적도 중요하지만 이보다 현장소장의 경험과 노하우, 성실도가 건축물의 완성도를 결정 짓는다. 따라서 견적서를 제출 받을 때부터 현장소장의 경력과 성실도 등에 대한 평판 등을 꼼꼼히 검토해 둘 필요가 있다. 유의해야 할 점은, 계약을 하기 위해서 처음에는 그 회사에서 경력이 풍부한 현장소장의 서류를 제출해 놓고, 실제 계약 후에는 회사의 사정 등을 핑계로 현장소장이 바뀌는 경우가 있다. 이는 절대 불가하다는 조건을 계약 전에 반드시 못 박아 두어야 한다. 현장소장을 잘못 만나면 설계를 아무리 잘 해도, 현장관리가 잘 되지 않아 부분적인 하자를 피할 수 없다. 여기까지 검토하여 한 개의 회사가 남았다면 마음 편히 먹고 계약서를 작성하면 된다.

드디어 공사계약서를 작성하다

공사계약서는 대개 시공회사에서 초안을 작성하여 건축주에게 제시하게 되는데, 일반적인 표준계약서를 사용하여도 무방하다. 건축공사표준계약서(국토교통부고시 제2016-193호)에 나와 있지만, 반드시 짚고 넘어가야 할 사항들만 몇 가지 짚어본다.

기성별로 결재, 기성 사용 확인서 제출

시공회사와 건축주 사이에서 가장 많이 발생하는 문제는 아무래도 돈 문제일 것이다. 그 유형으로는 시공회사에서 공사비 결재를 목돈으로 받아서 다른 곳에 유용하다가 계약한 공사에 차질이 생기는 경우와, 건축주가 약속한 날짜에 공사비를 지급하지 못하는 경우 두 가지를 들 수 있다. 앞의 경우에 대한 대책에 대해서만 이야기하기로 한다.

첫째, 공사비는 반드시 '기성급'으로 결재하도록 계약서에 명기할 필요가 있다. 기성급이라는 것은 공사가 진행된 만큼만 공사비를 지급하는 것을 말한다. 계약금을 지불한 후, 기성은 한 달을 주기로 공사가

건축공사 표준계약서

1. 공사명 :
2. 대지위치 :
3. 공사기간 :
    착공 :   년   월   일
    준공 :   년   월   일
4. 도급금액: 일금   원정
    공급가액 : 일금   원정
    부가가치세액 : 일금   원정
5. 선금 : 일금   원정
6. 기성부분금의 시기 및 방법 :
7. 하자담보책임기간 :
8. 하자보수보증금율 :
9. 지 체 상 금 율 :
10. 계약보증금 :
11. 기타사항 :

건축주와 시공자는 이 계약서 및 별첨설계도와 시방서에 의하여 공사계약을 체결하고 그
증거로 이 계약서 및 관련문서를 2통 작성하여 각 1통씩 보관한다.

                                년   월   일

건 축 주
    상   호 :
    주   소 :
    성   명 :   인

시 공 자
    상   호 :
    주   소 :
    성   명 :   인

시공자 보증인
    상   호 :
    주   소 :
    성   명 :   인

건축공사 표준계약서
건축공사 표준계약서 양식의 첫 페이지 내용이다. 확인해야 할 것들과 결정해야 할 것들의
대부분을 기록하게 되어 있다.

진행된 만큼 후불로 지급하는 것이 합리적이다.

둘째, 주요 공종에 대해서는 실제로 건설회사에서 전문건설업자(일반적으로 현장에서는 '하청업자' 또는 '하도급업자'라고 한다)에게 지급했는지 확인할 수 있도록 하는 단서를 달아두는 게 유리하다. 내역서에서 금액이 큰 공종으로 철근콘크리트공사라든가 창호공사, 외벽공사, 지붕공사, 수장공사 등만 확인해도 건축주에게서 받은 공사비를 전문건설업자에게 지급하지 않아서 생기는 큰 문제는 피할 수 있다. 가장 흔하게 볼 수 있는 현장에서의 다툼은, 건축주는 공사비를 지급했는데 건설회사에서 다른 곳에 유용하고 전문건설업자에게 공사비 결재를 하지 않아서 발생하는 분쟁이다.

셋째, 위의 상황을 판단하기 어렵다면 설계자나 감리자를 적극 활용하면 된다. 설계자나 감리자에게 적정 대가를 지불하고 공사 진행 정도에 따른 공사비 체크를 위임한다면, 그리고 이러한 내용을 시공자와 계약서를 작성할 때 명기한다면 공사비의 과다 지급을 막을 수 있을 뿐 아니라 지불한 공사비가 다른 곳에 유용되는 것을 막을 수도 있다.

공정표 제출

대부분의 현장에서 공정표를 짜기는 하지만 처음에 짠 전체 공정표는 요식행위로 그치는 경우가 많고, 실제로 그대로 이루어지는 경우도 거의 없다. 특히 동절기에 맹추위가 오거나 눈이 많이 오는 경우, 하절기에 장마기간이 걸치는 경우는 공정표대로 일정을 맞추기가 대단히 어렵다. 따라서 전체공정표는 전체 공사기간을 가늠할 수 있을 정도로만 사용하고, 실제로는 매월별로 공정표를 짜거나, 일주일 단위로 주간공정표를 짜는 것이 공사 진행을 이해하거나 공정을 관리하는 데 유용하다.

3주간 공정표를 작성하도록 하는 경우도 있다. 매주 진행하는 공정회의에서 지난주에 무슨 일을 했고, 이번 주에는 무슨 일이 이루어지며, 다음 주에는 어떤 일이 예정되어 있는지를 한눈에 볼 수 있기 때문에 매우 편리하다.

시공계획서 제출

소형 건물의 경우 내 건물을 어떻게 시공하겠다는 시공계획서를 제출하는 경우는 거의 없다. 그러나 여러 회사를 비교해서 그 중 하나를 결정할 때에는 시공계획서를 제출해 주기를 요구하는 것이 좋다. 왜냐하면 이 시공계획서를 보면 내 건물에 대한 이해도나 관심의 정도 등을 판단할 수 있기 때문이다. 일반적으로 사용하는 시공계획서에 주소와 규모 등만 내 건물로 바꿔서 제출한다면 공사하는 과정도 무성의해질 확률이 높다.

하자보수기간 명시

건축주에게 가장 걱정거리 중 하나가 사용승인 후 하자에 대한 보수이다. 공사 완료 후 건물에 문제가 생겼는데 시공회사에서 나 몰라라 하면 정말 난감하다. 건축공사는 사람이 하는 일이므로 하자가 생길 수 있다. 문제는 얼마나 성실하게, 그리고 빨리 해결하느냐가 관건이다.

'죄는 벌하되 사람은 미워하지 말라'는 말이 있다. 건축공사도 이런 마인드를 가질 필요가 있다. 수많은 공사의 종류가 있고, 각 공종마다 참여하는 사람이 한둘이 아니다. 이 모든 작업자 중에는 불성실한 사람이 끼여 있을 수도 있고, 현장소장의 지시나 감독에 어긋나는 작업을 하는 사람이 있을 수도 있다. 따라서 하자가 생길 수 있는 여지는 상존한다. 다만 하자가 발생했을 때 얼마나 신속하게, 그리고 제대로 수정할 수 있는가가 중요하다.

건축물에 문제가 생겼을 경우 시공회사에서 무한정 보수를 해야 하는 건 아니다. 법에서는 시공회사에서 공사를 마친 후 무상으로 보수를 해야 하는 적정한 하자 기간을 정해놓고 있다. 건설산업기본법 제28조(건설공사 수급인 등의 하자담보책임)와 이를 근거로 하는 건설산업기본법 시행령 제30조(하자담보책임기간)에서 위임한 '별표 4'에 보면 각 공종별로 하자담보책임기간이 정해져 있다. 방수 3년, 도장 1년, 조적 2년 하는 식이다. 따라서 위의 법에 근거하여 계약서에 하자보수 기간을 명기하도록 하자. 그리고 잔금을 지급할 때 '하자보수보증서'를 꼭 받아 놓아야 어느 정도 걱정을 덜 수 있다.

이행증권 제출

소규모의 민간공사에서 각 단계마다 이행증권을 요구하기는 쉽지 않다. 그러나 계약을 이행한다는 계약이행증권, 그리고 하자에 대한 이행을 하겠다는 하자이행증권(하자보수보증) 정도는 반드시 받아두도록 하자. 문제가 생겼을 경우 이러한 조치들이 리스크를 줄여줄 것이다. 건축주는 건설회사에서만 받으면 된다. 각 공종별 하자에 관련된 것은 건설회사에서 각 전문업체와 알아서 할 문제다.

공사 기간에 대한 지체상금

일반적으로 표준계약서에는 공사 기간에 대한 내용이 포함된다. 공사기간을 못 지킬 경우에 시공자는 정해진 지체상금(대개 하루에 공사비의 3/1,000)을 건축주에게 지급해야 된다. 꼭 지체상금을 받겠다는 뜻보다도 건축주의 계획과 사업의 일정, 그리고 계약서의 약속을 이행하게 하기 위한, 건설회사에 대한 압력이다. 계약서 내용에 있는지 확인해 보자. 이것이 없을 경우 공사가 한두 달 늦어지는 상황이 다반사로 생길 수 있다.

제품확인서

제품확인서를 받을 필요가 있다. 공사 과정에서 재료가 변경되는 경우를 비롯하여 현장에 어떤 제품을 사용하였는지 점검하고 정리한다는 차원에서 제출받아서 점검해보고 보관해 두어야 한다.

사고와 민원에 대한 책임 소재

현장 사고와 민원에 대한 책임 소재 또한 계약서에 포함되어 있는지 점검할 필요가 있다. 대부분은 현장에서 일어난 사고와 민원은 시공자가 책임지는 것을 원칙으로 한다. 다만 대지경계선 등 소유권에 관한 문제는 건축주가 해결해야 하고, 현장에서 건축주가 인부들에게 직접 지시를 내린 사항에 대해서는 건축주가 책임을 지는 것이 관례이므로 주의

할 필요가 있다.

외상 공사는 피하라

공사비가 부족할 경우, 달콤한 유혹이 외상공사다. 외상공사는 '공사비 후지급'이라는 그럴듯한 명칭으로 포장되기도 한다. 요지는 시공자가 비용을 선투입하여 건물을 완성하고, 사용승인 후 공사비를 회수해 간다는 것이다. 결국 외상공사는 시공자가 은행금리를 부담하는 시스템이라 할 수 있다.

개발시대에는 이렇게라도 건물을 완성해 놓으면 수년 내 땅과 건물의 가치가 몇 배씩 상승하므로 의미가 있었다. 그러나 지금은 저성장 시대라 이런 횡재는 일어나지 않는다. 가능하면 외상공사는 피하는 것이 상책이다. 피해야 하는 수많은 이유 중에 몇 가지만 짚어본다.

첫째, 건축주의 의견이 반영되기 어려운 구조다. 왜냐하면 우리의 문화에서는 경제력을 가진 사람의 권한이 너무 크다. 공사비를 대지 못하는 건축주는 현장에서, 심지어 설계과정에서부터 외면당하기 쉽다.

둘째, 시공 품질이 저하된다. 건축주가 관여하지 못하는 현장은 시공자의 사업성과 경제 논리로 지어지기 때문에 당연히 시공 품질이 떨어질 수밖에 없다.

셋째, 은행 이자를 감당해야 하는 시공자는 은행 이자를 줄이려고 무리한 공기단축을 시도하게 된다. 이 과정에서 부실공사가 이어질 확률이 높다.

넷째, 시공자가 자금이 넉넉하지 못할 경우 하도급 업체와의 무리한 계약으로 자금 압박과 품질 저하가 올 수 있고, 결국에는 공사 중단에 이르는 상황이 생길 수 있다. 즉 공사의 완성 자체에 문제가 발생하게 되는데, 이럴 경우 건축주의 땅은 유치권 등에 걸려서 권리사용을 하지 못한다. 결국 중단된 현장의 공사비를 건축주가 해결해야 한다.

다섯째, 시공자는 보증금으로 공사비를 회수하게 되는데, 빨리 회수

할 목적으로 공사비 한도 내에서 임대 보증금을 싸게 책정하므로 건축주에게 손해가 발생한다.

여섯째, 임대가 잘 안 되어 보증금으로 공사비가 회수되지 않을 경우 선순위 은행대출로 공사비를 빼가려고 하는데, 대출이 많을 경우 입주자가 불안하여 임대가 잘 안되는 원인이 되기도 한다.

누락되기 쉬운 항목들을 점검하자

계약서를 작성하면서 누락시키기 쉬운, 혹은 일상적으로 넘겨버리곤 하는 몇 가지 항목이 있다. 이들은 공사에서 빠진 것이 아니기 때문에 어차피 공사비를 지불해 주어야 하는데, 문제는 예산에 빠져 있다는 점이다. 결국 추가 공사비를 만들어야 하는데, 준비한 공사비가 부족해지는 상황이 발생할 수도 있어서 꼭 점검해 봐야 할 사항들이다.

공사 면적의 산정

실제로 허가 면적을 가지고 공사비를 산정했다가는 큰 오류를 범할 수 있다. 허가면적에 들어가지 않으면서도 공사면적에 포함되는 것들이 많기 때문이다. 허가면적에 제외되는 항목들로는 확장형발코니를 포함하여 발코니, 필로티나 필로티 주차장, 계단탑, 다락방 등이 있다.

관례를 보면 확장형발코니와 계단탑은 일반실과 다를 것이 없으므로 전부 면적에 산입한다. 필로티나 필로티 주차장, 그리고 다락방의 경우에는 형태에 따라 50~70% 사이에서 공사비에 포함한다. 발코니 같은 경우에는 서비스 면적으로 하는 경우가 많은데, 경우에 따라서 50% 정도를 면적에 포함시켜 줄 것을 요구하는 경우도 있다.

이런 것들을 포함하고 나면 전체면적의 20%에 육박하는 때도 있다. 공사비가 20% 상승하는 것이다. 물론 그냥 헛되이 들어가는 비용이 아니라 실제 공사에 투입되는 것이지만 예산을 잡을 때 규모가 달라져 큰 오류를 범할 수도 있다는 말이다.

철거 공사비 포함 여부

기존 건물이 있을 경우에는 철거공사비를 잡아야 하는데, 본 공사가 아니라서 누락되는 경우가 종종 있다. 더구나 요즈음에는 석면이 발암물질이라고 하여 매우 까다롭게 처리된다. 1960~80년대에는 슬레이트를 지붕재로 많이 사용했었는데, 이것이 가장 많이 해당된다. 비용도 비용이지만 석면처리 보고서도 만들어야 하고, 처리하는 전문업체도 별도로 수배해야 해서 처리기간이 매우 길다. 급한 공사에서는 어려움이 많다.

각종 인입비용 포함 여부

공사를 할 때, 혹은 입주를 해서도 계속 사용하는 것이 수도, 전기다. 그런데 수도계량기, 전기계량기는 일반 시공자가 공사를 하지 못한다. 수도계량기는 수도사업소에서 설치를 하는데 시공자는 그 계량기 설치 이후의 공사를 맡는다. 전기계량기도 마찬가지로 한전에서 설치를 하고 나면, 계량기에서부터 시공자가 공사를 할 수 있다.

도로에서 가스계량기나 수도계량기, 혹은 전봇대에서 전기계량기까지 설치하는 공사에 드는 비용을 인입비라고 한다. 이러한 인입비와 분담금이 드는 항목에는 수도, 전기 뿐 아니라 도시가스, 하수도 등이 있다. 이것은 시공자가 하지 못하고 한전이나 수도사업소에서 하기 때문에 건축주가 부담을 하게 된다. 각 세대별로는 크지 않지만 세대수가 많으면 기하급수적으로 늘어나기 때문에 부담이 적지 않다.

전원형 상가주택에서는 가스나 수도 관로가 지나가는 도로가 멀리 있으면 그 도로에서부터 굴착하여 인입하여야 하므로 비용이 많이 들어가는 경우도 있다. 전봇대가 멀리 있어서 중간에 새로 세워야 하는 경우는 비용도 비용이지만, 행정 절차에 시간이 많이 들어가서 사업 기간에 지장을 주는 경우도 있다. 토지 구입 시, 혹은 설계 시 사전에 검토해야 할 대상이다.

산재보험과 고용보험 가입 여부

건설업면허를 가지고 있는 업체에서 공사를 하게 되면 산재·고용보험에 가입되어 있고, 시공비에 당연히 포함되어 있기 때문에 업체에서 처리한다. 그러나 건설업면허가 없는 업체에서 시공하거나, 건축주 이름으로 시공을 하게 되면 공사비 이외에 별도로 건축주가 부담해야 한다. 건축주가 부담한다는 의미는 사고가 날 경우, 법적으로 건축주의 책임이라는 말과 같다. 건설산업기본법이 바뀌게 되면서, 소형건축물을 제외하고 건설업면허가 있는 시공회사에서 공사를 해야 하므로 시공회사의 내역서에 포함되게 된다.

계약이행보증, 하자보수보증

건설공사는 대부분 비용이 크기 때문에 단계별로 건설공제조합이나 보증보험회사에서 보증을 하고, 거기에 대한 보증서(증권)를 많이 사용한다. 일반 건축주들은 모르고 지나가고, 건설회사에서도 보증 수수료가 발생하므로 그냥 넘어갈 뿐이다.

　　입찰 시에는 입찰보증, 계약 시에는 계약이행보증, 선급금을 받을 때는 선급금보증, 준공을 책임지고 하겠다는 공사이행보증, 준공 후 발생하는 하자를 책임지겠다는 하자보수보증 등이 있다. 상가주택의 경우 이 중에서 계약이행보증서와 하자보수보증서(하자이행증권)만은 반드시 받도록 하자.

세금계산서 발행 유무

공사비에 대한 세금계산서를 어떻게 처리할 것인가를 결정해야 한다. 1층 근린생활시설인 상가의 경우와 85㎡가 넘는 주인주택의 경우는 부가가치세를 납부해야 하는 과세대상이고, 2~3층의 임대주택들은 85㎡가 넘지 않을 경우, 부가가치세가 붙지 않는 면세대상이다.

공사비의 지급조건

공사비의 지급조건도 중요하다. 앞에서는 공사가 진행되는 대로, 기성별로 결재하는 방식을 추천하였지만, 각자의 사정에 맞도록 조정하는 것이 좋다. 가급적 공사가 진행된 것을 확인하고 집행한다.

시공사의 건설업면허 유무

몇 번을 강조해도 부족하다. 더구나 건설산업기본법이 바뀌는 2018년부터는 반드시 건설업 면허가 있는 업체와 계약을 하는 것이 좋다. 면허를 대여하여 시공하는 업체에서는 '공사비가 올라간다'든가, '세무적으로 불리하다', '일반적인 관례다'라는 그럴듯한 핑계와 이유를 대면서 문제가 없다고 이야기 할 것이다. 그러나 투명하게 하지 않으면 결국 손해 보는 쪽은 건축주이다.

감리자의 역할

시공자와 설계자, 감리자는 삼각형의 꼭짓점과 같다. 이 중 하나라도 없으면 삼각형이 존재할 수 없는 것처럼 중요하다는 의미다. 이 중 설계자와 시공자에 대한 이야기는 앞에서 많이 언급했다. 여기서는 감리자가 누구인지, 계약은 어떻게 해야 하는지 등에 대한 이야기만 간단히 하고 넘어가기로 한다.

건축법 제2조에서는 '공사감리자'를 '건축법이 정하는 바에 의하여 건축물·건축설비 또는 공작물이 설계도서의 내용대로 시공되는지의 여부를 확인하고, 품질관리·공사관리·안전관리 등에 대하여 지도·감독하는 자'라고 정의하고 있다. 2018년부터는 이 감리제도가 대대적으로 변경된다. 분양건축물이나 건설면허를 가진 업체가 시공을 하는 경우 등을 제외한 대부분 소형건축물의 경우 건축감리자를 설계자나 건축주가 아닌 허가권자가 지정하게 되었기 때문이다. 제대로 정착이 된다면 소규모 건축물의 경우 안전 확보와 부실시공 방지에 큰 효과가 있을 것 같다. 그만큼 설계자 못지않게 감리자의 역할이 매우 중요해졌다.

감리자란 공사계약 내용에 대하여 '지도·감독하는 자'다. 공사계약 내용에는 도면, 시방서, 내역서 등이 모두 해당된다. 여기에 대한 '지도 감독'을 한다면 설계자는 설계를, 시공자는 시공의 역할을 제대로 했는지, 혹은 제대로 하고 있는지를 제3자의 입장에서 살펴볼 수 있는 전문가인 것이다. 상가주택 규모의 건축물일 경우 감리를 할 수 있는 감리자는 건축사들이다. 이 감리자를 적극적으로 활용하는 것이 좋다. 제대로 된 감리자를 찾기만 한다면, 많은 조언을 받을 수 있다.

그러나 대부분의 건축주들은 안면이 있는 시공자와 계약하는 경우가 많아서인지 시공자와의 계약내용을 설계자나 감리자와 협의하려 하지 않는다. 안타까운 일이다. 설계자나 감리자는 주변에서 어떠한 문제로 분쟁이 일어나는지, 어떻게 했을 경우 원만하게 처리되는지에 대한 경험이 많다.

물론 시공자도 경험이 많을 것이다. 그러나 시공자는 시공자의 입장에서 처리를 하는 반면 설계자나 감리자는 건축물과 법규의 관점 즉, 건축주의 입장에서 처리한다는 점이 다르다.

감리계약서 작성

감리자는 현장에 나가서 공사가 진행되는 것을 법규를 근거로 판단하거나 기술적인 관점에서 파악해야 한다. 또 공사현장을 실측하여 도면대로 공사가 되고 있는지를 확인해야 한다. 2018년부터 본격적으로 시행된 감리제도에 대해서는 감리계약서를 비롯하여, 감리 금액 및 업무내용에 대하여 지방자치단체별로 마련되어 있다. 감리보고서는 중요한 부위별 공사의 기록이기도 하지만 추후에 하자관리나 유지관리를 할 경우 많은 도움이 되는 자료이다.

시공회사에서는 현장 작업일지를 매일 쓴다. 현장에 어느 공종의 노무자가 나와서 일을 했고, 몇 명의 인원이 나왔는지, 그리고 특이사항은 무엇인지를 항상 기록하는 것이다. 공사 기록이라는 의미에 있어서도 중요하지만 그래야 전문건설업자와 나중에 공사비를 정산하기가 어렵지 않기 때문이다. 이 작업일지에 사진을 첨부하면 감리보고서가 된다. 일지에 부족한 내용이 있다면 추가로 기록해주기를 요청하면 된다. 이 감리보고서는 최종본으로 출력하여 제본한 것과 파일로 된 것 두 가지를 모두 받아 놓는 것이 좋다. 향후에 건축물을 유지·관리하는 데 도움이 된다.

시공 사례 5 **동천동 상가주택**(근린생활시설+다가구주택)

대지위치 경기도 용인시 수지구 동천동 | **지역지구** 자연녹지지역, 자연경관지구 | **대지면적** 988.00㎡ | **건물 규모** 지하 2층, 지상 2층 | **건축면적** 127.50㎡(건폐율 12.90%) | **용적률 산정면적** 249.19㎡(용적률 25.22%) | **연면적** 838.24㎡ | **주차대수** 7대 | **외장재** 화강석물갈기, 스터코 | **지붕재** 우레탄도막방수

시공과정에서 건축주가
관여해야 할 것들

10

대부분의 건축주들은 시공과정에 관심이 많다. 자재는 제대로 사용하는지부터 하자가 발생하지 않게 공사를 하는지, 자신의 취향에 맞는지까지 챙긴다. 그러나 관심을 적극적으로 표현하는 것은 좋지만 기술적인 부분까지 관여하는 것은 그다지 권하고 싶지 않다. 아무리 상가주택이 소형 건설현장이라고 하지만, 건설현장의 속성상 비전문가인 건축주가 신경 쓰고 챙긴다고 별로 나아질 것은 사실 없다. 오히려 잘못된 정보로 인하여 시공자에게 불합리한 지시를 함으로써 나중에 문제가 생겼을 때 책임을 떠안는 경우가 허다하다.

건축시공은 범위가 매우 넓다. 시공과정에 참여하는 토목, 구조, 전기, 기계, 소방, 조경 등의 기술이 대학교에서 독립된 학과로, 하나의 학문 분야로 다루어지고 있을 정도니 이를 총괄하는 건축시공의 범위가 어떤지 상상할 수 있다. 열심히 공부하여 현장을 체크한다고 해도 단시간에 제대로 된 기술을 체득하여 지시하기가 매우 어렵다. 기술적인 부분은 시공자에게 일임하자. 권한을 주고 문제가 생기면 계약서에 명기된 대로 책임을 지도록 하면 된다. 그 대신 건축주는 건축물에 대한 기본적인 속성을 파악하거나, 자신이 처음에 이루고자 했던 개념을 완성시키기 위하여 자신만이 할 수 있는 일을 찾고, 그 부분의 완성도를 높이는 데 노력하자. 시공 과정에서 건축주가 알아야 할 항목과 관심을 가지고 챙겨볼 필요가 있다고 생각되는 부분들에 대하여 다시 한 번 정리해 본다.

공사비를 결정하는 요인은 무엇일까

같은 면적도 디자인에 따라 공사비가 달라진다

일반적으로 공사비를 결정하는 요인은 세 가지로 나누어 볼 수 있다. 첫째는 건축물의 형태고, 둘째는 재료의 특성, 그리고 셋째로는 건축물의 규격화 여부에 따라 달라진다.

첫째로, 형태가 어떻게 공사비를 결정하는지 알아보자. 건축주들의 공사비에 대한 판단 기준은 '평당 공사비'이다. 이 '평'이라는 개념이 일제시대부터 사용되기 시작한 단위라 지금은 ㎡로 기준이 바뀌었지만, 적응하려면 세대가 바뀔 정도의 시간이 걸릴 것 같다. 그런데 평이든 ㎡든 공사비를 예측하거나 판단할 때 중요한 복병이 있다. 공사비는 대부분 외벽 면적에 비례하는데, 외벽 면적은 길이와 높이에 영향을 받는다. 아래 그림을 참조해 보자.

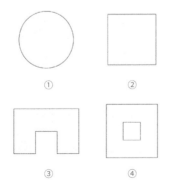

평면 형태와 공사비의 관계
평면의 형태가 원형인 ①번 원통의 외벽면적을 1이라고 한다면, 평면이 정사각형인 ②번 육면체의 외벽면적이 1.15, ㄷ자형의 평면 형태인 ③번의 외벽 면적은 1.51, 중정이 있는 ㅁ자형 평면인 ④번의 경우 외벽면적은 1.60으로 늘어난다. 외벽의 형태가 복잡할수록, 요철이 많을수록 공사비는 증가한다.

동일한 바닥면적을 기준으로 동일한 높이일 때, 평면의 형태가 원형인 원통의 외벽면적을 1이라고 한다면, 평면이 정사각형인 육면체의 외벽면적이 1.15, ㄷ자형의 평면 형태일 경우의 외벽 면적은 1.51, 중정이 있는 ㅁ자형 평면일 경우 외벽면적은 1.60으로 늘어난다. 그만큼 외벽의 길이가 길어지고, 길어지는 비율만큼 공사비는 상승하게 된다. 이것을 고려하지 않고 단순히 면적만 가지고 공사비를 산정하는 경우 나중에 큰 오해를 불러일으키는 복병으로 작용하게 된다.

공사의 난이도는 별도로 판단할 때 50평을 평당 400만원으로 짓는다면 원형의 집일 경우 2억원, 정사각형의 집은 1.15배인 2억3천만원, ㄷ자 집은 1.51배인 3억2백만원, ㅁ자 집은 1.60배인 3억2천만원이 든다는 결론이다. 마찬가지로 동일 면적, 동일 형태라도 건물의 높이가 높으면 그에 비례해서 공사비가 늘어난다.

층이 여러 개일 경우에는 아래층 천장이 위층 바닥이 되어 4개 벽면과 바닥, 천장 등 공간을 구성하는 6면체 중 5면의 골조만 공사하면 되지만, 전원주택과 같이 단층인 경우에는 4면 벽체, 기초 바닥과 지붕 즉, 6면을 모두 공사해야 하므로 공사비는 더 올라가게 된다. 이러한 개념을 이해하면 뚜렷한 목적 없이 복잡한 형태로 디자인하여 공사비가 예산을 초과하게 되는 것을 막을 수 있다. 복잡한 형태나, 층고, 층수를 고려하지 않고 공사비를 단순히 면적 기준으로 환산하였을 때의 평당 공사비 상승으로 인한 쓸데없는 오해도 피할 수 있다.

둘째로는 재료의 특성이 있는데, 재료의 수준과 생산방식을 들 수 있다. 재료의 수준이라는 것은 일반적으로 비싼 재료를 쓰면 공사비가 올라가고, 저렴한 재료를 쓰면 공사비가 낮아진다. 누구나 알고 있는 상식으로 공사비가 여유롭지 못하다면 선택과 집중을 하여 포인트로만 비싼 재료를 사용하는 것도 방법이다.

생산 방식에 있어서 규격품을 쓰면 공사비가 낮아지는 반면, 주문품을 사용하면 공사비가 올라간다. 규격품, 즉 공산품은 대량 생산을 하고, 업체 간 경쟁을 하기 때문에 생산가격이 싸다. 반면 주문품은 일일이 사람이 인건비를 투입하여 제작해야 하기 때문에 가격이 올라가는 게 당연하다. 건축물의 형태가 비정형이라든지, 규격품으로 소화할 수 없는 크기여서 어쩔 수 없는 경우, 건축주의 취향을 반영하고 싶어서 주문품으로 하는 경우가 있지만, 경제적으로 지을 것이라면 지양할 바다.

셋째로는 세대간, 평형간 형태가 똑같은 경우보다, 모두 제각각일 경우 공사비가 올라간다. 세대간, 평형간 크기와 형태가 달라지면 작업자들이 도면을 숙지하기가 어렵기 때문에 작업의 효율이 떨어진다. 또한 거푸집 등 제품의 반복 사용이 불가능해지고, 쓰고 남는 마감자재가 늘어나서 자재의 손실률이 높아진다. 똑같은 도배지여도 한 가지 색으로 하는 것보다 다섯 가지 색으로 하는 것은 버려야 할 자투리 자재가 다섯 배가 된다는 이야기다.

건축주는 이러한 공사비 상승 요인을 알고 설계를 요구하여야 한다. 시공자와 상의를 할 때도 이러한 요인을 알아야 막연하게 손해 보는 것 같다는 생각에서 벗어날 수 있어 분쟁을 피할 수 있다. 공사비는 평당으로 계산하지 말고 형태와 재료가 반영되는 내역서를 작성하여 판단해야 정확하고, 분쟁의 소지가 적다. 또 견물생심이라고, 공사를 진행하는 과정에서 좋고 비싼 제품을 보게 되면 자꾸 그 자재를 쓰고 싶어진다. 시공자들도 부추기는 경향이 있다. 그러나 그렇게 분야별로 조금씩 상승된 공사비가 더해지면 나중에는 눈덩이처럼 불어나 걷잡을 수 없게 된다. 공사비 상승은 수익률을 갉아먹는 주범이라는 인식을 가지고 절제를 해야 한다. 그래서 설계단계에서 생각했던 초심이 중요하다.

재료비와 인건비를 이해하자

재료비와 인건비에 대해서 비교할 때는 두 가지만 주의하면 된다. 첫째는 우리나라의 경우도 이미 인건비가 많이 올라서 재료비보다는 인건비가 전체 공사비에 영향을 더 미친다는 사실과, 둘째는 인터넷에서 알아보는 재료비에는 대개 운반비와 가공비가 빠져 있다는 점이다.

우리도 이제 선진국 대열에 들어서서인지, 아무리 작은 현장이라도 재료를 빼먹는 경우는 거의 없다. 그리고 건축주들이 인터넷으로 자료를 찾아보기 쉽게 되어 있어서 시공자들이 도면에 정해진 것보다 싼 재료를 사용하기도 쉽지 않은 것이 현실이다. 결국 공사비는 눈에 보이지 않는 인건비에서 판가름 난다. 건축주들이 싼 공사비를 원하면 원할수록 시공사들은 인건비에서 비용을 줄일 수밖에 없어서 현장이 날림으로 갈 수밖에 없는 악순환이 일어난다.

공사비를 줄이는 방법은 둘이 하루 동안 해야 할 일을 한 사람이 하루에 마치는 것이다. 그만큼 품질이 떨어질 수밖에 없다. 공사비를 빈번하게 깎는 현장의 경우 어찌 보면 당연한 일인지도 모른다. 공사비는 싸게 주고 품질은 고급으로 원하는 건축주들이 대부분인데, 모든 분쟁은 여기서 시작된다. 따라서 지급하는 공사비의 수준이 어느 정도인지를 건축주들이 객관적으로 인지하는 게 가장 중요하다. 간혹 공사비를 잘 받고도 싼 품질로 마감하는 나쁜 시공자가 있어 주의해야 하는 경우가 있는 것도 사실이다. 건축주들은 이런 경우를 대비하여 설계자와 감리자를 적극적으로 활용하여야 한다. 시공자 또한 공사비에 맞는 품질을 맞추어 줄 의무가 있다.

건축현장에 사용되는 재료의 가격은 모두 인터넷에서 검색하여 찾을 수 있다. 그러나 여기서 주의해야 할 점이 있다. 정보를 올리는 사람들이 자신들의 경쟁력을 높이기 위해서 재료비를 싸게 제시하는 경우다. 현장에서 재료를 받으려면 운반비가 별도로 들어간다. 그리고 재료를 가공하는데 필요한 비용도 들어가는데, 이 운반비나 가공비를 빼고 올리는 것이다. 이 사정을 모르는 건축주들은 시공사의 단가가 비싸다고 의심하기 시작한다. 고가의 자재는 재료비에 비해 운반비의 비율이 높지 않지만 벽돌이나 돌 등 무겁거나 저가인 제품들은 운반비가 차지하는 비율이 매우 높다는 것을 알 필요가 있다.

집중과 선택이 필요하다

설계에서도 집중과 선택은 중요하지만, 시공 단계에서도 예외는 아니다. 모두 비싼 자재를 사용한다고 해도 강약이 없으면 비용은 비용대로 드는 반면 밋밋하여 비싼 느낌이 나질 않는다. 부분적으로 포인트를 주듯이 비싼 자재나 색감이 높은 자재를 사용하면 좋다. 강약이 적절하게 이루어지도록 자재를 사용하면 비용은 줄이면서도 효과를 높일 수 있는 장점이 있다.

건축주 중에는 전체 공사비가 정해졌다고 시공회사에 무조건 좋은 자재를 사용해 줄 것을 요구하는 경우가 종종 있다. 그러나 이것은 그리 권장할 일이 아니다. 건축물은 부분적으로 좋은 자재를 사용한다고 가치가 올라가지는 않는다. 건축물의 가치란 자기 자신의 생각과 잘 맞을 때 올라가는 것이다. 건축물이 자기 자신의 생각대로 지어지는가를 확인하는 것이 중요하지, 부분적으로 고급자재, 비싼 자재를 사용하기를 요구하는 것은 시공자와 갈등만 커질 뿐, 자기 자신에게는 아무런 도움도 안 된다. 많이 요구할 것이 아니라 정작 필요한 것을 요구할 수 있는 안목이 중요하다.

더구나 설계자나 감리자가 권하는 조언을 듣지 않고, 비전문가인 제3자에게서 귀동냥으로 들은 바를 요구하는 경우가 있다. 배가 서서히 산으로 가기 시작하는 전조 현상이다. 안타까운 일이다. 내부든 외부든 전체적인 조화를 우선으로 두고 판단할 필요가 있다.

건축은 당장 건물을 짓기 시작할 때부터 관심을 가질 것이 아니라 자신이 원하는 스타일, 어떤 자재를 좋아하는지 정도는 미리미리 알고 있어야 한다. 이것이 건축에 대한 안목인데 금방 길러지지가 않는다. 그러나 천천히 평소에 관심을 가지고 본다면 어려운 일은 아니다. 건축주가 좋아하는 것이 명확하다면, 그것을 어떻게 만들 수 있을지 하는 방법까지 건축주가 알려고 할 필요는 없다. 그것은 설계자와 시공자의 몫이다.

컴퓨터 시뮬레이션을 활용하자

문제를 확인하고 공사비를 줄이는 가장 확실한 방법은 한번 지어보는 것이다. 그러나 건축은 일반 제품과 달리 지어보는 데 비용이 너무 많이 든다. 또 일반 제품처럼 똑같은 제품 여러 개를 만드는 것이 아니라, 한 번만 만든다는 특성을 가지고 있다. 이때 활용할 수 있는 방법이 컴퓨터 시뮬레이션이다.

컴퓨터 프로그램을 활용하여 건축물을 3차원으로 만들어 전체 형상이나 비례 등을 확인해 보기도 하고, 동영상으로 공간과 색채를 구현하여 느낌을 확인하기도 한다. 이렇게 해 볼 경우 건축물의 문제점을 발견하거나 자재 선택의 시행착오를 많이 줄일 수 있다. 물론 시간이 투입되는 데에 대한 적정한 설계비용을 지급하여야 한다. 그러나 여기에 드는 비용은 시행착오로 인한 것을 수정하거나, 잘못된 것을 그냥 감수하는 데 드는 비용에 비하면 아주 경미할 뿐이다.

토목공사는 재시공이 안 된다

경계측량은 정확하게 하자

일반적으로 집을 지을 때는 측량을 세 번 한다. 맨 처음에는 토지를 구입할 때 한다. 기존에 가지고 있던 토지의 경우에는 설계를 시작할 때 첫 번째 측량을 하게 된다. 공통적으로 공사를 시작할 때 두 번째로 하게 되며, 마지막으로 사용승인 접수 전에 측량을 한다. 왜 이렇게 여러 번 하느냐고 의문을 갖는 건축주가 많다.

첫 번째 측량할 때 측량점을 잘 보존하였다면 공사를 시작하기 전에 하는 두 번째는 하지 않아도 되나, 혹시라도 어떤 이유에 의해서든 측량점이 옮겨졌다면 낭패이므로 새로 하는 것이 좋다. 대개는 공사를 하면서 장비가 들락거리고, 땅이 파헤쳐지면서 유실되는 경우가 많다. 건물의 위치를 잡는 두 번째 측량이 가장 중요하다. 이 두 번의 측량을 경계측량이라고 하는데, 대지경계선을 확인하는 측량이다.

세 번째 하는 측량은 앞의 두 번과는 달리 현황측량이라고 부른다. 대지경계선에 건축물이 제대로 앉혀졌는지 그 현황을 알 수 있다. 건축물이 도로나 인접대지경계선으로부터의 이격거리를 제대로 확보하였는지, 일조권 규정에 의한 이격거리를 제대로 확보하였는지를 확인하는 측량이다. 과거에는 다른 사람의 대지를 침범하여 건축하는 일이 비일비재했다지만 이렇게 측량을 하여 현황을 확인하는 요즈음에는 대지경계 침범으로 인한 분쟁은 거의 없다.

측량은 '한국국토정보공사(대한지적공사의 바뀐 이름)'에서 작성한 측량성과도만 법적인 효력을 갖는다. 토목설계사무소에서도 측량을 하는데 약

간 성격이 다르다. 토목설계사무소에서 하는 측량은 대개 땅의 경사도
와 높낮이를 확인하기 위하여 하거나 개발행위허가를 위한 도서를 작
성하기 위해서 하는 경우가 대부분이다. 토목설계사무소에서 측량을 한
측량성과도는 법적인 효력이 없다.

땅의 힘을 알아야 하는 터파기공사

토목공사는 마무리를 하고 나면 눈에 보이지 않는다. 그리고 땅의 성질
은 오묘하여 눈으로 보더라도 잘 모르는 경우가 많다. 그러나 절대로 무
시하면 안 되는 공사, 절대로 대충하면 안 되는 공사가 토목공사다.

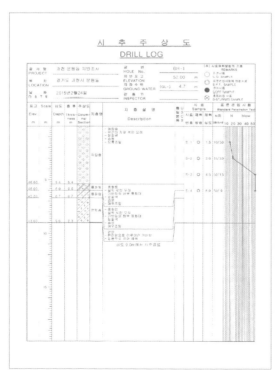

지질조사 단면도
지질조사를 하게 되면 그림과
같은 단면도가 만들어진다.
지반의 강도, 지질의 종류,
지하수위 등이 파악된다.

건축물을 지을 때 땅을 전혀 파지 않고 지을 수는 없다. 기초를 앉히기 위해서, 동결심도만큼 기초를 내리기 위해서, 지하층을 만들기 위해서 등 여러 가지 이유로 땅을 파게 된다. 어떻게 땅을 파느냐 하는 방식은 시공자가 알아서 할 일이나, 공사비를 줄이려고 성토되어 있는 땅이나 과거에 논으로 사용되던 땅을 조금만 파고 건물을 앉히는 일은 금물이다. 겨울에 언 땅을 파고 건물을 앉히는 것도 주의를 해야 한다. 지반을 다지고 건물을 앉혔다 하더라도 언 흙이 녹으면서 가라앉을 수 있기 때문이다.

보이지 않는 지면 아래의 땅도 지질조사를 통하여 상태를 확인할 수 있다. 지질조사는 땅에 작은 구멍을 뚫어서 어디까지 흙이고 어디부터 돌이 나오는지, 지하수의 높이는 어떻게 되는지 등, 땅 속의 상태를 확인하는 작업이다. 땅의 상태 파악은 두 가지로 구분되는데, 흙의 종류에 대한 판단과 지내력 확인이다. 흙인지 돌인지 하는 지반의 종류 확인을 통해서는 공사방법과 시공비용을 산정할 수 있는 근거로 삼는다. 그리고 땅의 버티는 힘, 지내력 확인으로는 지상의 건물 무게를 받아줄 수 있는 힘을 판단하는 구조계산을 실시한다. 건물의 규모가 작더라도 지질조사는 꼭 하기를 권한다.

흙막이공사는 가장 주의해야 할 공정이다

상가주택과 같은 규모에서 흙막이를 한다면 그것은 토류판이나 CIP라고 불리는 현장콘크리트 말뚝에 의한 흙막이가 대부분이다. 일반적으로 비용이 저렴하고 공기가 빨라서 토류판공법을 선호하지만, 토류판공법은 인접한 대지나 도로에 변형을 가져올 수 있다는데 유의해야 한다. 일단 변형으로 인한 침하가 주변 대지나 도로에 생기기 시작하면, CIP공법보다 토류판공법을 선택함으로써 절감된다고 생각하였던 비용과 공기가 몇 배 더 소요된다는 점을 명심해야 한다.

옆집과 문제가 생길 경우 시공회사가 감당하기 힘든 단계가 된 것이다. 십중팔구는 건축주에게까지 피해가 온다. 우선, 공기가 늦어지고, 계약이나 현장관여도에 따라 손해배상에 대한 공동 책임도 질 수 있다. 주변 건축물이나 도로와의 이격거리가 충분한 경우를 제외하고는, 공법을 선정할 때 만약의 경우를 항상 상정해 놓고 판단하기를 권한다. 특히 주변이 주거지로 밀집되어 있는 곳이라면 흙막이 중에서 CIP공법으로 하는 것이 좋다.

골조 및 외부공사는 내구성이 중요하다

기초 및 골조공사, 눈에 안 보일수록 주의하자

기초공사와 골조공사는 공사가 끝나면 대부분 마감재에 의해 덮이게 되어 그 상태를 확인할 수 없다. 그만큼 공사를 할 때 잘 하지 않으면 나중에 고치거나 알아내기가 매우 어려운 공종이다. 여기서는 동결심도와 철근이 녹스는 문제, 그리고 골조에 크랙이 가는 상황을 어떻게 볼 것인가에 대하여 말하고자 한다.

우선 동결심도에 대하여 알아보자. 동결심도란 겨울에 땅이 어는 깊이를 말한다. 지역별로 자료가 만들어져 있다. 우리나라 중부지방은 대부분 지표 속 약 1m 내외다. 이 동결심도가 기초공사의 핵심이다. 바위산을 깨는 방법 중에는 구멍을 뚫고 물을 붓는 방법이 있다고 한다. 이물이 얼면 부피가 팽창하는데 그 힘에 의해서 바위가 깨진다는 원리이다. 그러니 겨울에는 건물 밑이 얼어서 부피가 팽창하다가 봄이 되면 가라앉는 현상이 매년 반복된다면, 건물이 상하로 움직일 수도 있는 것이다. 건물은 1㎜만 움직여도 문제가 되기 때문에, 얼지 않도록 이 동결심도 아래까지 건물의 기초를 확보해야 한다.

공사를 하다 보면 미리 반입된 철근의 표면에 빗물이나 습기 등에 의하여 녹이 발생하는 경우를 볼 수 있다. 건축주 중에는 이 녹에 대하여 엄청 민감하게 반응을 보이는 이들도 적지 않다. 철근에 녹이 발생하는 것을 어떻게 보아야 하는가?

실험 결과 녹이 조금 발생한 경우에는 별 문제가 없는 것으로 나타났다. 철근의 중요한 역할 중 하나는 콘크리트 속에 설치되어 콘크리트를

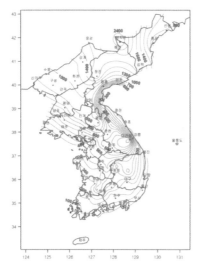

지 역	측후소 지반고(m)	동결지수 (℃·일)	동결기간 (일)	지 역	측후소 지반고(m)	동결지수 (℃·일)	동결기간 (일)
속초	17.6	181.6	66	합천	32.1	193.0	62
대관령	842.0	873.8	127	거창	224.9	278.2	74
춘천	74.0	539.0	92	영천	91.3	237.8	64
강릉	26.0	167.2	57	구미	45.5	278.1	76
서울	85.5	380.9	80	의성	73.0	425.2	78
인천	68.9	354.7	78	영덕	40.5	138.8	57
원주	149.8	613.0	94	문경	172.1	279.4	55
울릉도	221.1	129.3	32	영주	208.0	417.8	77
수원	36.9	468.4	79	성산포	17.5	-	·
충주	69.4	528.4	89	고흥	60.0	83.5	49
서산	26.4	313.2	76	해남	22.1	102.6	49
울진	49.5	121.6	57	장흥	43.0	130.1	52
청주	59.0	411.6	78	순천	74.0	179.9	64
대전	67.2	317.7	68	남원	89.6	272.4	67
추풍령	245.9	303.9	78	정읍	40.5	223.9	61
포항	2.5	98.5	52	임실	244.0	420.3	86
군산	26.3	194.9	61	부안	7.0	244.7	61
대구	57.8	160.9	54	금산	170.7	372.5	77
전주	51.2	233.5	61	부여	16.0	330.0	74
울산	31.5	83.6	46	보령	15.1	254.8	76
광주	73.9	141.4	55	천안	24.5	405.4	78
부산	69.2	49.6	27	보은	170.0	461.7	76
통영	25.0	37.4	27	제천	264.4	610.2	91
목포	36.5	75.6	33	홍천	141.0	635.4	98
여수	67.0	62.2	31	인제	199.7	614.5	91
완도	37.5	38.1	26	이천	68.5	511.0	89
제주	22.0	4.1	3	양평	49.0	619.7	91
남해	49.8	148.9	38	강화	46.4	486.2	89
거제	41.5	52.1	39	진주	21.5	132.8	51
산청	141.8	141.8	49	서귀포	51.9		
밀양	12.5	180.2	62	철원	154.9	685.0	109

전국 동결지수선도와 표

꽉 잡아주는 역할인데, 이 잡아 주는 힘을 부착강도라고 한다. 철근을 자세히 보면 표면에 울퉁불퉁 리브가 만들어져 있다. 부착강도를 높이기 위한 방법이다. 철근에 녹이 발생하더라도 부착강도에 영향을 줄 정도로 녹이 과도하지 않는 한 큰 문제가 없다. 오히려 녹이 최초의 부착강도를 높여준다는 실험결과도 있다. 그래도 심하면(3개월 이상 방치된 녹) 좋을 건 없으므로 잘 덮어서 보양해야 한다.

다음은 옹벽이나 보에 발생하는 미세한 실금, 즉 골조에 발생하는 크랙이다. 여기에는 철근콘크리트 구조의 원리에 대한 이해가 앞서야 한다. 철근콘크리트는 서로 역할이 완벽하게 분리되어 있다. 즉 수직으로 내리누르는 힘, 즉 압축력은 콘크리트가 부담을 한다. 그러나 당기는 힘, 즉 인장력은 철근이 부담을 하는 것이다. 물론 건물에는 인장력과 압축력만 작용하지 않는다. 전단력과 휨이라고 하는 또 다른 힘이 작용하지만 원리 설명 차원에서 무시한다.

당기는 힘은 보의 하부처럼 위에서 내리 눌러서 당겨지는 경우도 있고, 콘크리트가 건조하면서 물이 빠져나가 부피가 줄어들면서 당겨지는 힘, 즉 건조수축 시 당겨지는 힘도 있다. 어느 경우나 콘크리트에 크랙이 발생하여 벌어지기 시작해야 철근에 힘이 가해지기 시작하는 구조다. 결국 골조에는 크랙이 발생하기 시작해야 철근에 버티는 힘, 즉 인장력이 작용한다는, 좀 이상하게 들릴 수 있는 이야기다.

그럼에도 불구하고 철근콘크리트가 이렇게 흔하게 사용되는 이유가 있다. 그것은 콘크리트와 철근의 열에 대한 팽창계수가 거의 일치하기 때문이다. 즉 두 부재가 부착되어 일체화로 변형되며, 팽창도 거의 동일하게 진행되기 때문에 콘크리트에 금이 심하게 가지 않고 실금으로만 나타나는 것이다. 물론 이 크랙이 크다면 문제가 된다. 일반적으로 0.4㎜ 미만의 크랙은 미관상 좋지 않을 뿐, 구조적으로는 그다지 걱정을 하지 않아도 된다. 다만 속으로 물이나 공기가 들어가지 않도록 보수를 하는 것이 좋은데, 간단히 퍼티를 바른 후 페인트를 칠해 주는 것도 방법이다.

외장공사, 모양과 공사비가 다는 아니다

외장공사는 주로 외벽, 창호, 지붕 및 선홈통공사 등의 공사를 통틀어 말한다. 일반적으로 건축주들은 외장공사를 위한 재료를 선택할 경우 외관, 즉 모양을 먼저 생각하고 다음으로 공사비를 생각한다. 그러나 외장공사에서 염두에 두어야 할 기준 중 하나는 유지관리라고 본다. 오염에 얼마나 강한가, 오염이 되었을 경우 청소가 얼마나 편한가, 그리고 얼마나 튼튼한가 등 유지관리의 정도를 감안해 외부 자재를 선택하는 게 바람직하다. 특히 우리나라처럼 여름과 겨울의 일교차가 50도를 기본으로 넘을 경우에는 온도에 대한 내구성도 중요한 판단 기준이다. 온도에 따라 수축 팽창이 반복된다면 오래가기가 어렵기 때문이다.

외장공사는 한 번 마무리를 지으면 대부분 높게 위치해서 고치기가 어렵고 수명 또한 멀리 봐야 하기 때문에 신중해야 한다. 그리고 외장재는 서로 물려 있어서 하나의 재료만 바꿀 수 없는 특성이 있다. 예를 들어 창호를 바꾸고자 한다면 창호의 외부에 물려 있는 외벽 재료인 벽돌이나 돌, 그리고 이를 감싸고 있는 창틀 후레싱, 내부에 물려 있는 석고보드, 도배, 필름지 등을 모두 뜯어서 손봐야 하기 때문에 일이 복잡해진다. 너무 모양과 가격으로만 판단 기준을 잡지 않았으면 한다.

건축주를 가장 힘들게 하는 단열과 결로

건축물의 문제, 즉 하자 중 가장 폭넓게 많이 발생하는 것은 결로다. 결로는 내부와 외부의 온도차이가 많이 날 경우 발생한다. 물론 중간에 단열층이 있어서 내외부의 열 전달이 차단되어 있는 경우에는 발생하지 않는다. 결로는 겨울철의 지상 결로와 여름철의 지하 결로로 나누어 볼 수 있고, 환기 부족으로 인한 곰팡이 발생도 넓게는 결로로 볼 수 있다.

겨울철 지상 결로의 대표적인 사례는 발코니 외벽이다. 외부의 찬 기운이 단열재가 설치되어 있지 않은 발코니 벽을 타고 들어오다가 내부의 따뜻한 공기를 만났을 때 따뜻한 내부 벽 쪽에 공기 중의 습기가 달라붙는 현상이 결로다.

여름철 결로는 지하에서 많이 발생한다. 차가운 지면의 온도가 건축물을 통하여 실내로 유입될 경우 따뜻한 실내 벽체에 공기 중의 습기가 달라붙어 나타나는 것이 여름 결로다. 중간에 단열층이 있다면 결로는 줄어들고, 지하수위가 높은 지역일수록 외벽의 바깥 부분이 차갑기 때문에 결로는 심하다. 결로를 막는 방법으로는 단열이 기본이다. 시공자에게 강조하고 또 강조하자.

또 하나, 지하층도 단열공사를 잘 하면 결로를 어느 정도 막을 수는 있지만, 습기까지 완전히 제거하기는 현실적으로 어렵다. 이럴 때를 대비하여 지하에 제습기를 설치하는 것을 검토해 볼 만하다. 제습기를 설치하려면 전원과 배수구가 꼭 필요하므로 사람들이 다니는 동선에 걸리지 않고, 시각적으로 부담이 없는 곳을 선정하여 설계단계부터 미리 준비하여 놓으면 큰 도움이 된다. 배수구가 없으면 물통을 사용해야 하는

데, 수동으로 제습기의 물을 비워주어야 하므로 번거롭고 장시간 사용하기가 어렵다.

외부 배관공사, 크다고 배수가 잘되는 것은 아니다

외부에 설치하는 배관들은 대부분 물을 흘려보내기 위한 설비들이다. 상가주택에서 흘려 내보내는 물로는 변기에서 나오는 오수, 싱크내나 화장실 바닥, 세탁기에서 나오는 하수, 빗물인 우수 등이 있다. 건축주들은 대부분 물이 잘 빠지게 하기 위하여 지름이 큰 배관을 설치해 주기를 요구하는 경우가 많다.

그러나 사실 중요한 포인트는 배관의 크기보다는 구배가 얼마나 잘 잡혀 있는가이다. 그냥 보아서는 잘 모르니, 그저 구배를 잘 잡아달라고 부탁하는 수밖에 없다. 가장 문제가 빈번하게 생기는 부위는 외부 흙에 배관을 놓고 그냥 되메우기를 하는 경우이다. 이렇게 하면 시간이 지나 땅이 침하하면서 배관도 따라서 가라앉기 시작해서 서서히 U자가 되어간다. 가운데에 물이 항상 고여 있게 되고, 겨울에는 얼기도 한다. 결국 처음에는 잘 빠지던 물이 2~3년 지나면 잘 안 빠지기 시작한다. 누구를 원망할 수도 없고, 시간이 지나버려서 시공자도 하자로 인정하지도 않는다. 배관의 하부에는 이런 처짐 현상이 일어나지 않도록 콘크리트를 10cm 이상 쳐달라고 요구하자. 더 좋은 방법은 콘크리트 벽에 ㄱ자 앵글을 구배에 맞춰서 설치하고 거기에 배관을 올려서 고정시켜 놓고 되메우기를 하는 방식이다.

아무리 강조해도 부족한 방수공사

주택에서 물이 새게 되면 아무리 다른 공사를 잘해 놓았다 하더라도 시공자는 순식간에 부실업자가 되어 버린다. 그만큼 물이 새는 하자는 우리 일상을 매우 불편하게 하고, 한 번 문제가 생기면 완전히 보수하기가 어려운 골칫거리이다.

방수의 첫 단계는 콘크리트 골조를 잘 치는 것이다. 밀실하게 잘 쳐진 콘크리트는 최고의 방수 기능을 한다. 거기에 더하여 방수공사를 하는데, 과거에는 아스팔트방수를 사용하였으나 근래에는 거의 사용하지 않는다. 화장실에는 액체방수라 하여 시멘트에 방수액을 섞어서 바르는 방수를 많이 한다. 그러나 우레탄방수를 권한다. 만약에 비용이 많이 든다면 시멘트 액체방수를 주로 하고 코너 부위를 추가로 우레탄방수로 처리하면 한결 도움이 될 것이다.

방수는 종류가 많이 있지만, 실내 주차장 같은 경우에는 에폭시나 우레탄을 노출시키는 방수를 많이 하며, 옥상의 경우에는 우레탄방수가 좋다. 우레탄도 과거에는 방수를 하고 그 위에 방수 보호층으로 무근콘크리트를 쳤는데, 갈수록 우레탄 방수를 노출시켜 버리는 경우가 많다. 방수는 영구적이지 않고 5~8년 정도에 한 번씩 보수, 혹은 재시공을 해야 한다. 이를 위해 노출 방수를 해 두는 편이 좋다. 더욱이 방수에 문제가 생겼을 경우에 어디에서 문제가 생겼는지 확인하기에도 노출방수가 유리하다.

내부공사는 취향에 따라서 결정한다

돌 및 타일공사, 미장공사는 선과 구배가 생명

눈에 보이는 내부 마감공사의 종류는 건축주들이 잘 알 수 있다. 인터넷에도 자료가 많이 있고 취향도 다양하다. 더구나 개개인의 경제 사정을 감안해서 가격을 결정하는 상황까지 고려하면 해결책이 수없이 많이 나온다. 눈에 잘 보이지 않는 것, 일반적으로 실수를 많이 하는 부분, 하자가 가장 많이 나는 공사를 건축주가 챙겨보자.

돌과 타일의 종류는 개인 취향에 따라, 그리고 공사비의 여건에 따라 선택하면 된다. 그러나 여기에서 반드시 체크해야 할 요소가 하나 있다. 바로 구배, 즉 경사다. 배수구를 향하여 구배가 잘 잡혔는지, 역구배가 잡혀서 항상 물이 고여 있는 것은 아닌지를 점검해야 한다. 물이 고여 있으면 화장실이나 발코니의 경우 물이 샐 확률도 높아지고, 주차장 같은 경우에는 물 고인 곳에 먼지가 앉아서 모기 등이 쉽게 생기거나 매우 지저분해진다. 맑은 날 옥상에 올라가 보면 물이 고여 있던 곳은 지저분하여 금방 표시가 난다.

미장공사에서 하나 더 신경써야 할 대상은 선이다. 미장선이 똑바로 살아 있는지, 혹은 수직과 수평이 잘 맞는지가 중요하다. 선이 바르지 않으면 미장을 아무리 잘해도 잘한 보람이 없다. 그리고 수직을 잘 잡지 못하면 가구를 놓을 때 삐딱한 틈이 생겨서 보기도 싫다. 그러나 요즈음에는 젊은 사람들이 미장일 배우기를 꺼려해서 기술자가 갈수록 줄어들고 있는 실정이라, 현장에 와서 공사를 해주기만 하여도 감지덕지하는 경우가 많다. 그러다 보니 벽체 미장공사가 대부분 석고보드를 치는 수장공사로 대체되고 있는 상황이다.

도배와 도장공사는 가급적 단순하게

도배와 도장공사의 공통점은 하나다. 건축에서 최종 마감되는 결과물로 건축주들의 눈에 가장 잘 보인다는 점이다. 이를 제외하고는 사실 도배 공사와 도장공사의 공통점은 없다고 봐도 과언이 아니다. 그러나 이 단 하나의 공통점 때문에 시공자와 건축주의 다툼이 발생하곤 한다.

도배공사와 도장공사에는 비용을 좀 투자하길 권한다. 수준이 있는 시공자를 고용함으로써 매일 보는 환경인 최종 마감이 잘 되었으면 좋 겠다. 그러나 도배와 도장은 그 자체가 디자인이 되어서는 곤란하다. 도 배와 도장은 가구가 들어왔을 때 적정한 배경이 되고, 가구와 조화롭게 어울리는가를 점검하면 된다.

건강을 생각한다면 종이벽지를 권한다. 일반적으로 보기에 좋아서 실크벽지를 많이 선택하지만, 말이 좋아서 실크지 실제로는 비닐이라고 보면 된다. 공기가 통하지 않는다는 이야기다. 콘크리트 벽체와 공기가 통해서 별로 좋을 것도 없지만 공기가 통하지 않으면 결로가 발생할 여 지가 많다. 반면에 종이벽지는 시공방법이 실크벽지와 달라서 보기에는 실크벽지만 못하고 때가 쉽게 타는 흠이 있지만, 인체에는 실크벽지보 다 훨씬 좋다. 더구나 실크벽지보다 가격도 저렴하다.

전기, 설비공사를 잘하면 편리해진다

전기공사와 설비공사의 시공 과정 중 건축주가 특별히 신경 쓸 부분은 콘센트, 조명, 하수구 냄새 등이다. 전기공사에서는 콘센트를 많이 설치 해 달라고 요구하는 것이 좋다. 사람들마다 생활방식이 서로 달라서 가 구를 설계자가 의도한 대로 두지 않는 경우도 꽤 많다. 그러다 보면 콘센트가 설치된 쪽에 가구를 배치하게 되어 사용할 수 있는 콘센트가 줄어든다. TV나 전원 콘센트도 사용자의 생활습관에 따라 어떤 때는 대부분 가구로 가려지고 방 하나에 하나밖에 남지 않아 연결선으로 여기저기 선이 노출되게 연결해서 써야 할 경우가 많다. 방에는 콘센트를 세 곳 이상 설치하자. 그것도 벽체의 한가운데에 설치하지 말고 출입문 근처 등 가구가 위치하지 않을 곳에 설치하자. 아무튼 콘센트는 충분히 배치하는 게 좋다.

특히 신경을 쓸 곳이 주방과 현관이다. 주방에는 전기밥솥, 전자레인지, 냉장고, 커피머신, 각종 믹서기, 핸드폰 충전기, 정수기, 토스트기 등 어림잡아도 10개에 가까운 전기·전자 용품이 사용된다. 충분하게 콘센트를 설치하지 않으면 여기저기 멀티탭을 활용하여 복잡하게 사용해야 한다.

현관에 설치한 콘센트는 가끔이지만 긴요하게 사용된다. 크리스마스 트리를 설치하거나 장식용 간접조명을 설치할 때다. 평소에는 없어도 무관하지만 잊지 않고 설치해 두면, 특별히 장식을 하거나 효과를 내고 싶을 때 쓸모가 있다.

또 하나 고려를 하자면 집의 정중앙에 콘센트를 설치하여 두면 청소기를 사용할 때 요긴하다. 이방 저방 청소기 전원을 옮겨 꽂지 않고 한 번으로 모든 방을 청소할 수 있어서 매우 편리하다. 좀 더 고민을 한다면 침대 주변, 식탁 주변, 책상 주변에는 스탠드 등의 간접조명을 할 수 있는 콘센트를 설치하면 도움이 많이 된다.

조명을 설치할 때는 다양하게 조도를 확보할 수 있도록 배치에 신경 쓴다. 거실을 예로 들면 메인등도 스위치를 두 개로 하면 밝기를 조절할 수 있다. 여기에 간접 조명을 추가하고, 벽부등도 설치해 보자. 손님이 많이 오는 행사가 있을 때는 아주 밝게, 잠잘 때는 아주 어둡게, TV를 볼 때는 중간 밝기로 하는 등 다양하게 분위기를 연출할 수 있어서 좋다.

물을 사용하는 설비공사에서 가장 고통 받는 문제는 하수구 냄새가 올라올 때이다. 냄새가 올라오지 않게 여러 가지 장치가 되어 있지만 대개 가장 냄새가 많이 올라오는 곳은 세면대 하부다. 세면대 하부의 패킹이 바닥 배수구와 맞지 않는 경우가 있으니 잘 살펴보자. 그리고 세면대와 변기 등에는 부속품들이 설치된다. 싼 것과 비싼 것의 가격 차이가 정말 얼마 안 된다. 그러나 시공업자들은 매일, 많이 사용하는 것이기 때문에 약간의 차이만 나도 영향을 받는다. 그래서 대부분 싼 것을 사용한다. 비용을 더 주고라도 부속은 좋은 것을 사용해 달라고 요구하자. 하다못해 머리카락 등의 걸림이 현저히 줄어든다.

주차장이나 발코니, 옥상을 설치한다면 청소용 수도꼭지를 설치해 달라고 하자. 물을 날라다 사용하는 것보다 엄청 편리하다. 다만 겨울에 얼지 않도록 조치를 해야 한다. 그 옆에 전기 콘센트까지 추가로 설치한다면 여러 가지로 편리하게 사용할 수 있다.

가구공사는 목적과 기능에 맞춰

우리 한옥에는 가구가 적었다. 그러기 때문에 방과 대청마루 등을 다목적으로 사용할 수 있었다. 안방만 보더라도 이부자리를 펴면 침실이고, 밥상을 들여오면 식당이고, 손님이 오면 응접실이 되었다.

현대건축에서는 한옥보다는 실들이 구체적으로 사용되는 추세다. 식탁은 거의 고정으로 설치되어 있고 방방마다 침대를 들여 놓고 사용한다. 학생이 있으면 책상, 컴퓨터를 써야 하니 컴퓨터용 책상, 그리고 거실에 소파와 TV를 놓는 장식장까지. 그런데 꼭 필요한 수납가구를 제외하고는 가급적 가구를 줄여보자. 공간이 여유로워진다.

가구를 선정해야 한다면 집의 크기를 염두에 두고 고르는 것이 좋다. 집은 작은데 가구가 너무 크면, 가구를 이고 사는 느낌이 난다. 반대로 집은 큰데 가구가 너무 작아서 밸런스가 맞지 않으면 집의 품위가 떨어져 보인다. 이러한 집과의 균형 못지않게 검토해야 할 점검 사항은 색채와 스타일이다. 부부나 아이와 서로 좋아하는 색이나 스타일이 다르다면 잘 협의하여, 누군가 양보를 하여 통일시키는 게 바람직하다. 물론 개인 방이야 한껏 자신의 취향대로 하면 될 일이다.

가구를 고를 때, 그림이나 액자를 걸 때를 대비하여 내부 도배가 단순하면 도움이 된다. 장식벽, 포인트벽을 남이 한다고 계획 없이 설치해 놓으면 공사비는 공사비대로 올라가고 공간은 공간대로 어지럽다. 벽이 단순해야 가구가 산다. 그래야 공간도 같이 살아난다. 가구만 살리기 위해서 벽을 단순히 하라는 이야기는 아니다.

임대세대인 경우에는 가구의 범위를 체크하자. 1~2인 가구의 경우 과거와 같이 살림살이를 많이 가지고 다니지 않는다. 개인 물품을 제외하고는 대부분 붙박이나 빌트인으로 대체한다. 따라서 어느 정도의 가구와 가전제품을 갖추어 줄지 결정해야 한다. 현장에서는 소위 '옵션'이라고 부르는데, 지역의 상황이나 수준에 맞도록 계획해야 한다. 가전제품은 사양과 브랜드 등에 따라 가격차이가 많이 나므로 어떤 제품을 넣을 것인가와 어느 회사 제품을 넣을 것인지를 같이 고민해야 한다. 지역에 따라 갖추는 옵션의 종류는 천차만별인데 붙박이장, 신발장 등 가구와 가전제품 즉, 냉장고와 드럼세탁기, 전자레인지나 전기 쿡탑은 기본이고 에어컨과 TV, 침대까지 제공하기도 한다.

이러한 옵션은 대부분 가격이 명확한 공산품이지만, 세대당 들어가는 개수가 많다보니 결코 가격이 적지 않다. 한 대의 단가는 비교적 저렴할지 몰라도, 수량이 많아지면 금액이 커질 수밖에 없다. 물론 대규모로 구입하는 경우 다소 저렴해질 수 있지만 대개는 백 개 단위 이상이 되어야 효과가 있다고 느껴질 정도라서 소형 임대주택에서는 큰 효과를 보기 어렵다.

커튼 및 블라인드

커튼 및 블라인드는 일반적으로 시공자가 처리하지 않고, 건축주들이 커튼업체를 데려다 시공하는 경우가 대부분이다. 모양이나 방식, 색이야 취향에 맞추면 되니 별로 조언할 것이 없지만, 그래도 집안의 분위기에 어울리도록 하는 것이 좋다는 말은 꼭 하고 싶다. 가구, 도배도 집의 크기나 형태 등을 감안하라고 했지만 커튼의 경우는 특히 그렇다. 커튼만 보고서 예쁘다고 하다가 막상 집에 달아 놓으면 전혀 다른 느낌이 나는 경우가 허다하다. 커튼업체의 조언을 듣는다면 최소한 실패는 안할 확률이 높다. 그 대신 꼭 방문을 하여 현장을 보고 결정하게 하자.

요즘에는 이중커튼을 많이 한다. 상가주택과 같은 도심지 주택들은 이웃집과의 거리가 가까워서 프라이버시에 신경이 쓰이는 경우가 많다. 이때는 아주 얇은 커튼을 바깥쪽에 두어 시야는 가리되 햇빛은 들어오게 한다. 낮에 주로 사용한다. 두꺼운 커튼을 안쪽에 하면 가로등 빛이나 옆집의 불빛을 차단하여 숙면을 취할 수도 있고, 겨울에는 보온의 효과도 볼 수 있다. 이것은 주로 밤에 사용한다. 이때 커튼박스의 폭이 최소 15cm 이상 되어야 이중커튼을 달거나 조작하기가 편리하다.

준공청소, 깨끗하다고 무조건 좋은 것은 아니다

대부분의 공사가 모두 끝나고 사소하게 마무리할 것들만 남았을 때, 건물 전체를 대대적으로 청소를 하게 된다. 이를 준공청소라 한다. 이사를 들어 올 때 하는 입주청소보다는 아무래도 좀 거칠게 청소를 하게 되는데 몇 가지 유의할 점이 있다.

현장의 문제점은 업체별로 자기들의 공정에만 관심이 집중되어 있고, 다른 연관업종의 공정에는 무심하다는 것이다. 결국 이것은 현장소장이 챙겨야 할 내용이기도 하다. 대표적인 현상이 마루와 창호에서 나타난다. 준공청소를 할 때 관리가 잘 안 되는 곳이 있다. 특히 마루 같은 경우 공사 막판에 일정이 몰린다든가 겹치게 되면, 많은 공종의 업체 기술자들이 밟고 다니는 경우가 있다. 이로 인해 마루가 많이 더러워질 수 있는데, 청소업체에서는 청소가 잘 안된다고 간혹 마루에 비눗물을 뿌리고 청소를 하기도 한다. 현장소장이나, 청소업체 사장이 없을 때 일어나는 일이다. 당시에는 별 표시가 안 나지만, 마루 틈으로 스며든 물로 인하여 하자가 발생하는 경우가 많다. 누가 사진을 찍어 놓은 것도 아니고, 서로 잘잘못을 미루다가 결론이 안 나는 경우가 대부분이다. 준공청소를 할 때 바닥이 온돌마루로 시공되어 있다면 물을 뿌리지 않도록 철저한 관리가 필요하다.

또 하나는 창틀이다. 여기는 마루와 달리 플라스틱이나 알루미늄으로 구성되어 문제될 것이 전혀 없어 보인다. 그러나 창틀에는 칼블록이라는 창문을 고정시키기 위한 대형 나사못이 박혀 있다. 이 칼블록 머리부분을 코킹 등으로 막아 놓지 않고 물청소를 하게 되면 창틀에 고인 물이 그 구멍으로 스며들어 바로 아랫집 창문 위로 떨어진다. 아랫집은 잘지내다가 물벼락을 맞을 수도 있는 셈이다. 창틀에 물을 뿌리지 말자. 그냥 수건으로 닦아내도 충분하다. 이렇게 간혹 깨끗하게 청소를 하려고한 시도가 오히려 다른 공종의 특성을 이해하지 못하여 큰 문제가 될 수도 있다.

시공 사례 6 소풍(카페+공방+주택)

ⓒ박영채

대지위치 경기도 가평군 설악면 선촌리 | **지역지구** 자연녹지지역 | **대지면적** 2,765㎡ | **건물 규모** 지상 1층 | **건축면적** 309.31㎡(건폐율 11.19%) | **용적률 산정면적** 309.31㎡(용적률 11.19%) | **연면적** 309.31㎡ | **주차대수** 2대 | **외장재** 붉은벽돌 치장쌓기, 스터코 | **지붕재** 아스팔트싱글, 우레탄도막방수

유지관리에서
경쟁력이 생긴다

11

이제 사용승인을 받았다. 그러나 사용승인을 받았다고 끝난 것이 아니라 사업성을 결정할 대부분의 문제는 지금부터 발생한다. 건축물의 사용승인을 받은 후 수명이 다하여 철거하기까지 전체 기간에 사용되는 비용을 LCCLife Cycle Cost라고 하는데, 신축 비용의 약 5배에 이른다. 설계비를 포함한 신축비용이 16.4%인 반면, 이후 수도세와 전기세, 도시가스 요금, 하자 및 수선비, 건물 노후로 인한 철거비 등 유지관리비가 차지하는 비율이 83.6%라고 한다. 유지관리가 얼마나 중요한지를 알 수 있게 해 주는 연구 결과다. 유지관리는 임대계약관리와 청소 등 건물관리만 생각하기 쉽다. 그러나 여기에 더하여 임대관리와 하자관리, 그리고 상가주택이 갖는 취약점에 대한 관리까지 해 주어야 한다. 사업성에 직결되는 유지관리를 어떻게 하는 것이 좋을까?

사용승인은 새로운 시작을 의미한다

공사비 정산은 깔끔하게

건축공사가 끝났다. 아마 대부분의 현장에서는 공사비가 계약 금액이나 예상금액보다 초과하였을 확률이 높다. 공사 중간에 현장상황의 변동에 의해서, 혹은 건축주의 요구사항으로 변경되었기 때문인데, 공사가 마무리 된 후에 정산하게 된다.

어떤 건축주들은 공사비의 2~5%를 남겨 놓고 잘 주지 않는다. 이런 저런 미비 사항을 하자로 걸어서 최대한 무언가를 얻어내려고 차일피일 미룬다. 이 중에는 실제로 시공자가 공사를 제대로 하지 못해서 그러는 경우도 있고, 건축주가 공사비를 지급하는 게 아까워 트집을 잡는 경우도 있다. 대개 반반쯤 되는 듯하다.

중요한 사실 중 하나는, 대개의 건축주가 공사가 마무리되면 공사비 지급을 매우 아까워한다는 점이다. 공사가 완료된 후 나가는 돈은 '공짜'로 준다는 인식을 갖고 있는 것 같다. 이런 상황을 두고 우리 속담에는 '화장실 갈 때와 나올 때의 마음이 다르다'고 말한다. 정말로 잘 들어맞는, 사람의 심리를 제대로 표현한 명언이라는 생각을 자주 하게 된다.

공사비 잔금은 계약서대로 제때 지급하자. 그 대신 건축주는 반드시 시공자에게 하자보수보증서(하자이행증권)를 받아야 한다. 시공자가 하자보수를 하지 않을 경우, 보증서를 발급한 보증보험이나 건설공제조합에 공문으로 신청하면 그곳에서 공사를 해주든지 보상을 해준다. 잔금을 조금 남겨 두고 시공자와 찝찝하게 감정 싸움을 할 필요가 없는 것이다. 오히려 대부분의 경우 잔금을 깨끗하게 마무리해 주는 편이 시공자의 하자 서비스를 더 잘 받을 수 있는 길이다. 그것이 인지상정이다.

추후공사, 마무리공사는 적법한 것만 하자

사용승인이 난 후에도 공사를 하는 상황이 생긴다. 가구공사나 커튼, 인테리어공사 등이 대부분이지만, 경우에 따라서는 불법공사인 경우도 있다. 그런데 2014년에 건축법 안에 건축물유지관리 조항이 제정된 이래 계속 개정되면서 강화되고 있다. 이 법에 따르면 일정 규모 이상의 건축물은 2년에 한 번씩 건축사 등이 건축물의 상태를 조사하여 보고하게 되어 있다. 계단실에 물건을 방치하는 등의 소방법 위반이라든가, 건물의 불법 증개축으로 받을 수 있는 인명 피해 등을 사전에 예방·보호하겠다는 취지다. 이를 지키지 않는 건축주에게는 과태료가 부과된다.

　건축물유지관리법은 앞으로 계속 더 강화되고, 소형 건축물로까지 폭넓게 적용될 것이다. 이제는 불법 건축물이 설 자리가 점점 좁아지고 있다. 불법 건축물은 아예 처음부터 계획에 두지를 말자. 특히 상가주택에서 1층의 상가가 임대가 되지 않는다고 해서 원룸 등으로 개조하여 임대를 주는 사례가 종종 있다. 직빌될 경우 **불법건축물**에 해당되어 원상 복구하거나 이행강제금을 물어야 한다. 어떤 세입자는 불법건축물이라는 사실을 빌미로 임대료를 내지 않거나, 심지어 신고하겠다고 협박하는 경우도 있다고 한다. 이쯤 되면 정말로 힘들어지는 상황이다. 불법 건축물을 취득하여 불안한 생활을 하느니, 설계를 할 때 최대한 효율적으로 토지를 사용하도록 노력하는 것이 낫다.

　지어진 상가주택을 사려고 하는 경우에도 이런 불법 요소가 있는 건축물은 관심 갖지 말자. 기본적으로 우량한 상가주택은 매물로 나오지 않는다는 것만 기억하면 된다. 소개해 주는 사람이나 팔려고 하는 사람은 아무 문제가 없다고 하지만, 절대로 그 말을 믿어서는 안 된다. 두고 두고 골치 아픈 일들이 줄을 선다. 건축물대장에 불법건축물로 등재가 되면 은행대출도 제약을 받고, 매매에도 지장을 받는다. 구청에서 이행

강제금도 나온다. 최악의 경우에는 강제철거까지도 가능하다. 불법 건축물을 만들어 경제적인 이득을 조금 얻는 대가로, 건축물에 대한 권리를 제대로 행사하지 못하는 상황이 생기게 되는 것이다.

사용승인서
건축물의 공사가 마무리되면 사용승인서를 받는다. 이후 건축물 관리대장이 만들어지고, 이를 첨부하여 등기를 하는 절차가 진행된다.

시운전은 직접 한다

상가주택에는 많은 장비들이 들어간다. 여기에는 모두 사용설명서와 품질보증서가 있다. 이것들은 꼭 챙겨둬야 한다. 그러나 사용설명서를 읽어가면서 장비의 사용법을 익힌다는 것은 웬만한 사람이 아니면 쉬운 일이 아니다. 간혹 남자들 중에 형광등도 갈아 끼우지 못하는 사람도 있다 하니 말이다.

사용법은 현장소장에게 확인하여 숙지를 하자. 현장소장보다 실무자인 시공업체 책임자에게 듣는 것이 훨씬 이해가 잘되는 경우도 있다. 상가주택을 짓다 보면 보일러와 온도조절기, 에어컨은 기본이고, 인터폰이나 홈오토 시스템, 주방의 쿡탑, 현관의 전자 도어락, 비데, 인터넷 등의 사용설명서가 여기에 해당된다. 갈수록 전자제품이 많아지고, 숙지해야 할 내용도 덩달아 많아졌다.

이러한 각 분야의 문의사항을 일일이 현장소장을 통하여 물어본다는 것은 꽤 번거로운 일이 될 수도 있다. 현장소장이 모르는 경우도 많다. 현장소장의 양해를 받고 각 공종별 책임자들의 연락처를 받아두자. 하자 같은 공식적인 문제는 현장소장이나 현장소장이 속한 회사를 통하여 공식적으로 제기하는 것이 절차상 맞는 방법이다. 그러나 기기 사용법 등 사소한 내용은 담당자에게 직접 물어보는 게 시간도 절약되고 제대로 설명을 들을 수도 있어서 좋다.

전문가가 설치를 하였다 하더라도 공사 일정에 따라 여름 제품인데도 겨울에, 겨울 제품을 여름에 설치하는 경우도 많다. 제철이 되어서 가동을 해 보아야 제대로 설치되었는지 알 수 있다. 전선이 잘못 연결되어 있다든가, 온도가 잘못 설정되었다든가 하는 경우를 바로잡는 과정이 한 번은 필요하다. 적절한 사용법을 익히다 보면 대개는 별일 없이 해결되는 경우가 많으니 시공상 하자라고 화부터 내지는 말자.

건물 수명이 길어질수록
하자처리와 유지관리가 중요해진다

유지관리비를 결정하는 요소들

건축주에게 유지관리는 사용승인이 난 이후부터가 더 중요하다. 설계와 시공 단계에서는 건축사나 시공회사의 도움을 받아서 진행하지만 사용 승인 이후부터는 건축주가 주도적으로 모든 것을 처리해야 한다. 혼자 운영을 해야 하는 단계가 시작된 것이다. 유지관리 비용이 고정적으로 들어가는 시점도 이때부터다. 이 단계를 특히 어려워하는 건축주들도 있다.

건축물을 현 상태로 만들거나, 제 기능을 발휘할 수 있도록 유지하는데 신축비용처럼 대단히 큰 목돈이 들어가는 항목은 없다. 신축비용과 세금을 제외하면 대부분이 수도세, 전기세, 도시가스 요금 등이고, 기타 하자보수비나 수선비 등이 들어갈 뿐이다.

그러나 50년이라는 오랜 시간으로 보면 이 유지관리 비용들이 쌓여서 신축비용의 5배라는 큰돈이 된다는 사실을 아는 일반인은 많지 않을 것이다. 건축물의 생애주기 비용, 즉 LCC Life Cycle Cost를 통해 소요되는 비용을 보면, 건축물의 용도마다 조금씩 차이는 있지만 설계비와 시공비를 합한 신축비용이 16.4%, 철거비를 포함하여 수도세, 전기세, 도시가스 요금, 하자 및 수선비 등으로 드는 유지관리비용이 83.6% 정도라고 하는 연구 결과가 나와 있다.

유지관리비용에 가장 큰 영향을 미치는 것이 에너지, 즉 단열 성능이다. 냉·난방과 관련된 단열을 얼마나 잘 했느냐, 환기가 잘 되는 쾌적한 환경을 만들어 전기기구를 얼마나 필요 없도록 만들었느냐에 따라서

50년간의 수도·전기·가스의 누적 요금에 엄청난 차이가 생기기 때문이다. 여기에 결로도 결국 단열과 관계가 깊다고 보면 단열공사가 얼마나 중요한지를 알 수 있다.

단열공사는 외벽, 지붕, 바닥에 넣는 단열재뿐 아니라 창호의 성능도 중요하다. 열손실이 가장 많은 곳이 창호, 그 중에서도 유리이다. 목조주택의 경우 열손실을 줄이기 위하여 창을 작게 만드는 경향이 있는데, 이는 삶의 질을 낮추는 것이니 이보다는 성능이 좋은 창호를 사용하는 것이 바람직하다. 설계 단계에서부터 앞에 언급한 액티브하우스와 패시브하우스의 특성을 잘 적용해보는 검토가 필요하다.

임대를 나누어서 줄 여지가 있는 곳은 수도와 전기의 계량기나 분전함을 따로 설치하는 것이 좋다. 임대라는 게 내 맘대로 되는 일이 아니기 때문에 1개 층을 통째로 줄 경우, 2개 혹은 여러 개로 나누어서 줄 경우를 상정하여 대비한다. 이럴 때 한 개의 계량기나 분전함을 가지고 여러 가구가 사용하게 되면 수도·전기 요금을 나눌 때 항상 분쟁이 생긴다. 누구는 아기가 있어서 빨래를 자주 하니 많이 내야 한다는 주장, 누구는 샤워를 많이 하니 더 내야 한다는 주장, 각자의 사용량을 정확히 체크할 수 없으니 인원수로 계산하자는 주장 등 의견이 다 달라서 건축주의 입장에서는 피곤해질 수 있다. 한전계량기가 설치되지 않는 조건이라면 시중의 사설계량기라도 설치하여 사용량을 체크할 수 있도록 하는게 좋다.

흔하지만 고치기 어려운 하자, 결로

건축물의 하자 중에서 가장 광범위하게 나타나면서 제일 고치기 어려운 문제 중 하나가 결로다. 대부분의 결로는 단열과 직결되어 있으므로 단열공사는 아무리 강조를 해도 지나치지 않다. 결로 대비가 안 되어 있을 경우, 대부분 누수보다도 물의 양이 훨씬 많을 뿐 아니라 발생하는 원인과 장소를 정확히 찾기가 쉽지 않다.

건축에서 결로란 벽, 바닥 등의 표면 온도가 낮아져서 이슬이 맺힐 수 있는 온도 이하로 되었을 때, 대기가 함유하고 있던 수분이 벽이나 바닥의 표면에 달라붙어 물방울로 맺히는 현상을 말한다. 이렇게 대기와 물체 표면의 온도 차이에 의하여 발생하는 결로는, 따뜻한 공기가 온도가 낮은 물체의 표면에서 노점을 형성하므로 내·외부 중에서 반드시 따뜻한 쪽에 나타난다는 특성을 가지고 있다.

결로는 같은 대기의 온도에서도 포함되어 있는 습도의 차이에 따라 나타나는 정도가 다르고, 같은 습도의 대기라 하더라도 내·외부 온도차의 크기에 따라 나타나는 상태가 다르다. 이러한 특성으로 인해 하자가 결로인지 누수인지 정확하게 진단하기조차 어려워지기도 한다. 그럼 어떻게 결로를 막을 것인가?

첫째로, 시공분야에서 언급하였지만 결로는 부위별로 나타나는 시기가 다르므로 구분하여 대처해야 한다. 주차장 등 지하 부위는, 대기는 덥고 땅 속은 시원한 여름에 나타난다. 특히 빗물 등에 의해 땅 속이 차가워지고 이 찬 기운이 구조체에 전달되는, 그리고 대기 중에 습기가 많은 장마철에 많이 나타난다. 대기의 더운 공기가 차가운 구조체를 만날 때 노점이 형성되므로 물방울이 맺히는 것이다.

일반적으로 결로는 무조건 환기를 많이 시키는 게 상책이지만 지하에 발생하는 결로는 더운 외부의 공기를 자꾸 유입시키면 실내 온도가 더 올라가 결국 건물 밖의 땅 속과 온도 차이를 더 크게 만들기 때문이다. 이런 경우에는 환기보다 습기를 제거하는 게 더 효과적이다.

겨울에는 반대의 현상이 나타난다. 겨울의 대기는 차갑고 실내는 덥기 때문에 지상 구조물, 특히 단열이 안 된 발코니, 다락 등에 많이 나타난다. 단열이 잘 안 되어 있을 경우 외부의 차가운 온도가 구조체를 타고 그대로 실내로 전달된다. 실내의 더운 공기는 외부 온도에 의해 차가워진 구조체에 달라붙어 결로가 발생한다.

이런 결로의 경우에는 단열공사의 부실이 직접적인 원인이다. 내부와 외부 사이에 추가로라도 단열을 철저히 해 주면 결로를 막을 수 있다. 내단열보다는 구조체의 외부에 단열을 해 주는 외단열을 하는 것이 효

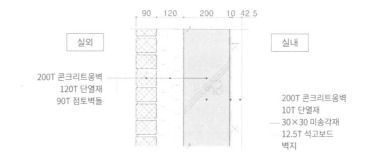

이중단열 상세도
일반적으로 외부에 법적으로 하게 되어 있는 120㎜ 단열재에다 내부에 석고보드 속에 10㎜ 만 단열재를 넣어도 냉·난방효과는 물론 결로를 방지하는 효과까지 볼 수 있다.

과적이다. 이것을 막으려면 발코니 벽에 단열을 해 주든지, 발코니 창을 조금 열어두어 발코니 내부 공기가 결로가 생기지 않을 정도로 낮아지게 환기를 시켜야 한다. 겨울철 결로에는 환기가 효과적이다.

둘째로, 결로의 또 다른 특성은 공기가 투과하는, 소위 숨 쉬는 재료에서는 나타나지 않거나 약하게 나타나는 반면 공기가 투과하지 못하는 재료에서는 심하게 나타난다는 점이다. 여름에 찬물을 유리컵에 담아 놓았을 때와 종이컵에 담아 놓았을 때, 유리컵에서 훨씬 많은 물이 흘러내리는 현상을 보면 이해할 수 있을 것이다. 유성페인트를 칠한 곳에서는 심하지만 수성페인트를 칠한 곳에서는 약하게 나타나며, 아무것도 칠하지 않고 시멘트 미장만 한 곳에서는 거의 나타나지 않는다. 종이벽지에서는 약하지만 실크벽지에서는 심하다. 공기가 투과되지 않는 비닐제품에서 특히 그렇다. 우리 주변에서 흔히 볼 수 있는 우레탄페인트가 칠해진 바닥, 비닐장판이나 데코타일류, 화장실의 자기질타일류 등에서 결로가 심한 편이다. 따라서 결로가 의심되는 곳에는 목재, 종이 등 공기가 통하는 재료의 사용이 유리하다.

셋째로, 결로는 대기 중의 더운 습기가 차가운 표면에서 물방울로 맺히는 현상이므로 습기가 많으면 많을수록 심하다. 습기가 높은 장마철에 결로가 더욱 많아지는 이유다. 결로 방지에는 습기 제거가 필수적이다. 지하실 같이 결로를 제거할 수 있는 대안이 없을 경우에는 제습기를 사용하면 결로를 많이 줄일 수 있다. 시중에는 저렴한 가격의 제습기들이 많이 나와 있다.

넷째로, 결로가 생기지 않을 조건인데도 결로가 생기는 곳이 있다. 이런 경우는 대부분 환기가 잘 안 되기 때문이다. 일반적으로 가장 흔한 곳이 가구 뒷부분이다. 결로가 생긴 것도 아닌데, 습한 공기가 환기가 안 되어 벽이나 가구에 영향을 주어 곰팡이로 변한다. 같은 건물에서도 다른 세대들은 괜찮은데 유난히 결로나 곰팡이가 많이 생기는 집이 있다. 이들은 낮 시간대 집에 사람이 거의 머물지 않거나, 있어도 환기를 잘 안 시키는 생활습관을 가진 집들이 대부분이다.

다섯째로, 현관이나 발코니문 등 출입구에 생기는 결로가 있다. 이 결로는 현관이나 발코니 바닥이 대개 타일로 되어 있어서 큰 불편을 모르고 지나치는 경우도 많다. 대부분의 건축물에서 세대 출입이나 외부 출입을 하기 위한 문은 철문으로 되어 있다. 이 철문은 불이 밖으로 번지는 것을 막아준다고 하여 '방화문'이라고 부른다.

상가주택에서도 방화문이 세대현관문으로 사용된다. 유의할 점은 단열이 되어 있는지를 꼭 확인해야 한다. 아파트처럼 현관문이 실내에 있는 경우는 좀 덜하지만, 대부분 외부에 직접 면하게 되어 있는 상가주택이나 전원주택과 같은 경우에는 반드시 단열이 된 방화문을 사용하고 중문까지 설치하는 것이 좋다. 중문 없는 전원주택에, 멋있다고 단열이 안 된 알루미늄 현관문을 설치했다가, 한겨울에 문과 문틀이 얼어붙어서 열리지 않는 경우도 보았다. 얼마나 에너지 낭비가 심하겠는가?

그런데 문제는 단열방화문은 단순해서 종류가 별로 많지 않다는 점이다. 그러나 요즈음에는 특수한 디자인을 제외하고는 일반 방화문에도 약간의 비용을 지불하면 단열재를 채워주기도 하므로 선택의 폭이 넓어질 수 있다. 외부로 노출되는 방화문에도 단열을 해 주면 결로를 막고 에너지 소비를 줄일 수 있다. 현관문 단열도 필수라는 점만은 기억하자.

이상에서 결로의 원인을 알아보고 방지할 수 있는 방법을 알아보았다. 결로는 원인이 다양하고 각각의 원인들이 복합적으로 작용하기 때문에 원인을 모르면 비용만 계속 들어갈 뿐 대처하기가 매우 어렵다. 그러나 원리만 알고 설계단계에서부터 대비를 한다면 충분히 방지할 수 있는 현상이다.

남이 불편하여 더 힘든 하자, 누수

누수는 방수시공을 한 곳이 깨지는 경우, 골조를 이어치기 한 부분에서 누수가 되는 경우, 발코니 등에서 실내로 역류되는 경우로 나누어 볼 수 있다.

그런데 누수의 경우 정작 누수가 되는 집의 사람은 불편이 거의 없다. 오히려 그 아래층에 살고 있는 사람이 불편하다. 우리 집의 누수로 인한 공사를 남의 집에 가서 해야 하는 일이 발생한다. 누수로 피해를 본 아래층 천장공사를 새로 해 주어야 하기 때문이다. 더구나 누수되는 물이 어디에서 새어 나올지는 알 수가 없다. 그래서 문제가 더 커진다. 공사를 위해 시간 양해를 구해야 하고, 재시공하는 마감재의 품질과 공사 범위에 대해 서로 갈등을 일으키는 경우가 많다.

상가주택을 시공할 때 아래층 천장에 배관을 하지 않고, 우리 층 바닥에 배관을 하는 것은 배관에서 발생하는 누수를 줄일 수 있는 하나의 방법이다. 방수층 위에서 누수가 되므로 아래층에 가서 배관 공사를 할 일은 상대적으로 적어진다. 누수는 화장실이나 다용도실의 방수시공을 한 곳이 깨져서 발생하는 것이 가장 흔하다. 그나마 최근에는 방수재가 좋아져서 이곳에서 발생하는 하자는 많이 줄어들었다. 코너 부분을 가격이 좀 비싸더라도 소량이니 우레탄도막방수 등으로 보강하면 하자가 줄어든다.

골조 이어치기를 한 곳에서의 누수는 방수가 깨져서 생기는 하자보다 발견하기가 어렵기 때문에 고치기도 어렵다. 골조 콘크리트를 칠 때는 아래층 벽체와 위 층 슬래브를 같이 친다. 다음 층 콘크리트를 칠 때는 또다시 아래층 슬래브 상단에서 이어서 치는데 이때 콘크리트가 연결되게 된다. 이것을 이어치기라 하고, 이렇게 슬래브 상단과 옹벽의 맨 아랫부분이 만나는 곳이 이어치기한 부분이 된다. 외벽을 타고 내려온 빗물이 이곳을 통하여 내부로 스며드는 경우가 있는데, 대개 지하와 1층 바닥에서 이런 현상이 생기므로 콘크리트를 칠 때 지수재를 설치하거나 내부에서 코너 방수를 해 주어야 예방할 수 있다.

빗물이 역류하는 현상은 주로 발코니나 처마홈통(물받이)에서 발생한다. 발코니에 떨어진 빗물이 배수구가 막혀 실내로 넘쳐 들어오는 경우, 처마홈통에 떨어진 낙엽이 홈통을 막아서 물이 넘치는 경우 등이다. 발코니나 화장실, 다용도실의 배수구는 항상 관심을 가지고 머리카락 등을 청소해 줄 필요가 있고, 주변에 키 큰 나무나 산이 있다면 처마홈통에 낙엽방지망을 설치하여 낙엽이나 비닐 등이 바람에 날려 들어가는 것을 막아주는 것이 좋다.

낙엽방지망 설치

생활이 불편한 하자, 설비

건축물의 설비공사 중 가장 문제가 많이 되는 곳은 부속품끼리 연결된 틈에서의 누수와 이 틈으로 스멀스멀 올라오는 냄새다. 이 냄새가 한 번 나기 시작하면 처치하기도 어렵고, 온 집안에 하수구 냄새로 가득차서 생활 자체가 곤란해진다.

변기와 세면대 등이 정품인지는 확인을 하여도 연결 부속품이 정품 인지를 확인하기는 쉽지 않다. 도기류가 아무리 좋아도 연결하는 부속 이 좋지 않으면 제대로 기능을 발휘하기도 어렵고 터졌을 경우 누수 등 불편한 점이 많다. 요즘에 제작되는 부속들은 왜 그런지는 몰라도 강도 가 약하고 오염에도 취약하여 문제가 생기는 경우가 많으니 주의할 필 요가 있다.

건축주들이 시공회사에 요구하는 사항 중 하나가 배관을 크게 해 달 라는 것이다. 그러나 배관이 너무 작아도 안 되겠지만 적당한 크기를 확 보하고, 크기보다 배관의 구배와 연결부위의 밀실도에 신경 써야 한다. 특히 세면대와 연결되는 바닥에서 냄새가 많이 올라온다. 세면대에서 나가는 배관과 패킹의 크기는 정해져 있는데, 바닥으로 연결되는 배관 을 크게 할 경우에는 틈이 밀실하게 막히지 않아서 냄새가 더 올라오게 되는 것이다.

원인 파악이 어렵고 예민한 하자, 전기

전기와 관련된 분야는 눈에 보이지 않기 때문에 더 어려운 것 같다. 수 도는 물이라는 실물이 보이고, 가스의 경우에는 배관이 아주 단순하다. 그런데 전기는 배관도 복잡할 뿐더러 전기나 통신 매체가 움직이는 상 황이 눈에 보이지 않는다. 원리를 알면 쉬운데 모르면 전혀 손도 대기 어려운 분야다. 시공에 웬만큼 경험이 있는 사람도 전기를 어려워하는 이유다.

전기는 전봇대에서 계량기로, 계량기에서 차단기가 있는 각 세대의 분전함으로 인입된 후, 각 용도별로 나뉜다. 계량기까지는 한전에서 설치를 하고, 계량기 이후부터 시공회사와 계약된 전기업체에서 공사를 한다.

분전함에 보면 차단기라고 여러 개의 스위치가 있는데 '전등', '전열', '에어콘' 등으로 구분되어 있다. 전등은 조명기구를 말하고, 전열은 콘센트를 말한다. 차단기가 합선이나 누전에 의하여 떨어질 때 전등과 콘센트가 한꺼번에 차단되지 않도록, 이 둘을 각각 구분해 놓은 것이다. 근린생활시설인 상가 같은 경우에는 전등과 전열을 각각 층별, 영역별로 나누어 여러 개의 차단기를 설치하기도 한다. 또한 전기 용량이 큰 에어컨의 경우는 안전을 확보하기 위하여 별도의 선으로 구성해 놓는다.

건축주의 입장에서 보았을 때 전기와 관련된 큰 애로점은 세입자 중에는 전등을 교체하는 작은 일도 할 줄 모르는 사람이 많다는 것이다. 전등이 나갔다고 교체해 달라고 전화하는 세입자가 많은데, 이걸 알아서 바꾸라고 할 수도 없고, 서비스 차원에서 일일이 교체해 주자니 여간 번거로운 일이 아니다. 건축주조차 전등을 교체할 줄 모르는 경우 출장비를 주고 갈아야 할 판이다. 비용도 비용이지만 번거롭고 난감한 일이 아닐 수 없다.

더구나 요즘은 LED조명이 대세다. 영구적인 조명이라는 광고와 달리 LED조명도 쉽게 수명을 다하는 경우가 많다. 그런데, LED조명은 전구가 기판으로 되어 있어 전기가 안 들어올 경우, 기판이 문제인지 기판에 연결된 안정기가 문제인지 알 수 없을 뿐더러, 기판을 파는 곳을 구하기도 어렵다. 이런 형편이지만, 건축주는 최소한 본인 손으로 전등 정도는 교체할 줄 알아야 한다.

시공 사례 7 소무 (식당+펜션+주택)

©박영채

공사명 펜션 겸 카페 소무 | **대지위치** 충남 태안군 안면읍 정당리 | **대지면적** 990.00㎡ | **건물 규모** 지상 2층 | **건축면적** 279.27㎡ (건폐율 28.21%) | **용적률 산정면적** 403.28㎡ (용적률 40.74%) | **연면적** 403.28㎡ | **주차대수** 2대 | **외장재** 와이어패널 위 스터코 | **지붕재** 아스팔트싱글

취약점에 잘 대응하면 경쟁력이 생긴다

공동시설의 부족은 다른 기능으로 극복한다

상가주택과 주택은 종종 아파트에 비해 관리가 어렵고 단점이 많다고 한다. 이러한 단점은 설계는 물론 시공을 하는 과정에서라도 충분히 검토하고 부족함이 있다면 반드시 반영하여 두어야 한다.

이미 우리의 삶은 배부르고 등 따뜻하기를 바라기 보다, 문화적인 질을 따지는 시대가 되었다. 주거도 마찬가지다. 과거처럼 부비고 들어가 잠잘 공간만 있으면 되는 시기는 지났다.

과거의 상가주택과 주택은 아파트에 비해 공동시설의 부족, 사용상의 관리 불편, 취약한 방범, 단열이 열악한 주거로 인식되었다. 과거에는 확실히 그런 면이 있었다. 그렇다면 지금은 어떨까?

상가주택보다 아파트가 잘 되어 있는 부분은 공동시설이다. 단지의 규모에 있어서 워낙 비교가 안 된다. 단지 내 상가를 비롯해서 어린이집과 경로당, 주차장과 주민 운동시설, 그리고 넓은 외부 조경시설이 잘 갖추어져 있다.

상가주택도 신도시에 지어지는 경우에는 단지 내 상가 못지않게 주변에 편리하게 이용할 수 있는 근린생활시설들이 잘 배치되어 있다. 도시설계에 의한 지구단위계획을 수립할 때 필요 용도가 적정하게 배분되어 있기 때문이다.

다만, 주민 운동시설 등의 편의시설이 부족할 수밖에 없는데, 이것만큼은 근본적인 해결이 어려운 취약점으로 극복이 안 되는 기능인 것이다. 이것은 아파트에는 없는, 수익이라는 장점이 발생되는 주택이라는 데서 그 특성을 찾을 수밖에 없을 것 같다.

관리업체를 선정하는 것도 방법

상가주택을 소유하게 되면 소소하게 전등을 교체한다든가, 보일러의 기본 기능을 알고 조작한다든가, 물을 사용하는 기구들을 다룰 정도는 되어야 한다. 정년퇴임을 하여 특별히 할 일이 없다면 소일거리로 직접 해 보는 것도 좋다. 더구나 이런 일들이 적성에도 맞으면 얼마나 좋겠는가? 그래서 수익형부동산은 나의 생활 반경에서 가까우면 가까울수록 유리하다.

그러나 수도꼭지 교체하기가 죽기보다 싫고 전구 하나 바꾸는 작업도 여러 번 마음을 먹어야 할 수 있는 사람이라면 수익형부동산은 생각해 볼 문제다. 그래도 상가주택이 꿈이라면 모든 것을 업체에게 위임하는 대안도 방법이다. 그러나 그만큼 관리비가 상승하니 수익이 줄어드는 단점은 감수를 해야 한다.

상가주택을 사용하면서 관리해야 하는 부분은 청소와 재활용품 분리 배출, 공과금 수납, 택배우편물 수취 등이다. 건축주가 은퇴를 하였을 경우에는 시간 여유가 있어 직접 할 수 있으므로 별 문제가 없으나, 직장 생활을 하거나 맞벌이를 하는 건축주의 경우에는 매우 번거로운 일일 수 있다.

요즈음에는 이런 일을 대행해 주는 업체도 제법 생겼다. 상가주택이 많아져서 건물청소도 대행해 주는 업체가 많이 늘어났고, 바쁜 건축주들은 이들에게 맡기는 것이 일반화되어 가고 있다. 상가주택의 입주자들에게서 가구당 일정액을 받아서 주1회 정도 계단, 복도, 주차장 등의 공용부분을 청소해 준다. 또 수도 요금과 전기 요금을 대납해 주고 남는 차액을 업체의 관리비로 사용하는 방식도 있다. 앞으로는 이런 업종과 업체가 계속 늘어나고 시장의 규모도 커질 걸로 예상된다. 물론 청소와 공과금 수납을 건축주가 직접 할 경우 각 세대에서 받는 관리비까지 임대 수입의 일부가 된다.

갈수록 인터넷을 통한 구매가 증가하면서 택배를 통한 우편물 배송이 많아지고 있다. 관리인이 상주하지 않는 상태에서 우편물이나 택배를 받는 일이 번거로울 수 있었으나 최근에는 이에 대한 해결책으로 무인 택배함이 많이 보급되었다. 상가주택에도 무인 택배함을 설치하여 택배기사와 입주자가 서로 직접 통화하여 비밀번호를 공유함으로써 택배 문제를 해결하면 편리하다.

청소와 공과금 수납보다 좀 더 업체의 업무 범위를 넓힌다면 재활용쓰레기 정리까지 맡기는 경우도 있다. 이 역시 주인이 거주하면서 관리를 한다면 문제될 것이 없으나, 주인이 거주하지 않고 전체 세대를 임대한다든지, 주인이 바쁠 경우에는 재활용쓰레기 정리까지 맡아서 해주는 업체를 선정하여 맡기기도 한다.

설계 단계에서부터 재활용쓰레기를 모으고 정리하여 처리할 수 있는 곳을 고려하여 설계에 반영해 놓으면 유지관리가 한결 수월해진다. 이것이 제대로 되지 않았을 경우 사소한 다툼이 될 수도 있다. 미리 장소를 고려하지 못하면 출입 시 냄새가 발생하는 곳이거나, 미관상 좋지 않은 곳에 설치할 수밖에 없는 경우에는 임대에 영향을 주기도 한다.

무인택배함

상가주택은 멀리 내다보면서 관리를 해야 한다. 청소 등 관리가 제대로 안 되면 노후된 것처럼 보이기 십상이다. 지저분해 보이면 세입자들이 외면하기 때문에 공실의 원인이 되기도 한다. 이 말은 지어진 후 똑같은 기간이 지난 집이라도 상대적으로 깨끗하면 경쟁력이 생긴다는 이야기다. 어차피 건축물을 포함한 모든 제품은 낡기 마련이다. 그래서 가치감소 현상인 감가상각을 하게 된다. 감가상각과 대응되는 개념에는 물가 상승, 임대료 상승, 시세차익 상승 등이 있다. 중요한 것은 실질적인 감가상각이 이 세 가지의 합보다 작게 되도록 관리를 해야 한다는 점이다. 건축물의 유지관리는 건축물의 가치를 계속 유지하고, 나아가 상승도록 하는 것이 관건이다.

아파트에서는 이런 관리를 위하여 장기수선충당금을 매월 관리비에 포함하여 받는다. 정기적으로 외벽을 도장한다든가, 주차장 바닥에 페인트를 칠한다든가, 방수공사를 한다든가, 도배 공사를 하는 비용으로 사용하여 건축물의 가치를 유지시킨다. 이런 공사를 어느 날 갑자기 하려고 하면 공사비도 부담스럽다. 상가주택에서도 매월 수입을 모두 수익으로 잡지 말고, 일부를 떼어서 건축물 유지관리비로 저축해 보자. 유지관리비에 대한 부담도 덜고, 건축물을 경쟁력 있게 관리할 수 있다.

안전관리도 필수다

아직도 아파트에 비해 부족한 부분이 방범이다. 별도로 관리실과 관리인을 두기가 어렵고, CCTV 등이 미비하기 때문이다. 그러나 기술과 장비의 발달은 이러한 간극을 극복할 수 있도록 도와주고 있다. 홈오토 기술이 진화하여 요즈음에는 본체와 모니터를 현장에 설치하지 않아도 되는 사양도 출현하였다. 본체와 모니터를 설치할 별도의 공간을 확보하지 않아도 된다. 각 세대 안에 있는 로비폰을 사용하여 실시간 감시할 수 있는 방식도 있다. 문제가 발생하였을 경우 CCTV 본사의 저장장치를 사용하여 확인하면 된다.

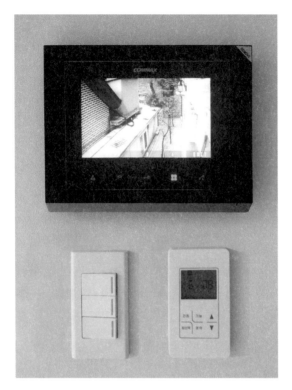

홈오토 설비
상가주택에서 현재 사용되고 있는 비디오폰이다. 공동현관과 세대현관
의 모니터링, 경비호출, 자동 문열림, CCTV카메라 검색 등의 기능이 있
다. 위 사진은 4번 CCTV를 실시간으로 확인하고 있는 화면이다.

이런 방식 이외에도 다양한 용도와 기능의 CCTV가 많이 나와 있어
자신의 상가주택에 맞는 시스템을 선택하면 편리하게 사용하면서도 안
전을 확보할 수 있다. 개개인의 인권 보호 등 말이 많지만 상가주택에도
가급적 CCTV를 설치하는 게 좋다. 심리적으로 범죄 예방의 효과도 분
명 있다.

요즈음에도 추운 상가주택이 있나?

과거 에너지에 대한 관심이 적고 법적인 단열규정이 없을 때 지어진 건물들은 확실히 겨울에는 춥고 여름에는 더웠다. 그러나 지구온난화에 대한 걱정과 에너지에 대한 세계적인 관심은 패시브하우스나 제로에너지하우스라는 건축물을 만들어 냈다. 이뿐 아니라 각 국가마다 일반 건축물을 이런 에너지를 줄이는 건축물로 전환하는 기간을 정하여 실천하는 로드맵까지 세워 놓고 있다.

현재 지어지는 건축물을 보면 아파트와 상가주택에 있어서의 단열 성능에는 차이가 없다. 외단열을 주로 하는 상가주택보다는 내단열을 주로 하는 아파트가 오히려 효율면에서 단열 성능이 좀 떨어질 수 있다. 반면 여러 층이 수직으로 겹쳐서 지어진 아파트는 바닥과 천장의 열 보존이 상가주택보다 유리할 수 있다. 이것은 건축물의 용도보다는 시공 방법에 따른 차이인 것이다. 단열에 관한 성능은 아파트보다 상가주택이 가지고 있는 취약점 중에서 가장 극복이 잘 된 분야다.

임대차보호법과 임대계약서 작성하기

임대차보호법을 알자

상가주택에 해당되는 임대차보호법은 두 가지다. 주택의 경우에는 '주택임대차보호법'이 해당되고, 상가의 경우에는 '상가임대차보호법'이 해당된다. 이 두 가지 임대차보호법은 상대적으로 사회적 약자라고 여겨지는 임차인을 보호하기 위한 법이다. 따라서 일반적으로 느끼기에 임대인을 불편하게 만드는 요소도 있으니 잘 인지할 필요가 있다. 이 법은 최소한이라도 임차인 권리를 보호해 주기 위하여 만들어진 법이라고 보는 것이 맞다.

우선, '상가임대차보호법'이 보호하는 상가는 한정되어 있다. 그 기준으로는 우선, 상가에 대한 보증금이 일정 금액 이하여야 한다. 월세는 전세로 전환하여 보증금을 환산하는데 이것을 '환산보증금'이라고 한다. 월세 10만 원은 전세 1,000만 원으로 환산된다. 예를 들어 보증금이 5,000만 원이고, 월세가 100만 원이라면 환산보증금은 1억5,000만 원이 되는 셈이다. 둘째로, 지역마다 상가임대차보호법이 적용되는 한계 금액이 다르다. 서울의 경우에는 4억 원 이하, 서울을 제외한 과밀억제권역은 3억 원 이하, 각 광역시와 안산, 김포, 용인, 광주시는 2억4,000만 원 이하, 그 밖의 지역은 1억8,000만 원 이하가 되어야 보호를 받을 수 있다.

상가임대차보호법에서 보호되는 내용으로는 첫째로, 임대기간 5년을 보장받을 수 있고 둘째, 법적으로 연 0.9% 인상이라는 임대료 상한

제의 보장을 받을 수 있으며 셋째, 건물주가 바뀌더라도 기존의 계약기간 5년 중 남은 기간을 보장받을 수 있으며 넷째, 경매 등으로 건물이 넘어가게 되었을 때, 최우선 변제를 받을 수 있는 등의 보호를 받을 수 있다. 이처럼 상가임대차보호법은 건물 주인이 임대료를 마음대로 인상하거나, 임차기간을 마음대로 줄였다 늘였다 하거나, 막무가내로 계약을 해지하려는 횡포로부터 임차인을 보호하기 위한 법률이다.

'주택임대차보호법'은 주거용 건물의 임대차에 관하여 민법에 대한 특례를 규정함으로써 국민 주거 생활의 안정을 보장하기 위하여 만들어진 법이다. 임대인에 대하여 임차인의 대항력 인정, 보증금에 관한 우선변제권 인정이 특징이다.

첫째, 대항력對抗力이란 제3자에 대하여 임대차 계약상의 권리를 주장할 수 있는 힘을 말한다. 임차인이 주택에 사실상 입주하거나 주민등록을 마치는 등 대항요건을 갖춘 이후에는, 그 임차주택의 양수인이나, 임대할 권리를 승계한 자는 임대인의 지위를 승계한 것으로 본다는 것이다. 따라서 임대인이 임차주택을 매각한 경우라도 임차인은 그 새로운 양수인에 대하여 임대차 계약상의 권리를 주장하여 임대차 계약기간 동안 계속해서 임차주택을 점유·사용할 수 있으며, 계약기간익 종료 시 양수인에 대하여 보증금전세금 포함의 반환을 청구할 수 있다는 내용이다.

둘째, 우선변제권優先辨濟權은 채권자가 경매, 또는 공매 등에서 목적물의 낙찰금액으로부터 후순위 권리자가 다른 채권자보다 우선하여 채권액을 변제받을 수 있는 권리이다. 요건이 갖추어질 경우, 임차인은 선순위의 저당권 다음으로 그 낙찰금액으로부터 보증금을 우선변제 받을 수 있다. 이것은 대항력이 없는 경우에는 보증금이라도 반환받을 수 있도록 하기 위함이다.

우선변제 받을 수 있는 금액의 범위는 수도권 중 과밀억제권역에서는 6천만 원, 광역시에서는 5천만 원, 그 밖의 지역에서는 4천만 원이다. 다만 임차인의 보증금이 주택가액의 2분의 1을 초과하는 경우에는 주택가액의 2분의 1에 해당하는 금액까지만 우선변제권이 있다.

그런데 이 제도는 선순위 저당권자의 채권이 낙찰금액에 육박하는 경우에는 아무런 실효성을 가지지 못한다. 이런 경우 중에서도 특히 보증금이 소액인 경우에, 영세 서민의 주거 안정을 보장하기 위하여 다시 '소액보증금제도 少額保證金制度'를 두고 있다. 이 제도는 소액보증금 중 일정액의 범위에서는 임대차에 앞서서 설정된 저당권 기타 담보물권·공과금보다 우선적으로 변제받을 수 있도록 하는 내용이다.

소액보증금의 범위는 지역에 따라 3개로 나뉘어져, 수도권 중 과밀억제권역에서는 임차보증금액이 2천만 원 이하인 경우, 광역시에서는 1천700만 원 이하인 경우, 그 밖의 지역에서는 1천400만 원 이하인 경우이다.

그 외에도 임대차 기간 보호, 보증금 상한액 제한, 임차인의 승계 등에 관한 내용도 있다. 그러나 법률은 수시로 조정되는 만큼 나와 어떤 부분이 연관이 있을지 평소에 확인해 두도록 하자. 또 사업상 어떤 영향을 받을 수 있을지는 수시로 전문가의 도움을 받아 체크해 보는 것이 좋다.

계약 시 꼭 점검해야 할 내용들

상가주택도 계약을 할 때는 일반적으로 표준계약서를 사용한다. 그러나 표준계약서는 모두에게 공통적으로 해당되는 내용으로, 정작 나에게 필요한 내용이 없을 수도 있다. 수익형부동산의 임대계약서는 월 수익부분과 밀접한 관계가 있기 때문에 꼼꼼하게 체크해야 하는데, 중요한 몇 가지만 짚어보기로 한다.

우선, 임대료 연체 시 처리조항이 있는지를 확인해야 한다. 임대료는 임대계약서의 핵심사항으로 연체되었을 경우에는 수익성에 직접적으로 영향을 미치게 되는데, 표준계약서에는 연체 시 처리조항이 없다. 이를 사전에 방지하기 위하여 "임차인은 월임대료 및 관리비가 납입일 이후 연체될 경우, 연체일을 계산하여 납부 총액에 월 2%를 가산하여 임대인에게 납부하기로 한다"는 등의 문구를 넣어야 한다.

둘째로, 임대시설물을 파손하거나 훼손했을 경우 손해배상 책임 조항이 있어야 한다. 주택은 물론 상가의 경우에는 이 조항이 유효하다. 임차인의 과실뿐 아니라 상가를 사용하는 임차인의 직원이나 고객들로 인해 임차시설물을 훼손 및 파괴하는 상황에 대비하여 손해배상 책임을 규정하면 사전에 예방할 수 있는 효과도 있다.

셋째, 원상복구의 범위와 책임을 명시해야 한다. 임대계약의 해지나 임대계약기간의 만료 등으로 임대계약의 효력이 종료되었을 경우에는 종료일 내에 임차인의 모든 소유물과 시설물을 반출 및 전부 양도하여야 하며, 임차인이 구조를 변경한 시설은 임차인의 부담으로 철거하여 건물주가 원하는 요구대로 원상복구 한다는 조항이 들어가야 한다.

넷째, 화재 시 피해보상 책임에 관한 조항이다. 임차인의 행위 또는 소유물 등으로 인하여 건물의 화재보험료 및 재산세가 증액될 경우, 임차인의 부주의로 인한 화재가 발생할 경우, 이에 대한 책임조항도 삽입되어야 한다.

끝으로, 임대업종 변경 시 임대인의 동의를 받도록 해야 한다. 이것은 대개 상가의 경우에 해당되는 내용이다. 임차인이 임대인의 동의 없이 영업상의 목적으로 임대업종을 변경할 경우 임대사업 운영의 기본 틀이 깨질 수 있으며, 다른 임차인들과 분쟁의 씨앗이 될 수도 있기 때문이다.

상가주택의 세금은
알수록 유리하다

12

이제는 우리나라도 경제적으로는 선진국 반열에 들어섰다. 선진국에 들어섰다는 말은 경제적으로 잘 살게 되었고 더불어 공정한 세상, 투명한 세상에 근접했다는 의미를 내포한다. 세무에 있어서 이 '공정하다'는 말과 '투명하다'는 말은 매우 중요하다. 과거와 달리 이제는 공정하게, 그리고 투명하게 사업을 해야 하는 세상이 되었다는 이야기다. 달리 말하면 그렇게 하지 않았을 때 불이익 또한 매우 클 것이라는 뜻이기도 하다. 이제 주먹구구식으로, 혹은 머릿속 계산으로 수익성을 말할 수 있는 시기는 지났다. 세무를 제대로 알지 못하면 '앞으로 남고 뒤로 밑진다'는 말이 실감날 수도 있다. 우리가 상가주택을 지으면서 고민하는 '소유는 몇 명으로 할까?'에서부터 '용도는 무엇으로 할까?', '보유는 몇 년으로 하는 것이 좋을까?' 등 대부분은 모두 세금과 직결된다.

세금은 건축법만큼이나 복잡하다. 상황에 따라 수시로 바뀌기 때문에 더 어렵다. 개인과 배우자의 자산 상황에 따라 일률적이지 않으므로 건축주가 직접 전문가에게 상담을 해보는 것이 좋다. 또 '세금이 있는 곳에는 절세할 수 있는 방법도 있다'는 말도 있듯이 정부의 정책을 활용하거나 시대의 흐름에 맞는 용도나 규모를 선정하게 되면, 적법하게 세무 비용을 줄일 수도 있다. 이 비용은 초기에 한 번 설정한 방향에 따라 건물이 없어질 때까지 따라다니게 된다. 수익형부동산에 관심이 있는 우리가 세무를 알아야 하는 이유이기도 하다.

수익형부동산을 위한 기본적인 세무 절차

사용승인 이전에 할 일

상가주택 임대사업을 위해서 가장 먼저 해야 할 일은 사업자등록증을 발급받는 것이다. 토지임대사업의 경우 토지매매를 통한 등기 이전만 이루어져도 사업자등록증이 가능하나 건물임대사업의 경우에는 건축허가를 받아야 가능하다.

사업자등록신청서를 작성한 후 건축허가서를 첨부해 제출하고, 사업개시 전에 등록을 하고자 하는 경우에는 사업허가신청서 사본을, 사업장을 임차한 경우에는 임대차계약서사본(상가건물임대차보호법이 적용되는 건물의 일부를 임차한 경우에는 도면 포함)이 있어야 한다. 2인 이상 공동으로 사업을 하는 경우에는 동업계약서 등 공동사업을 증명할 수 있는 서류가 첨부되어야 한다.

임대사업자등록증은 세무서에 가야 발급을 해 주지만 개인사업자의 경우 인터넷 세무서라고 할 수 있는 '홈텍스'에서도 가능하므로 잘 활용하면 시간을 줄일 수 있다.

사업자등록증을 낸 후, 임대사업을 하고자 하면 관할 시·군·구청 건축과나 주택과의 임대주택 담당자에게 임대사업자 등록 신청을 별도로 해야 한다. 2017년 현재 기준으로 건설임대주택의 경우에 단독주택은 2호, 공동주택은 2세대 이상이어야 하며, 매입임대주택의 경우 단독주택은 1호, 공동주택은 1세대 이상이어야 한다. 여기서 정하는 세대수는 경기상황과 정책에 따라서 수시로 바뀌므로 신고할 시기에 반드시 확인을 해봐야 한다. 세금 혜택의 범위와 요율에 있어서도 시기에 따라서 적용에 차등이 많이 나는 경우가 종종 있으니 유의해야 한다.

사용승인 후의 절차

사용승인이 처리되면 건축물관리대장이 만들어진다. 사용승인 후 약 1주일 정도 걸리는데 민원실에서 찾을 수 있다. 건축물관리대장을 가지고 공사비를 신고하면 취득세가 부과된다. 공사비는 설계비, 감리비, 시공비를 모두 합하여 신고한다. 취득세를 납부하고 영수증을 첨부하여 등기부등본 등재를 하게 된다. 등기부등본까지 완료되면 임대를 할 수 있는 모든 준비가 끝났다. 실제로 임대할 일만 남는다.

이런 절차는 일반적으로 법무사에게 대행을 맡기지만, 시간 여유가 있다면 직접 해보는 것도 도움이 된다. 등기부등본이 나오면 각종 영수증과 토지매입계약서 및 영수증, 중개수수료까지 합하여 함께 보관하면 좋다. 분실을 예방할 수 있고 나중에 찾아보기도 수월하다.

임대사업자 등록을 하게 되면 세금 관련해서 숙지해야 할 내용들이 생긴다. 세금에 대해서 처음에는 용어도 낯설고 세금마다 각각 내는 시기도 달라서 어렵게 느껴질 수도 있다. 그러나 상가주택을 운영하기 위해서는 반드시 통과해야 될 관문이며 조금 부딪히다 보면 적응이 되기도 한다. 가장 쉬운 방법은 세무사에게 일임하면 되지만, 그래도 본인이 알고 있는 상태에서 세무사가 처리하는 것과 세무사가 알아서 잘 해주기를 바라는 것과는 결과와 책임이 아주 다르다.

세금에도 설계가 필요하다

단계별 세금 알기

상가주택을 운영하려면 반드시 세금 설계를 해야 한다. 세금을 모르고 상가주택 등 수익형부동산에 투자하게 되면 수익률을 제대로 파악할 수 없을 뿐더러, 나에게 유리한 매수시점과 매도시점을 예측할 수도 없다. 더구나 수년이 지난 후에 예기치 않았던 세금 추징을 피할 수 없는 상황이 발생할 수도 있다.

세금은 계속해서 바뀌기 때문에 기본을 이해하고 새롭게 바뀐 세금 제도를 지속적으로 업데이트하면서 이해를 해야 한다. 복잡하게 느껴지지만 내용은 많지 않다. 자신에게 해당되는 분야만 이해를 해 두고, 전문가의 도움을 받는다면 그리 어렵게만 느낄 분야도 아니다.

토지와 건축물에 직접적으로 관련된 세금을 단계별로 알아보자. 여기서 단계별이라는 것은 취득단계, 보유단계, 임대단계, 양도나 상속, 증여 등 처분하는 단계로 구분하여 볼 수 있다. 수익형이든 시세차익형이든 부동산은 보유하고 있으면 계속적으로 세금이 발생한다는 점에 유의해야 한다.

부동산과 세금은 취득 시에서 처분시까지 단계별로 국세와 지방세가 부과·징수된다. 상가주택에 관심이 있는 사람이라면 국세와 지방세의 개념에 대한 기본적인 이해가 있어야 한다. 국세는 중앙정부 행정관서인 국세청(세무서), 관세청(세관)에서 국방·치안·교육과 같은 국가 전체 이익을 위해 부과·징수하는 세금이다. 반면 지방세는 지방자치단체의 행정기관인 광역시와 시·군·구청의 세무과에서 소방·상하수도 등 지역

단계별 세금의 구분

구분	국세	지방세
취득 시	인지세 상속세 증여세	취득세 농어촌특별세 지방교육세
보유 시	종합부동산세 농어촌특별세	재산세 사업소득세 지방소득세
처분 시	양도소득세	지방소득세

주민 및 지역발전을 위해 부과·징수하는 세금이다.

주의할 점은 이러한 세금에 정해진 요율의 숫자를 너무 믿을 필요는 없다는 것이다. 세법에 정해진 요율은 기본일 뿐이라고 생각하면 된다. 취득 시나 임대 시, 몇 세대를 하느냐, 어느 정도 면적의 주택으로 사업을 하느냐, 언제부터 보유했고 사업을 시작했느냐 하는 조건에 따라 세율과 감면 요율이 달라진다. 또 부부 합산을 하면 위 조건들이 어떻게 날라지느냐 등에 따라 차등 적용되기도 한다. 그리고 일정 기간 안에 임대사업자등록을 해야 하는 등의 조건이 붙기도 한다. 수많은 조건들 중에 자신의 상황이 어디에 해당되는지 정확히 알아야 하므로 세금을 설계한다고 하는 것이다. 자세히 알아보아야 해당되지도 않는 세금을 납부하는 일을 피할 수 있다.

취득단계에 내야 할 세금

우선 취득단계의 세금이 있다. '거래세'라고도 하는데, 거래세의 대표적인 세금으로는 지방세인 취득세가 있고, 여기에 부가적으로 농어촌특별세와 지방교육세가 붙는다. 상속이나 증여를 받게 될 경우에는 국세인 상속세나 증여세가 별도로 부과된다.

취득세의 세금요율은 부동산의 용도에 따라 조금씩 다르다. 주거용과 상업용 부동산도 적용되는 기본 요율이 다르다. 주택의 경우에 전용면적에 따라서 세율이 조금 다르게 적용되기도 한다. 전용면적이 60㎡ 이하라면 취득세는 면제다. 전용면적이 85㎡ 이하라면 6억 원 이하 1.1%, 6억~9억 원 이하 2.2%, 9억 원 초과 3.3%를 적용받는다. 전용면적이 85㎡를 초과하면 6억 원 이하 1.3%, 6억~9억 원 이하 2.4%, 9억 원 초과 3.5%를 적용받는다. 상가의 경우에는 4.6%를 적용받는다. 그런데 임대사업자를 등록하면 세율 혜택이 주어진다. 전용면적이 60㎡ 이하면 취득세 100% 변제, 또 4년 이상 임대하게 되면 종합소득세와 법인세의 30%를 감면(준공공임대는 75%까지) 받는다.

60~85㎡ 이하일 경우에는 취득세의 50%를 경감 받는다. 다만 8년 이상 임대를 해야 하는 단서가 붙는데, 8년 이내에 임대사업을 폐업하고 매도를 하게 되면 혜택으로 받은 세금은 모두 납부해야 한다.

취득 시의 세금에 있어 위 요율들은 기본이다. 그런데 기본 요율이라고 하지만 정부의 정책과 권장하는 임대사업의 방향에 따라서 수시로 바뀐다는 것을 알아둘 필요가 있다. 세금은 보유시기, 보유 세대수, 부부 합산 조건 등 여러 가지 상황에 따라 달라진다. 구체적인 것은 나의 상황을 정확히 파악하여 전문가와 상의하는 것이 좋다.

보유단계에 내야 할 세금

보유단계에서는 지방세인 재산세와 국세인 종합부동산세가 과세되는데 토지를 가지고 있기만 해도 매년 나오는 세금이다. 재산세는 금액이 크지 않아서 큰 변수가 되지는 않지만, 종합부동산세는 신경을 많이 써야 한다. 종합부동산세는 부동산의 공시지가(공시가격)가 6억 원 이상일 때 부과되지만 여기에 기본공제 3억 원이 더 들어가므로 결국 공시지가 기준으로 9억 원 이상인 부동산에 부과되는 세금이다. 그러나 공시가격이 9억 원이라도 실거래 가격은 이보다 더 높은 것이 일반적이다. 그러므로 투자 판단을 할 때에는 거래세와 양도세를 우선적으로 고려해야 한다.

임대사업자로 등록할 경우 부가가치세와 사업소득세를 확인해야 한다. 상가나 오피스텔에 대해서는 부가가치세가 붙고, 주택의 경우에는 부가가치세가 면제된다. 유의해야 할 점은 임대와 달리 새로 지어서 공급을 하는 경우의 토지와 국민주택 규모인 85㎡ 이하의 주택에는 부가세가 붙지 않는 반면, 국민주택 규모 이상의 주택에는 부가세가 붙는다는 사실이다. 사업소득세는 수입에서 각종 운영경비를 제외한 부분에 대해 부과되는데 사업자가 법인인지 개인인지에 따라 법인의 경우에는 법인세와 지방소득세를, 개인인 경우에는 종합소득세와 지방소득세를 내게 된다.

임대사업에서는 각 세대의 면적이 중요하다. 왜냐하면 면적별로 세금 감면에 차등을 두고 있기 때문이다. 재산세의 경우 전용면적 60㎡ 이하 75% 감면, 61~85㎡의 경우 50% 감면을 해 주고 있다. 2017세법 개정안에서는 전세보증금 간주임대료에 대해 임대소득세가 부과되지 않는 소형주택의 범위가 85㎡에서 60㎡로 하향 조정되었다. 2019년부터는 전세보증금에 대해서도 소득세를 부과하겠다는 취지다. 보유세 또한 조건과 상황에 따라 차등 적용되므로 나와 가족의 세무 상태를 판단하는 것이 중요하다.

양도단계에 내야 할 세금

양도단계에서는 양도소득세가 붙는데, 이는 부동산을 처분할 때 차익이 발생하면 그 차익에 대해서 매겨지는 세금이다. 일반적으로 부동산을 거래하면서 가장 두려워하는 세금이기도 하다. 양도세는 보유 기간, 매매 차익에 따라서 요율이 많이 달라지므로 특히 유의해야 한다. 또 취득세는 주택과 상가 각각 취득가격으로 안분되어 계산되지만, 양도세는 면적으로 부과된다. 주택이 상가보다 같거나 작을 경우에는 각 용도를 각 면적의 비율대로 인정하지만, 주택이 클 경우에는 전체를 주택으로 간주하는 특성이 있다. 이때 건축법적으로는 근린생활시설이라도 실제로 주택으로 사용하고 있으면 세법상으로는 주택으로 간주한다는 항목에 유의해야 한다. 특히 주택으로 사용하는 층이 4개 층이 넘으면 각각의 층이 각각 주택으로 간주가 되어 다주택자가 된다. 다주택자는 양도 시 세금폭탄을 맞는 경우도 있으니 유의해야 한다.

일반적으로 1가구 1주택자가 2년 이상 보유한 9억 원 미만의 주택을 팔게 되면 양도소득세 비과세, 양도차익의 80%까지 장기보유특별공제 등 다양한 세금혜택이 있다. 양도세는 보유기간 1년 안에 팔면 세율이 50%, 1~2년 사이에 팔면 40%, 2년 이상은 6~42%의 세율을 적용받는다. 1가구 2주택 이상의 주택을 보유한 경우에는 양도세 중과세 적용을 받는다. 이 중과세가 가장 신경을 많이 쓰는 부분인데 수시로 바뀌고 보유 주택 수, 취득 시기와 매도시기에 따라서 달리 적용되므로 반드시 전문가와 상의를 해야 한다.

상속이나 증여 시 발생하는 세금이 있는데, 재산이 무상으로 이전되는 경우에 부과되는 세금이다. 배우자인 경우, 성인자녀인 경우, 미성년자인 경우 등 각각의 경우에 따라서 일정 금액을 넘게 되면 과세된다.

이러한 세금의 요율은 시기마다, 혹은 정부 정책에 따라 변동이 있고, 용도나 규모별로 제외, 혹은 감면되거나 누진이 되는 때도 있다. 경우에 따라서는 그냥 매매 시의 양도세와 건물을 지어서 파는 데 따른 사업소득세처럼 두 가지 상황을 비교해서 유리한 쪽으로 결정을 해야 할 때도 있다.

세금도 셀프서비스하는 시대

요즈음에는 식당의 물만 셀프가 아니라 세금도 셀프다. 인터넷 시스템이 잘 되어 있다 보니 신고도 셀프로 하고, 조회와 납부도 셀프로 한다. 납세자 스스로 검색하고, 확인하여 납부하는 시대인 것이다.

국세의 경우에는 국세청 홈텍스www.hometax.go.kr를 통해서 조회하고 신고할 수 있다. 홈텍스란 용어 그대로 납세자가 세무서에 가지 않고도 가정이나 사무실에서 인터넷으로 세금을 신고하고 증명서 발급 등을 처리할 수 있도록 국세청이 인터넷으로 제공하는 세무행정 서비스 시스템이다. 초기에는 현금영수증이나 전자세금계산서, 연말정산간소화, 국세법령정보, 고객만족센터 등이 개별적으로 운영되었다. 한동안의 과도기를 거친 후 홈텍스로 통합되어 납세자가 한 번의 접속으로 모든 서비스를 이용할 수 있도록 편리한 시스템을 갖추었다.

2010년 4월부터 지방세를 처리할 수 있는 인터넷 세무행정 시스템이 갖추어졌는데, 이것이 위텍스www.wetax.go.kr다. 홈텍스와 마찬가지로 납세자가 구청이나 시청에 가지 않고도 인터넷으로 재산세나 자동차세 등의 지방세에 관한 세금을 신고하고 증명서 발급 등을 처리할 수 있는 지방세 세무행정 서비스 시스템이다. 서울시 지방세 관련 업무의 경우에는 서울시 이텍스etax.seoul.go.kr를 별도로 서비스하기도 한다.

홈텍스와 위텍스와 같은 세무행정 시스템이 도입되면서 세무 관련 편의성은 획기적인 변화를 가져왔다. 편의성뿐만 아니라 투명성에도 엄청난 변화를 가져왔다. 이제는 세금에 관하여 정직하게, 제대로 신고를 하지 않으면 나중에 감당하기 어렵게 되었다. 정직하게 신고를 하되 임대주택사업자 등록과 같이 정부에서 권장하는 분야에 대한 세금 혜택을 최대한 잘 활용하거나, 전문가와 상의하여 절세할 수 있는 방법을 연구하는 것이 더 중요해졌다.

정부의 정책을 활용하면
절세가 가능하다

세무 혜택의 활용과 유의할 사항

지금까지 역대 정부에서는 건설과 부동산을 가지고 경기의 완급과 경제 성장률을 조절하는 경향이 많았다. 경기의 호황, 불황에 따라 당근과 채찍을 가지고 조절하였는데 가장 큰 것이 은행금리와 대출조건, 그리고 세금이다. 혹자는 정부의 정책과 반대로만 가면 많은 돈을 벌 수 있다고 말하지만, 상가주택 규모의 부동산에서는 철저하게 정부정책에 맞추어 움직이는 게 유리하다고 판단한다.

임대사업, 특히 주택임대사업에 대한 혜택은 수시로 생기거나 없어지고, 강화되거나 완화된다. 정부가 의도하는 규모에 따라 취득세와 등록세의 감세혜택이 있는데, 의무기간을 지키지 못하면 매매 시 혜택을 반환하거나 벌금을 매기기도 한다. 상가주택을 지을 계획이 있다면 이러한 세제와 금리, 대출 혜택의 변화에도 유의해 보자.

세무에서 유의해야 할 첫째는 세무자료의 꼼꼼한 보관이다. 힘들여 건물을 지었고, 임대까지 완료하여 이제는 모두 끝났다고 생각했는데, 3~5년 뒤 잊을 만하면 나오는 것이 세무서에서 보내는 "……자료가 부족하니, 혹은 자료가 서로 맞지 않으니 소명자료를 제출하시기 바랍니다"라는 공문이다. 이때부터는 잠을 잘 수가 없다.

금액이 큰 토지매매계약서, 취·등록세 자료, 시공계약서, 설계·감리계약서 등은 반드시 챙기고 기타 법무사 수수료까지 꼭 챙겨서 세무서에 경비자료로 제출하는 것이 좋다. 특히 건축주가 시공자로 되어 있는 직영공사라든가 시공자가 건설면허가 없는 소위 '업자'가 한 공사일 경우 세금계산서를 발급 받을 수 없는 경우가 많다. 이럴 경우 각 공종별 하도급업체한테서 영수증을 일일이 챙겨야 하고, 사소하게 비용이 들어가는 자재구매나 인건비까지도 모두 챙겨야 하므로 더욱 신경을 써야 한다.

둘째로는 절세는 몰라도 탈세는 용인이 되지 않는 시대임을 알아야 한다. 과거에는 다운계약서가 일반화되어 있었고 세무 기록들이 수기로 되어 있어서 기관별로 공유되지 않았기 때문에 개략적으로 신고해도 별탈이 없었다. 그러나 이제 IT강국에 사는 덕분에 세무에 대한 모든 것이 전산화되어 있다고 해도 과언이 아니다. 어떤 세금이 나오는지, 어떻게 처리할 것이지, 그에 따른 주의 사항은 무엇인지 전문가와 상의해서 미리미리 준비하자. 절세방법을 찾는 것은 몰라도 탈세는 사업이 망하는 지름길이 될 수도 있음을 명심해야 한다.

임대사업자의 개념

임대사업을 하기 위해서는 사업자등록을 하는데 여기에는 두 종류의 사업자등록이 있다. '일반임대사업자'와 '주택임대사업자'가 그것인데, 일반임대사업자는 사업자등록증상의 업태가 '부동산 임대'이고 주택임대사업자는 세무서에 하는 사업자등록증 이외에 '임대사업자'라는 별도의 사업등록을 구청주택과에 해야 한다. 여기서는 편의상 '일반임대사업자'와 '주택임대사업자'라고 지칭한다. 이 둘 사이에는 여러 가지 차이가 있다. 다음 장의 표는 일반임대사업자와 주택임대사업자가 어떻게 다른지 보여준다. 딱 잘라서 어느 것이 좋고, 어느 것이 나쁘다고 말할 수는 없다. 그보다는 본인의 현재 상황에 따라 유·불리를 결정하여 따르면 된다. 일반적으로 1세대를 임대할 때는 일반임대사업자로, 2세대 이상을 임대할 때는 주택임대사업자로 선택하는 것이 무난하다. 상가주택의 경우 1층 상가를 위한 일반임대사업자와 임대주택을 위한 주택임대사업자를 모두 내도 무방하다.

임대사업자의 구분과 특징

구분	일반임대사업자	주택임대사업자
등록시기	계약 후 20일 이내	취득 후 60일 이내
등록장소	물건지 세무서	거주지 시·군·구청 주택과 거주지 세무서
취득세	취득가의 4.6%	전용 면적 60㎡ 이하 면제
부가세 환급	부가세 환급	국민주택규모 이하 면제 / 납부
임대 의무기간	10년	5~8년 중 선택
임대 방법	전입신고 불가	전입신고 가능
재산세	과세표준액 60% x 0.25%	전용 면적 60㎡ 이하 면제
양도소득세	양도 차익에 따라 6~42%	취득 시 양도소득세 감면, 양도차익에 따라 6~42%, 장기보유 시 특별공제
종합부동산세	비과세	매입 기준시가 6억 이하 합산 배제 (비수도권 3억)
건강보험료	소득이 없고 배우자나 자녀 등 직장이 있는 가족에 편입된 사람이 일반, 임대사업이나 주택임대사업 등록시에는 건강보험료, 국민연금 납부	

주택임대사업자 등록하기

주택임대사업자 등록 과정은 조금 복잡하다. 처음 하는 일이라 난감할 수 있지만 인터넷을 검색해 보고, 전문가와 상의한다면 그리 어려운 일도 아니다. 요즘은 세무서나 구청 등 해당 관청에서도 친절하게 가르쳐 준다.

거주지 시·구·구청에 가서 주택임대사업자 등록을 먼저 하고, 거주지 세무서에 가서 사업자 등록을 한다. 이때 어떤 세금 감면 혜택이 있는지 꼼꼼하게 살펴보고, 임대 조건도 정확히 기입하여 추후에 손해를 보지 않도록 하자. 구체적인 절차와 과정 설명, 필요서류는 표로 정리를 해놓았다.

주택임대사업자 등록 절차

(주택 2세대 이상을 매입하거나 분양계약 시)

주택임대사업자등록(처리기간 5일)

거주지 시·군·구청 주택과
반드시 취득일(보통 잔금 납부일) 이전에
등록을 하여야 취·등록세 감면 혜택이 있음
(취득 후 주택임대사업자 등록 시 취·등록세
감면 안 됨)

주택임대사업자 등록신청서
물건지 작성(해당구청)
주민등록초본 또는 신분증 사본
등기부등본 또는 분양/매매계약서 사본

임대차 계약체결

표준임대차계약서 양식을 사용할 것
각종 신고시 표준임대차계약서가 아니면
접수되지 않음

표준임대차계약서 원본
임차인 주민등록등본

취득(잔금납부) : 취·등록세 감면신청

물건지 시·군·구청에서 부과
취득일로부터 30일 이내에 신청할 것

세액감면 신청서
주택임대사업자등록증

임대조건 신고

물건지 시·군·구청 주택과에 신고
임대개시(입주) 10일 전까지

임대조건 신고서 물건지(해당구청에 있음)
표준임대차계약서
※ 신고필증을 교부받아야 함

사업자 신고 / 등록(처리기간 즉시)

거주지 세무서
임대개시 20일 이내 신고
양도세 감면혜택을 받기 위한 필수절차

사업자등록신청서 거주지(해당 세무서에 있음)
주민등록원본
※ 물건이 있는 각각의 사업장 관할 세무서에
신고하여야 하지만, 주택임대사업자로 등록한
거주지 사업장의 주소지 관할 세무서에서도
사업자등록신청을 할 수 있음

주택임대신고

물건지 세무서에 신고
임대개시 3개월 이내

표준임대차계약서 사본
임차인 주민등록 등본
주택임대사업자 등록증 사본

증여세를 절세하는 방법

상가주택을 지은 목적 중에 증여나 상속에 대한 생각도 있었다면 미리미리 준비를 하는 것이 유리하다. 증여세를 줄이기 위해서는 다음과 같은 점에 유의해야 한다.

첫째로, 자산 가치가 크게 상승할 것으로 예상되는 것부터 증여한다. 그래야 그 자산이 큰 폭으로 상승한 데 따른 세금을 줄일 수 있다. 즉, '현재 가치평가액이 가장 낮은 재산'이나 '향후 재산가치 상승이 가장 클 것으로 예상되는 재산'부터 증여하는 것이다. 나중에 그 판단이 옳았느냐 하는 것은 별개다.

둘째, 세무 당국은 상속이 개시되기 전 증여한 재산이 상속 재산과 합산대상인지, 제외 대상인지 여부를 판단한다. 배우자와 자녀들은 1차 상속인이며 이들에게 증여한 것은 상속개시일 10년 이내까지 합산한다. 반면 며느리, 손주, 사위 등은 1차 상속인에서 제외된다. 따라서 며느리, 혹은 사위의 명의를 사용하면 증여세를 절세할 수 있다.

셋째, 대출이 있을 경우 대출을 같이 증여하게 되면 건물가격에서 대출금을 제외한 금액에만 증여세를 매긴다. 재산 뿐 아니라 빚도 같이 물려준다. 이른바 '부담부증여'인 것이다. 다만 증여자는 채무에 대한 양도소득세를 부담해야 한다.

넷째, 증여세 없이 증여할 수 있는 공제제도를 알아보고, 적극적으로 활용해야 한다. 배우자에게는 10년 누적 6억 원까지 세금 없이 증여할 수 있다. 직계비속의 만 19세 이상 성년이면 5천만 원까지, 미성년 자녀는 2천만 원까지 세금 없이 증여할 수 있다.

이처럼 증여로 인한 자산 이전은 상속이나 증여를 주고받는 사람들의 자산 상태와, 어떤 전략을 수립하느냐에 따라 큰 차이를 가져 온다. 따라서 상가주택 등 수익형부동산을 보유한 사람들은 자녀와 상의하고, 전문가의 조언을 통해 상속세를 줄일 수 있는 전략을 사전에 찾아봐야 한다.

양도세를 절세하는 방법

수익형부동산의 양도소득세를 절감할 수 있는 방법은 여러 가지가 있다. 상가주택의 경우도 예외는 아니다. 다른 부동산과 같이 세금을 얼마나 줄일 수 있느냐가 사업의 성패가 되는 경우도 있다. 오랜 기간 동안 꾸준히 관심을 가지고 보면 세금을 줄일 수 있는 방법을 알게 된다.

첫째, 건물의 용도를 잘 지정해야 한다. 세법에서는 상가주택의 전체 면적 중에서 주거용으로 사용하는 면적이 더 크다면 상가를 포함한 건물 전체를 주택으로 간주한다. 따라서 주택과 상가의 면적이 엇비슷하다면, 계단·복도 등을 주택의 면적에 포함되게 한다든가, 주택을 증축하여 주거용이 전체 면적의 50%가 넘도록 하는 것이 좋다.

상가는 양도 차익이 발생하면 무조건 양도소득세를 내야 하지만, 주택은 1가구 1주택의 요건을 갖추어 양도하면 비과세 적용을 받는다. 매도 시 보유 기간이 2년이 넘었다면 양도세 비과세 혜택도 받을 수 있는 것이다. 단, 9억 원 미만인 경우라든가 하는 단서 조항이 나의 조건과 맞는지를 확인할 필요가 있다.

주택이 1가구 2주택 이상이라면 처분 순서를 조정하는 것만으로도 양도소득세를 줄일 수도 있다. 요건이 맞는다면 주택임대사업자 등록을 하여 양도소득세를 감면받는 것도 좋은 방법 중 하나가 될 수 있다.

둘째, 세금을 줄일 수 있는 또 다른 방법 중 하나는 소유자의 결정이다. 소위 '명의'라고 불리는 소유자를 공동으로 설정하는 것이다. 양도소득세는 물론 사업소득세 등을 사람 수로 나누게 되는데 사람 수가 많아지면 세금 요율이 낮아져서 절세를 할 수 있다.

예를 들어 양도차익이 1억 원일 경우 1인 명의라면 35%의 세율을 적용받아 3,500만 원의 세금을 내야 한다. 하지만 3명이 공동 소유를 했을 경우 1인당 양도차익은 3,333만 원이 되고 이때의 세율은 15%로 1인당 500만 원, 합계 1,500만 원의 세금을 내면 되는 것이다. 결국 2,000만 원의 세금이 줄게 된다. 배우자나 자녀, 경우에 따라서는 제3자와의 실질적인 공동명의도 고려해볼 필요가 있다.

셋째, 보유 기간을 잘 관리해야 한다. 양도소득세는 보유기간에 따라 적용되는 세율의 차이가 크다. 우리나라의 조세제도는 단기 매매를 투기로 보는 경향이 있어 단기매매에 따른 중과세 정책을 고수하고 있기 때문이다. 중과세를 피하기 위해서는 보유 기간을 최소 2년 이상 잡는 것이 유리하다.

양도소득세는 보유기간이 1년 미만일 경우는 50%, 2년 미만일 경우에는 40%로 중과세된다. 2년 이상일 경우에는 과세액 표준에 따라 6~42%까지의 세율을 적용한 후, 여기에 누진공제액을 빼고 부과된다. 보유기간이 한달만 차이나도 양도세의 적용이 달라져 세금이 클 수 있으니 날짜를 잘 확인해 두어야 한다.

예를 들어 양도차익이 1억 원이라고 할 경우, 1년 11개월을 보유하고 매도하게 되면 양도세가 4,000만 원이지만, 2개월 후인 2년 1개월에 매도하게 되면 2,000만 원이다. 2개월 사이에 2,000만 원을 더 낼 수도 있고, 덜 낼 수도 있는 사례다.

자주 가는 식당을 단골식당이라고 한다. 요즈음에는 약국도 단골약국을 만들면 우리 가족 건강 상태를 잘 알고 있기에 정확한 처방을 받을 수 있어서 유리하다는 광고를 하기도 한다. 이제는 세무사나 건축사도 단골을 하나 정도 만들면 어떨가 제안해 본다. 내 조건을 잘 알고 있는 전문가에게 수시로 상의도 하고, 믿을 수 있는 조언을 맞춤으로 받을 수 있기 때문이다. 물론 비용이 필요한 업무가 생겼을 경우, 그곳에 의뢰한다는 신뢰 정도는 깨지 말아야 한다.

용어 설명

가처분소득

'개인가처분소득'이라고도 한다. 어느 일정기간에 개인이 획득하는 소득과 이를 실제로 자유롭게 소비 또는 저축으로 처분할 수 있는 소득과는 차이가 있다. 이 후자의 경우를 가처분소득이라고 한다. 구체적으로 가처분소득이란 개인소득에서 개인의 세금과 세외부담, 즉 이자지급 등 비소비지출을 공제하고 여기에 이전소득(사회보장금·연금 등)을 보탠 것으로서, '가처분소득＝개인소비＋개인저축'으로 나타낼 수 있다. 가처분소득을 측정하는 데는 보통 세무통계를 이용하나, 이것을 보정補正하기 위하여 개인저축 및 개인소비를 추계推計하는 여러 자료를 이용하는 일이 많다. 가처분소득은 국민경제에서의 소득분배의 평등정도를 측정하는 자료로 쓰이기도 한다.

감가상각減價償却

기업의 경제자산인 건물, 기계, 설비 등 고정자산의 대부분은 기업의 수익활동에 계속 사용되는 결과, 시일의 경과에 따라 그 자본 가치가 점점 소모되므로 그 소모되는 가치는 그에 해당하는 부분만큼의 매 영업 연도의 비용으로 계상하지 않으면 안 된다. 이와 같이 고정자산에 투하된 자본 가치를 유지하고 이것을 일정한 유효기간 내에 회수하는 회계 절차를 감가상각이라고 한다.

건축물 에너지효율등급 인증제

친환경건축물 인증제도의 하나다. 건축물의 에너지 성능 관리는 인증을 통해서 검증받도록 하고 있는데, 친환경 건축물의 계획 기준은 『저탄소 녹색성장 기본법』에 따라 『건축법』, 『주택법』, 『녹색건축물 조성 지원법』에서 각각 규정하고 있다. 인증업무는 『녹색건축물 조성 지원법』에서 통합운영하고 있으며, 친환경건축물 인증제도로는 '건축물의 에너지효율등급 인증', '제로에너지 건축물 인증', '녹색건축 인증'이 있다. 국토교통부와 환경부, 산업통상자원부 등이 업무를 담당하고 있다.

'건축물의 에너지효율등급 인증'은 에너지성능이 높은 건축물의 건축을 확대하고, 건축물 에너지관리를 효율화하기 위하여 정부가 시행하는 제도다. 건축물의 에너지효율등급 인증 대상건축물은 건축법에 따른 건축물로서 공동주택 또는 업무용 건축물이 그 대상이다. 인증절차는 신청서류 접수, 평가보고서 작성, 예비인증 및 본 인증 순이며, 인증 또는 예비인증을 받으려는 건축주, 건축물 소유자, 시공자는 에너지관리공단이 운영하는 인증관리시스템에서 인증기관을 선택하여 신청해야 한다.

신축하는 공동주택의 인증 등급은 1등급부터 5등급까지 있으며, 총에너지 절감율이 40% 이상이면 1등급, 30% 이상 40% 미만은 2등급, 20% 이상 30% 미만은 3등급, 10% 이상 20% 미만은 4등급, 그리고 0% 이상 10% 미만은 5등급이다. 신축업무용 건축물은 연간 단위면적당 1차 에너지소요량(kWh/m²·년)을 기준으로 300 미만은 1등급, 300 이상 350 미만은 2등급, 350 이상 400 미만은 3등급, 400 이상 450 미만은 4등급, 그리고 450 이상 500 미만은 5등급이다.

건폐율, 용적률

1) 건폐율

건축물의 바닥면적의 합계를 땅 크기로 나눈 비율, 즉 '건축면적÷대지면적×100'을 말한다. 이때 건축면적은 각 층의 면적을 모두 1층 바닥으로 수평 투영했을 때의 면적, 즉 각층 외곽선을 1개로 합한 면적을 말한다. 도시를 계획할 때 용도지역에 맞는 쾌적한 환경을 만들 목적으로 건축물과 공간의 비율을 제한하기 위하여 적용한다.

2) 용적률

건물의 지상층 바닥면적의 합을 땅 크기로 나눈 비율, 즉 '지상층 연면적÷대지면적×100'을 말한다. 도시를 계획할 때 용도지역에 맞도록 건축물이 지상에 앉혀지는 크기와 높이를 제한하여 개방감을 확보하기 위하여 적용한다.

견적서

건축물의 공사비를 산정하는 서류를 말하는데 내역서, 물량산출근거, 일위대가, 단가비교표로 이루어져 있다.

1) 내역서

내역서는 일정한 기간 동안 사용할 경비를 총괄적으로 합산하기 위해 작성하는 문서다. 공사 계정과목, 공사 명칭, 규격, 단위, 단가, 수량, 금액, 합계금액, 비고 등의 항목으로 구성되어 있다. 내역서를 작성하면 예산을 어느 곳에 사용할 것인지 등과 자금 흐름을 예측하는 데 도움을 준다.

2) 물량산출근거

내역서의 수량을 뽑아내는 작업의 근거 서류다. 물량산출은 물건의 분량이나 수량을 계산하여 나타내는 것을 말한다. 물량산출표는 물량 산출에 대한 내용을 작성하는 문서다.

3) 일위대가

일위대가는 하나의 면적, 혹은 단위당 기본이 되는 재료 및 인력, 경비 등을 금액으로 환산한 것이다. 일위대가표는 항목과 규격, 단위, 수량 및 단가 등으로 구성된다.

4) 단가비교표

물품을 주문한다거나 구입하게 될 때 업체별로 그 단가를 비교해 볼 필요가 있다. 이때 작성하는 것이 단가비교표이다. 대개 3개 업체 정도를 선정하여 어느 업체에서 품목을 저렴하게 파는지 어떤 업체와 거래하는 것이 경제적일지 파악해 볼 수 있는 자료로 활용한다.

공유경제

한 번 생산된 제품을 여럿이 공유해 쓰는 협업 소비를 기본으로 한 경제를 의미한다. 쉽게 말해 '나눠쓰기'란 뜻으로 자동차, 빈방, 책 등 활용도가 떨어지는 물건이나 부동산을 다른 사람들과 함께 공유함으로써 자원활용을 극대화하는 경제 활동이다. 소유자 입장에서는 효율을 높이고, 구매자는 싼 값에 이용할 수 있게 하는 소비형태인 셈이다.

2008년 미국발 경제 위기의 충격 이후 새롭게 탄생한 개념으로 로렌스 레식 하버드대 법대 교수가 처음 만들어 냈다. 대량생산과 대량소비가 특징인 20세기 자본주의 경제에 대비해 생겨난 개념이다. 미국 시사 주간지 타임은 2011년 '세상을 바꿀 수 있는 10가지 아이디어' 중 하나로 공유경제를 꼽았다.

드라이 에어리어 D·A / Dry Area

건물의 주위에 지하실의 방습·통풍·채광을 위하여 외부로 옹벽을 설치하여 만든 좁은 공간을 말한다. 지하의 크기와 용도에 따라서 일정 규모 이상을 반드시 만들어야 하는 경우도 있다.

대지 안의 공지

건축물을 건축하는 경우에는 용도지역·용도지구, 건축물의 용도 및 규모 등에 따라 건축선(도로경계선) 및 인접대지경계선으로부터 6m 이내의 범위에서 각 지방자치단체의 건축조례로 정하는 거리 이상을 띄어야 하는 기준을 말한다. 최소 기준은 민법에서 정하는 50cm이며, 일반적으로 1~2m를 띄운다. 이 규정은 화재 시 화염의 전파를 방지하고, 피난통로를 확보하며 채광 및 통풍을 원활히 하여 주거환경의 향상을 목적으로 한다.

대지 지분

공동주택에서 전체의 대지면적을 소유자 수로 나눠 등기부에 표시한 면적을 말한다. 즉, 공동주택의 전체 대지 중 가구 하나에 주어지는 지분이다. 예컨대 아파트 단지의 대지 면적이 100이고 소유자가 10명이라면 대지지분은 100/10으로 10이 된다. 대지지분은 공동주택의 구분소유자들 사이에 특별한 합의나 규약이 없다면 각 전유면적 비율에 의한다. 층수와 세대수가 많은 아파트의 경우 대지지분이 낮으며, 상대적으로 층수가 낮고 세대수가 적은 다세대주택이나 연립주택의 경우 대지지분이 높다. 대지지분이 높으면 용적률이 낮아서 동과 동 사이의 공간이 넓고 층수가 낮으며 편의시설이 많아 쾌적한 주거환경을 누릴 수 있다. 또한 재개발하는 경우에도 더 많은 세대를 신축할 수 있고 보상해 줄 대상자가 적으므로 사업성이 높다.

면적 기준

건축법에서 면적에 관한 규정은, 건축물의 용도와 조건에 따라 적용되는 방식이 매우 까다롭다. 여기서는 개념을 이해할 수 있을 정도의 일반적인 내용만 설명하기로 한다.

1) 대지면적

대지에 고저차나 경사도가 있을 경우 표면 면적은 상당히 넓을 수 있다. 그러나 대지의 면적은 이에 관계없이 수평투영면적으로 한다.

2) 바닥면적

건축물의 각 층, 또는 그 일부로서 벽이나 기둥의 중심으로 둘러싸인 부분의 수평투영면적으로 한다. 벽이나 기둥이 없을 경우에는 그 지붕 끝에서 1m를, 발코니 등은 1.5m를 뺀 면적을 바닥면적으로 한다. 공중의 통행에 전용되는 필로티나 승강기탑, 계단탑, 장식탑, 높이 1.5m 미만의 다락(경사진 다락의 경우에는 1.8m)도 바닥면적에서 제외한다. 설비덕트, 물탱크, 냉각탑, 정화조 등 사람이 들어가서 사용하지 않는 것들도 바닥면적에서 제외한다.

3) 건축면적

건축물의 외벽이나 기둥의 중심으로 둘러싸인 부분, 즉 바닥면적의 수평투영면적의 합계로 한다. 단 처마 등 외벽에서 수평거리 1m 이상 돌출된 부분은 1m를 공제하고, 돌출된 부분이 지표면에서 1m 이하에 있는 부분은 제외한다.

4) 연면적

지상층과 지하층의 바닥면적을 합계한 면적이다.

5) 지상층 연면적

지상층만의 바닥면적을 합계한 면적이다. 용적률을 산정하기 위한 면적으로, 지상에 노출된 건축물의 용적을 알아보기 위한 면적이다.

베이비붐 세대, 베이비부머 Baby Boom Generation

각 나라의 사정에 따라 그 연령대가 다르다. 미국의 경우 제2차 세계대전 이후인 1946년부터 1964년 사이에 출생한 7,200만 명을 지칭한다. 제2차 세계대전 기간 동안 떨어져 있던 부부들이 전쟁이 끝나자 다시 만나고, 미뤄졌던 결혼이 한꺼번에 이루어지면서 생겨난 세대로 '베이비부머'라고도 한다. 미국 역사상 제대로 교육받았다고 평가받는 베이비붐 세대는 이전 세대와는 달리 경제적인 성장과 풍요 속에서 높은 교육수준과 미디어의 영향으로 다양한 사회운동과 문화운동을 주도해 왔다. 로큰롤 음악과 히피문화가 베이비붐 세대의 대표적인 문화이며, 이들은 냉전의 이념 아래 베트남 전쟁을 겪으면서 반전反戰운동을 전개하고, 성性 해방, 시민사회의 권리운동 등 사회운동에 참여하였다. 또한 과학기술의 발전, 에너지 위기, 우주선 시대를 겪었고, 1980~90년대의 소비주체가 되기도 했다.

우리나라에서는 한국전쟁 이후인 1955년부터 1964년 사이에 태어난 900만 명을, 일본의 경우 1947년부터 1949년 사이에 출생한 806만 명을 베이비붐 세대라 한다.

빅데이터Big Data

빅데이터란 디지털 환경에서 생성되는 데이터로 그 규모가 방대하고, 생성 주기도 짧고, 형태도 수치 데이터뿐 아니라 문자와 영상 데이터를 포함하는 대규모 데이터를 말한다. 기존 데이터보다 너무 방대하여 기손의 방법이나 도구로 수집·저장·분석 등이 어려운 정형 및 비정형 데이터들을 의미한다. 1분 동안 구글에서는 200만 건의 검색, 유튜브에서는 72시간의 비디오, 트위터에서는 27만 건의 트윗이 생성된다. 빅데이터 환경은 과거에 비해 데이터의 양이 폭증했다는 점과 함께 데이터의 종류도 다양해져 사람들의 행동은 물론 위치정보와 SNS를 통해 생각과 의견까지 분석하고 예측할 수 있다. 세계적인 컨설팅 기관인 매켄지Mckinsey는 빅데이터를 기존 데이터베이스 관리도구의 데이터 수집·저장·관리·분석하는 역량을 넘어서는 규모로서 그 정의는 주관적이며 앞으로도 계속 변화될 것이라고 언급하고 있다. 어떤 그룹에서는 빅데이터를 테라바이트 이상의 데이터라고 정의하기도 하며 대용량 데이터를 처리하는 아키텍처라고 정의하기도 한다.

사오정, 오륙도

'45세가 정년', '56세까지 직장에 있으면 도둑'이라는 말을 줄인 표현으로, 보통 정년으로 알려진 나이까지 직장에 머무르지 못하고 조기 퇴출될 수 있는 40대 직장인들의 처지를 비유적으로 이르는 말이다.

상가의 종류

1) 근린생활시설

근린생활시설은 『건축법』에 의한 건축물의 용도 중의 하나로 슈퍼마켓 등 보통 일상생활에 필요한 시설이며 제1종근린생활시설과 제2종근린생활시설로 구분된다. 제1종근린생활시설은 국민이 생활하면서 편리하게 이용할 수 있는 시설로 가목 소매점 등에서부터 자목 출판사 등까지 생활에 꼭 필요한 필수적인 시설이며, 제2종근린생활시설은 가목 공연장에서부터 러목 노래연습장까지 생활하는 데 유용한 시설로 분류하고 있다.

2) 단지 내 상가

흔히 아파트 단지 안에 있는 상가를 부를 때 '단지 내 상가'라고 하는데, 이 상가는 아파트 거주민들의 생활 편의를 위한 근린생활시설 업종으로 채워지게 된다. 주민들을 대상으로 독점적인 영업을 할 수 있다는 매우 큰 장점이 있다.

3) 근린상가

근린상가는 근린생활시설을 입점시킬 목적으로 만들어진 중소형의 상가빌딩을 말한다. 즉, 약국, 편의점, 병원, 학원, 극장 등 길거리에서 흔히 볼 수 있는 보통 1~7층 내외의 상가건축물을 말한다.

4) 주상복합상가, 주상복합住商複合, Mix-Use Building, High-rise Residential Building

주거공간과 상업공간이 복합된 건물로, 도심공동화 현상을 막고 도심 내에 직장을 갖고 있는 사람들에게 주거공간을 제공하기 위한 건물이다. 주상복합의 개념은 법률적으로는 상업지역 또는 준주거지역 안에서 주택과 상업시설 등을 동일 건축물로 건축하는 경우로서, 주택연면적의 합계 비율이 90% 미만인 건축물을 의미한다. 하지만 주택과 주택 이외의 용도가 같은 건축물에 포함되어 건축되는 경우에 주상복합건물이라는 표현이 일반적으로 사용되기도 한다. 주거지역 내에서 건축된 상업시설이 포함되어 있는 고층아파트의 경우나 소형 상가주택과 같은 상업용 건축물도 주상복합이라고 표현하는 경우가 많다.

세컨드하우스Second House

세컨드하우스는 말 그대로 두 번째 집을 뜻한다. 대도시 시민들이 도시 근교에 지어놓고 주말이나 휴일에 찾아가 휴식하기 위한 집을 말하기도 한다. 주말이나 휴가기간에 오붓한 시간을 즐길 수 있는 레저용 주택이나 원거리 출퇴근자나 주말부부 등을 위한 한시적인 주택, 전·월세 등 임대를 목적으로 사놓은 수익형 주택 등이 모두 '세컨드하우스'에 포함된다. 별장 정도로 큰 규모는 아니고 소시민이 즐기기 위한 작은 규모의 집으로 텃밭이 딸려 있는 게 보통이다.

셰어하우스Share-House

가족이 아닌 사람들이 하나의 주거를 공유하는 생활방식이다. 각자 자신의 방은 따로 쓰지만, 공동으로 사용할 수 있는 취사·휴식 등 생활공간이 마련된 공동주택이다. 공동 생활공간이 마련돼 주거공간을 보다 효율적으로 쓸 수 있다. 1~2인 가구가 많은 일본·캐나다 등의 도심에 많으며, 일본의 경우 1980년대부터 등장한 주거 양식이다. 업체나 개인이 입주자를 모집하는 형태로 수십 명 정도의 비교적 규모가 작은 것부터 아파트처럼 규모가 큰 셰어하우스도 있다.

수익률

1) 기대수익률

투자자가 어떤 특정 투자대상에 투자할 때 기대되는 예상 수익률이다. 쉽게 이야기 하면, 상가주택이 주변 환경 요인에 의해 자체적으로 가지고 있는 가치에 따라 예상되는 수익률이다. '이 정도 위치에서 이 정도 가격대의 상가주택이라면 수익률 7%는 무난할 것 같군'이라는 생각을 한다면 이것이 바로 기대수익률이다.

2) 요구수익률

투자 대상이나 환경에 위험 요인이 발생했을 경우에도 보장 될 수 있는 최소한의 수익률을 말한다. 최악의 상황이 발생했을 경우에 얼마나 손에 쥘 수 있는지가 투자자 입장에서 요구하는 수익률이다. '이 상가주택은 최악의 경우에도 4%의 수익률만 나오면 난 투자할 수 있다'라고 할 때 의 수익률이 요구수익률이다.

3) 임대수익률

투자자가 투자한 상가주택에 임대를 놓았을 경우 실제로 받을 수 있는 보증금 및 월 임대료를 말한다. 보증금을 많이 받으면 월 임대료가 작아지고, 임대료를 높게 받을 경우 보증금이 작아진다. 대개 기대수익률과 요구수익률의 중간에서 결정된다. 상권과 상가에 따라 보증금과 임대료의 변수가 많다.

선큰Sunken, 선큰가든Sunken Garden

선큰은 '움푹 들어간', '가라 앉은'의 뜻으로 지하에 자연광을 유도하기 위해 대지를 파내고 조성한 곳을 말한다. 이 방법으로 만든 정원을 선큰가든이라고 한다.

에어비앤비Airbnb

자신의 주거지 일부를 다른 사람에게 빌려주는 서비스를 제공하는 온라인 사이트이다. 에어비앤비는 2008년 비싼 샌프란시스코의 월세를 고민하던 브라이언 체스키와 조 게비아가 샌프란시스코에서 개최된 디자인 콘퍼런스 참가자들에게 요금을 받고 거실을 빌려준 일에서 시작되었다. 당시 콘퍼런스 참가를 위해 샌프란시스코 방문객에게는 비싼 호텔비 걱정을 덜 수 있어 호응도가 좋았고, 이를 사업모델로 하여 창업한 것이다.

자신의 공간을 홈페이지나 스마트폰 애플리케이션에 게재하면 공간이 필요한 이용자는 이를 저렴한 비용으로 사용할 수 있다. 숙박요금은 숙박을 제공하는 주인이 정하며, 에어비앤비는 숙박 예약을 중개해 주고 수수료를 받는다. 네트워크를 통하여 해외 여행객들이 많이 이용하고 있으며 190여 개국의 3만 4000여 도시에서 60만여 개의 숙소가 등록되어 있다.

에코붐 세대, 에코세대Echo Boomers, Echo Generation

1979년부터 1992년 사이에 태어난 20~30대 계층으로 6.25전쟁 이후 대량 출산으로 태어난 베이비붐 세대(1955~1963년)의 자녀세대를 말한다. 전쟁 후에 대량 출산이라는 사회 현상이 수십 년이 지난 후 2세들의 출생 붐으로 다시 나타나는 것을 산 정상에서 소리치면 얼마 후 소리가 되돌아오는 메아리(에코) 현상에 빗댄 말이다.

에코세대는 베이비부머에 비해 경제적으로 풍족한 환경에서 성장하여 교육수준이 높고 전문직에 종사하는 비율도 높다. 대체로 풍족한 환경에서 자라 유행에 민감하고 쇼핑을 좋아하며, 어려서부터 컴퓨터와 친숙하고 최신 IT 기술을 잘 활용하는 특징을 가지고 있다. 그러나 경기 불황과 저성장으로 취업에 어려움을 겪고 있으며, 결혼이나 출산을 미루고 있다. 2012년 통계청 발표에 따르면 베이비부머(695만명)와 에코세대(954만명)는 전체 인구의 34.4%를 차지하고 있다.

역세권 驛勢圈

역을 중심으로 다양한 상업 및 업무활동이 일어나는 세력권을 의미하며, 역을 이용하는 주민의 거주지, 상업지, 교육시설의 범위를 말한다. 역세권의 개발 및 이용에 관한 법률의 역세권은 철도역과 그 주변지역을 말하며, 보통 철도(지하철)를 중심으로 500m 반경 내외의 지역을 말한다. 기차역(국영) 또는 전철역(국영 혹은 시영)의 집객 세력권을 지칭하는 말이기도 하다. 역세권의 결정요인은 거리, 지형과 같은 자연적 조건, 접근성, 이용의 편리성, 역 주변 상권의 성숙도 등을 들 수 있으나 그중 중요한 요소는 역으로부터 거리이며, 직접 영향을 미치는 1차 역세권은 보통 역을 중심으로 500m 반경 내의 지역을 의미한다. 역세권은 부동산가격에 영향을 미치기 때문에 이것을 파악하는 것은 부동산가격 평가에서 중요하다.

용도지역·용도지구·용도구역

1) 용도지역 用途地域

용도지역은 토지의 이용 및 건축물의 용도·건폐율·용적률·높이 등을 제한함으로써 토지를 경제적, 효율적으로 이용하고 공공복리를 증진하기 위해 서로 중복되지 않게 도시 관리계획으로 결정하는 지역을 말한다. 『국토의 계획 및 이용에 관한 법률』에서는 토지의 이용실태 및 특성, 장래의 토지이용 방향 등을 고려하여 전 국토를 ①도시지역 ②관리지역 ③농림지역 ④자연환경보전지역의 4종류의 용도지역으로 구분한다. 도시지역은 다시 주거지역(제1종, 제2종, 제3종, 준주거)과 상업지역(중심, 일반, 근린), 공업지역과 녹지지역(보전, 생산, 자연)으로 구분하고, 관리지역은 보전관리지역, 생산관리지역, 계획관리지역으로 구분한다. 도시계획의 근간인 용도지역제는 도시계획의 중요한 법적 집행수단의 하나다. 시가지 개발을 효율적인 방향으로 유도하기 위해 주택, 상업, 공장, 학교 등 용도에 따라 토지이용을 규제, 관리하는 토지이용계획의 대표적 법적 집행수단이다. 이것은 국가가 계획적으로 토지의 자연조건에 따라 구분한 토지의 이용구분이며, 토지를 합리적이고 적합한 용도로 이용할 수 있도록 토지와 건축의 용도에 일정한 제한을 가하기 위하여 인위적으로 구분해 놓은 것이다.

용도지역 안에 공공의 안녕질서와 도시기능의 증진을 위하여 건설교통부장관 또는 시·도지사는 경관지구, 미관지구, 고도지구, 방화지구, 방재지구보존지구, 시설보호지구, 취락지구, 개발진흥지구, 특정용도제한지구의 용도지구를 지정할 수 있다. 또한 개발제한구역, 도시자연공원구역, 시가화조정구역, 수산자원 보호구역 등 용도구역을 지정할 수 있다.

2) 용도지구用途地區

용도지역의 제한을 강화하거나 완화하여 적용함으로써 용도지역의 기능을 증진시키고 미관·경관·안전 등을 도모하기 위하여 도시 관리계획으로 결정하는 지역을 말한다. 용도지구는 용도지역, 용도구역과 더불어 토지이용을 규제, 관리하는 토지이용계획의 대표적인 법적 집행수단이다. 국토의 계획 및 이용에 관한 법률에 규정한 용도지구는 경관지구(자연·수변·시가지), 미관지구(중심·역사문화·일반), 고도지구(최고·최저), 방화지구, 보존지구(문화자원·중요시설물·생태계), 시설보호지구(학교·공용·항만·공항), 취락지구(자연·집단), 개발진흥지구(주거·산업·유통·관광휴양·복합), 특정용도제한지구, 위락지구, 리모델링지구로 구분되며, 시도 또는 대도시 조례로 용도지구를 신설할 수 있다.

3) 용도구역用途區域

용도지역 및 용도지구의 제한을 강화 또는 완화하여 따로 정함으로써 시가지의 무질서한 확산 방지, 계획적이고 단계적인 토지이용 도모, 토지이용의 종합적 조정·관리 등을 위하여 도·시·군 관리계획으로 결정하는 지역을 말한다. 용도구역은 용도지역, 용도지구와 더불어 토지이용을 규제·관리하는 토지이용계획의 대표적인 법적 실행수단이다. 『국토의 계획 및 이용에 관한 법률』에 의한 용도구역은 개발제한구역, 시가화조정구역, 도시자연공원구역, 수산자원보호구역, 입지규제최소구역으로 구분한다.

워라벨Work and Life Balance

일과 삶의 균형을 뜻하는 영어 'work and life balance'의 발음을 우리말로 줄여 만든 신조어다. '일과 삶의 균형'이라는 표현은 1970년대 후반 영국에서 개인의 업무와 사생활 간의 균형을 묘사하는 단어로 처음 등장했다. 우리나라에서는 각 단어의 앞 글자를 딴 '워라벨'이 주로 사용된다. 워라벨은 연봉에 상관없이 높은 업무 강도에 시달리거나, 퇴근 후 SNS로 하는 업무 지시, 잦은 야근 등으로 개인적인 삶이 없어진 현대사회에서 직장이나 직업을 선택할 때 고려하는 중요한 요소 중 하나로 떠오르고 있다.

이행강제금履行強制金, 移行強制金

시장이나 군수가 불법 건축물을 적발한 후 철거 등 시정 명령에 따르도록 하기 위해 건축주에게 매기는 것이다. 시정명령을 받은 후 시정기간 내에 시정명령을 이행하지 않을 경우 건축법에서는 1년에 2회 이내, 농지법에서는 1년에 1회 부과·징수할 수 있다. 금액은 위법 건축면적 과세시가 표준액의 50%이다.

일조권 사선제한

건축물의 높이를 제한하는 제도로, 북쪽 경계선, 인접지와의 경계선 등에서 그은 일정 사선 이내에 건물의 높이를 억제한다. 이는 일조日照·채광採光·통풍·미관 등의 도시환경을 고려하는 조치이다. 사선제한이라는 호칭은 위에서 말한 규제의 적용이 북쪽 경계선, 인접지와의 경계선 등에서 그은 일정한 사선 이내에 건물의 높이를 억제하고자 한 데서 비롯되었다.

사선제한은 이와 같은 규제의 하나로 다음의 3개 항목으로 되어 있다. 건축물의 각 부분의 높이를 ①전면도로와 반대쪽의 경계선까지의 수평거리에 일정계수 —定係數를 곱한 것 이하로 억제하고, ②당해 부분에서 정북방향正北方向으로 잰 인접지 경계선까지의 수평거리에 어떤 계수를 곱하고, 여기에 일정수치—定數値를 더한 것 이하로 억제하며, ③방향에 관계없이 인접지 경계선까지의 수평거리에 어떤 계수를 곱하고, 여기에 일정수치를 더한 것 이하로 억제하는 것 등이다. 이중 도로사선제한이라고 불리던 ①항은 2015년 5월 18일 폐지되었다. ②항은 일조를 위한 것으로 일조권사선제한이라고 하는데 신도시에서는 정남방향을 기준으로 적용하기도 한다. ③항은 시야와 프라이버시 확보를 위한 것으로 개구부 방향 일조권이라고 부르기도 한다.

장기수선충당금長期修繕充當金

장기수선계획에 따라 아파트의 주요 시설의 교체 및 보수에 필요한 금액을 말한다. 장기수선충당금의 요율은 해당 아파트의 공용부분의 내구연한 등을 감안하여 관리규약으로 정하고, 적립금액은 장기수선계획에서 정한다. 장기수선충당금은 해당 아파트의 사용검사일부터 1년이 경과한 날이 속하는 달부터 매월 적립하며, 아파트 중 분양되지 않은 세대의 장기수선충당금은 사업주체가 부담해야 한다. 장기수선충당금을 적립하지 않은 자는 200만 원의 과태료를 부과받는다. 장기수선충당금의 사용은 장기수선계획에 따르나, 입주자 과반수의 서면동의가 있는 경우에는 정해진 다른 용도로 사용할 수 있다. 장기수선충당금은 관리주체가 장기수선충당금 사용계획서를 장기수선계획에 따라 작성하고 입주자대표회의의 의결을 거쳐 사용한다.

전용면적專用面積과 전용률專用率

전용면적은 아파트 등 공동주택에서 소유자가 독점하여 사용하는 부분의 면적을 말한다. 전용면적(실제면적)은 각 세대가 독립적으로 사용하는 전용부분으로 공용 공간(거실, 주방, 욕실, 화장실)과 독점 공간(침실)으로 구분할 수 있다.
전용률은 공동주택의 분양면적(또는 계약면적) 대비 전용면적이 차지하는 비율을 전용률이라 한다. 분양면적이 50평이고, 전용면적이 25평이라면 전용률은 50%다. 서비스면적은 분양면적이나 전용면적과 별개로 덧붙여 붙은 면적으로 전용률과 상관없다. 그러나 서비스면적은 세대 내부 면적으로 전용면적으로 사용할 수 있으므로 이 면적이 클수록 실내 이용면적이 늘어나는 효과가 있다.

젠트리피케이션Gentrification

재건축 등으로 인해 도시 환경이 변하면서 중·상류층이 낙후됐던 구도심의 주거지로 유입되고, 이에 따라 주거비용이 상승하면서 비싼 월세 등을 감당할 수 없는 원주민들이 다른 곳으로 밀려나는 현상을 이른다. '도시회춘화현상都市回春化現像'이라고도 한다. 이 현상은 1964년 영국의 사회학자 루스 글래스R. Glass가 노동자들의 거주지에 중산층이 이주를 해오면서 지역 전체의 구성과 성격이 변하는 것을 설명하면서 처음 사용했다. 본래 신사 계급을 뜻하는 '젠트리'에서 파생된 말로 본래는 낙후 지역에 외부인이 들어와 지역이 다시 활성화되는 현상을 뜻했지만, 최근에는 외부인이 유입되면서 본래 거주하던 원주민이 밀려나는 부정적인 의미로 많이 쓰이고 있다.
젠트리피케이션은 우선 임대료가 저렴한 구도심에 독특한 분위기의 개성 있는 상점들이 들어서면서 진행된다. 즉, 이들 상점이 입소문을 타고 유명해지면서 유동인구가 늘어나고, 이에 대규모 프랜차이즈점들도 들어서면서 임대료가 치솟게 된다. 그 결과 소규모 가게와 주민들이 치솟는 집값이나 임대료를 감당하지 못해 동네를 떠나게 되고, 동네는 대규모 상업지구로 변화된다. 예컨대 2000년대 이후 서울의 경우 종로구 서촌을 비롯해 홍익대 인근, 망원동, 상수동, 경리단길, 삼청동, 신사동 가로수길 등에서 젠트리피케이션 현상이 벌어지고 있다.

지구단위계획

도시계획 수립 대상지역의 일부에 대하여 토지 이용을 합리화하고 그 기능을 증진시키며, 미관을 개선하고 양호한 환경을 확보하며, 그 지역을 체계적·계획적으로 관리하기 위하여 수립하는 도시관리계획을 말한다. 지구단위계획은 기반시설의 배치와 규모, 가구 및 획지의 규모와 조성계획, 건축물의 용도, 건폐율, 용적률, 높이, 교통처리계획 등의 내용을 포함하여 수립한다.

지목 地目

토지의 주된 사용목적에 따라 토지의 종류를 구분·표시하여 지적공부(토지등기부등본)에 등록한 명칭이다. 전(田, 밭), 답(畓, 논), 과(果, 과수원), 목(牧, 목장용지), 임(林, 임야), 광(鑛, 광천지), 염(鹽, 염전), 대(垈, 대지), 장(場, 공장용지), 학(學, 학교용지), 차(車, 주차장), 주(注, 주유소용지), 창(倉, 창고용지), 도(道, 도로), 철(鐵, 철도용지), 제(堤, 제방), 천(川, 하천), 구(溝, 구거), 유(溜, 저류지), 양(養, 양어장), 수(水, 수도용지), 공(公, 공원용지), 체(體, 체육용지), 원(園, 유원지), 종(宗, 종교용지), 사(史, 사적지), 묘(墓, 묘지), 잡(雜, 잡종지) 등으로 구분한다.

지렛대 효과 레버리지 효과, Leverage Effect

타인이나 은행권에서 돈을 빌린 후 지렛대의 받침대처럼 이용하여 본인 소유 자본보다 더 큰 물건을 구입 후 이익을 극대화시켜 수익률을 올리는 방법을 통틀어 지렛대 효과라고 한다. 특히 선물투자는 전체 계약고의 10~15%에 해당하는 증거금만으로 계약이 가능하기 때문에, 전체금액이 투입되는 주식투자 등과는 비교가 안 될 정도의 적은 투자기금으로 상당한 이익을 실현할 수 있다. 이런 투자효과가 크기 때문에 금융상의 힘이 확대되는 효과를 지렛대 효과로 표현되고 있다.

직계존속直系尊屬, 직계비속直系卑屬

직계는 증조부모, 조부모, 부모, 자녀, 손자, 증손과 같이 곧바로 이어나가는 관계를 말한다. 직계 친족 중 본인부터 위의 계열에 있는 증조부모, 조부모, 부모 등을 직계 존속이라 하고, 반면 자손의 계열에 있는 자녀, 손자, 증손 등은 직계 비속이라 한다.

토지이용계획확인원土地利用計劃確認願

토지이용확인원은 토지이용규제 기본법에 근거한 토지의 이용 용도를 확인하는 문서로서, 부동산 개발 시 토지에 대한 각종 규제와 허가 가능한 용도를 확인하는 가장 기본적인 서류라 할 수 있다. 토지이용확인원에는 국토의 계획 및 이용에 관한 법률에 따른 지역, 지구 등의 지정사항 뿐 아니라, 지목, 면적, 개별공시지가 등이 기록되어 있다. 또 그 땅에 저촉되는 여러 가지 법령들이 가지고 있는 내용, 행위제한들이 기록되어 있다. 이 토지이용계획확인원 하나만 꼼꼼히 살펴도 그 땅에 대한 웬만한 정보는 모두 알 수 있다고 보면 되므로, 토지 거래나 개발계획이 있을 경우 반드시 확인을 해야 하는 서류다. 가장 쉬운 열람 방법은 토지이용규제 정보서비스http://luris.molit.go.kr에 접속하여 주소를 입력하면 된다.

프리미엄Premium

분양권과 매도가격 사이의 차액을 말한다. 프리미엄의 본래 의미는 특정 물건을 얻기 위해 지불하는 정가 이외의 비용을 의미하지만, 부동산 시장에서 프리미엄은 분양권 혹은 분양가격과 매도가격의 차액을 의미한다. 과거에는 아파트 수요자가 많고 공급이 적어 경쟁으로 인해 프리미엄이 형성되거나, 낮은 분양가격과 높은 시장가격 간에 괴리가 커서 프리미엄이 형성되어 재산증식의 수단으로 악용되었다.

후레싱Flashing

후레싱은 지붕 처마 끝이나 옹벽 상단을 마감재로 덮어 건물 외부에서 스며드는 빗물 등을 방지하도록 설치하는 금속판 재료를 말한다.

환금성換金性

자산의 완전한 가치를 현금화 할 수 있는 가능성을 말한다. 환금성은 자산의 완전한 가치를 현금화하는 데 필요한 기간으로 평가를 할 수 있다. 단기성 예금·정기예금·단기증권·장기증권 등의 금융 자산은 거의 완전한 환금성이 있는 자산이라 할 수 있으나 이에 비해 부동산은 매각 의사 결정을 한 때부터 현금화하기까지는 많은 시간이 걸리는 경향이 있어 환금성이 낮다고 할 수 있다. 이 환금성은 당해 자산시장이 얼마나 조직화되고 얼마나 거래에 비용이 드는가에 따라 달라진다. 채권과 주식의 거래비용은, 금융시장이 발달되어 있기 때문에, 거래액이나 거래량에 의존하나, 거래를 결정한 때부터 거래가 성립할 때까지 시간은 짧게 걸린다. 그러나 부동산은 부동성으로 말미암아 시장이 비조직적이고, 다른 상품처럼 진열이 불가능하여, 다액의 광고비와 시장조사비 등이 소요된다. 이 비용은 거래시간을 단축시키지만, 가치의 완전한 실현을 위한 비용이 된다. 따라서 거래비용과 시간은 함수관계가 있는데, 즉 거래비용은 시간의 감소 함수가 된다.

참조 : [건축법] [주택법] [녹색건축물조성 지원법] [네이버 지식백과] [두산백과] [한국민족문화대백과] [시사상식사전] [부동산용어사전]